后浪出版公司

（美）芮乐伟·韩森 著
张湛 译

丝绸之路新史

THE SILK ROAD
A NEW HISTORY
Valerie Hansen

北京联合出版公司
Beijing United Publishing Co.,Ltd.

中文版序言

2004年4月，诸多丝路研究的专家汇聚北京，参加由法国科研中心中国文明研究组、法国东方与西方考古研究组、北京大学中国古代史研究中心、法国远东学院北京中心、中国国家图书馆善本特藏部联合主办的"粟特人在中国——历史、考古、语言的新探索"国际学术研讨会。会议气氛异常热烈，因为2001年以来在西安发现的几座粟特墓葬让所有人都激动不已。会议结束之后，我们几位外国学者约十五人要前往西安。接待我们的是西安市考古所（现改名为西安市文物保护考古院）的孙福喜和杨军凯两位考古学家，正是他们主持发掘了史君墓。由于当时正值学期中，北京的中方教授们都脱不开身，因此我们就自己上路了。

在机场换登机牌时，地服人员问我们谁是带队的，我们互相看看迷惑不已：如果拿着美国、英国、日本、法国和加拿大护照的一群人在纽约或者巴黎领登机牌，没人会问这个问题。但在中国，我们这个人数不多却成分复杂的小团需要一个带队的。我自告奋勇当头儿，结果得到了我人生中最棒的赞美：之后的三天里，大家都叫我女萨宝。萨宝是粟特语"头人"的意思。据我所知，还从没有过女性头人，也就是说我是史上第一个女萨宝！

我们在西安过得非常愉快。我们参观了史君墓（杨军凯细致入微的考古报告《北周史君墓》在2014年由文物出版社出版），看到了墓中出土的粟特语—汉语双语墓志（见本书第五章）。我们并不知道墓主人的汉语名，只知道他的粟特名字是Wirkak。在北京的会议上，孙福喜翻译了墓志的汉文部分，吉田丰翻译了粟特语部分，而我们现在又有机会见到实物。我们也见到了该墓的围屏石板。葛乐耐（Frantz Grenet）、黎北岚（Pénélope Riboud）与杨军凯讨论了其中尚未解明的复杂图像。看他们交换意见真是一种享受：葛乐耐对于伊朗所存的祆教艺术烂熟于心，并以其解说史君墓的石屏。更让人惊叹的是，他并非有所准备，所有解说都是即席发表。当考古学家一块块地打开石板的包裹，我们由于刺鼻的粉尘而咳嗽时，葛乐耐已经检视完石板并开始解说了，而我们其他人常常连画面的基本构成还没看清呢。讨论非常热烈（有葛乐耐在时总是如此）：他拿不准一个人物是摩尼僧还是道士，魏义天（Étienne de la Vaissière）有他自己的看法，其他人也各抒己见。这次旅行之后的几年间，他们的论争还在学术刊物上继续着。我想我会永远珍藏目睹这次论争开端的回忆：在西安考古所仓库中，葛乐耐和魏义天近距离看到实物，并对他们所见进行阐释。

其他丝路学者也在场：我的研究生同学和好朋友安吉拉·盛、日本学者荒川正晴和森部丰、在外国学者中对于敦煌文献和中国农业最为了解的法国学者童丕（Éric Trombert）、英国语文学家尼古拉斯·辛姆斯－威廉姆斯。

丝路研究引人入胜，因为和古代的丝绸之路一样，现如今的学术领域格外地国际化。正如同丝路绿洲的统治者们欢迎不同宗教的信仰者来自己的王国定居并供奉各自的神明一样，现代学者们自由地分享着自己对丝路文物和文书的解读。在丝路研究的第一个世纪中（1895—1995年），有一条不成文的分工方式。欧洲和日本的学者大体研究粟特语、吐火罗语、健陀罗语、于阗语等死语言的材料，中国学者则主要研究汉文材料，当然季羡林是个格外引人注目的例外。但是最近几年中国学生的留学机会越来越多，比如本书译者张湛目前正师从伟大的于阗语学者施杰我（P. Oktor Skjærvø）在哈佛大学攻读博士学位。能由如此专业的译者来翻译我的书，我的确非常幸运。我也期待在不久的将来能看到他和其他在欧洲、美国、日本留学的中国博士生们更多的成果。

韩森
于耶鲁大学
2015年2月9日

致 谢

在本书多年的准备过程中，很多人曾为我提供材料，解答疑问，或以其他方式提供帮助。在每章结尾我都详细列出了所得到的帮助，因此，我想在这里特别指出一些人，他们给予我的帮助远远超过了学术同行之间的预期。

感谢耶鲁大学的格拉诺夫（Phyllis Granoff）和篠原亨一。感谢他们关于亚洲各种宗教传统的睿智讨论，这些讨论常常是在他们家中伴着美食进行的。

感谢法国国家科学研究中心的葛乐耐（Frantz Grenet）。他传授给我关于中亚艺术的知识，并让我使用他个人收藏的图片，其中有些图片是由天才的欧里（François Ory）拍摄的。

感谢耶鲁大学的因斯勒（Stanley Insler）。他最先鼓励我进入这一领域，并同意和我合开一门关于丝绸之路的课程。他总是乐于在美食天堂（Gourmet Heaven）吃午饭时回答我的问题。

感谢弗吉尼亚美术馆的李建。他招募我为代顿博物馆（Dayton Museum）的丝路展工作，并向我介绍了何家村遗宝。

感谢宾夕法尼亚大学的梅维恒（Victor Mair）。他自从三十年前在一门敦煌文书研究生讨论课上教过我之后就一直不停地帮助我。

感谢埃米塔什博物馆的马尔沙克（Boris Marshak）。他在2006年去世前，通过谈话和讲座慷慨地把关于粟特人的知识教给了我。

感谢华东师范大学的牟发松。在2005—2006学年，他接待了我们一家，并向我举例说明他的导师唐长孺是如何做研究的。

感谢法国高等研究实践学院的皮诺（Georges-Jean Pinault）。感谢他在印欧语系诸语言特别是吐火罗语方面所给予的指导。

感谢北京大学的荣新江。他在这个领域造诣之深无人能比。感谢他让我借阅他个人收藏的图书和文章。

感谢麦克马斯特大学（McMaster University）的盛余韵（Angela Sheng）。感谢她给予我织物方面的专业知识以及忠诚的友谊。

感谢伦敦大学亚非学院的尼古拉斯·辛姆斯－威廉姆斯（Nicolas Sims-Williams）和大英博物馆的厄修拉·辛姆斯－威廉姆斯（Ursula Sims-Williams）。他们二位很耐心地帮我修改了我投给《亚洲学院学报》（Bulletin of the Asia Institute）文章的多处错误。他们在中亚诸语言特别是于阗语方面给了我诸多指导。

感谢哈佛大学的施杰我（Prods Oktor Skjærvø）。他这么多年以来常常回答我的问题、来耶鲁开讲座，并让我使用他未发表的译文。

感谢法国高等研究实践学院的魏义天（Étienne de la Vaissière）。他总是慷慨地回答我所有关于粟特和其他中亚相关的问题，从不让人失望。他总是一天之内就回信，常常一个小时之内就回信，甚至在我交稿前的几个星期也是这样。

感谢人民大学的王炳华。感谢他让我分享关于新疆考古特别是尼雅、楼兰的渊博知识。

感谢大英博物馆的汪海岚（Helen Wang）。她有丰富的古钱币学知识，并帮我仔细审阅了多章书稿。

感谢京都大学文学部的吉田丰。他在粟特于阗历史及语言方面给了我诸多建议。

感谢我的编辑，耶鲁大学出版社的菲尔波（Susan Ferber）。从十多年前签约写作时起，她就一直支持着我。每一章都在她仔细的编辑之下有所改进。她欣然回答所有问题，这非常少见，也许因为她是我见过工作最努力的人。高级出版编辑奥桑卡（Joellyn Ausanka）监督整本书的筹备工作，效率极高，文字编辑萨多克（Ben Sadock）则温和而又敏锐。

美国国家人文科学基金（National Endowment for the Humanities）

支持我学习俄语一年，让我在乌穆尔扎科娃（Asel Umurzakova）的帮助下深入了解穆格山文书。富布赖特学者计划为我2005—2006年度在上海华东师范大学访学提供了经费。蒋经国国际学术交流基金会为书中地图和插图慷慨解囊。

所有这些年来上过丝路课程的耶鲁大学本科生和研究生们一直督促我更清楚地阐发自己的观点。达干（Elizabeth Duggan）读了序章草稿，并做出了富有洞察力的评论。2010年春季丝绸之路讨论课的学生Mary Augusta Brazelton、Wonhee Cho、Denise Foerster、Ying Jia Tan、Christine Wight、2011年春季讨论课的学生Arnaud Bertrand通读了全书，并给出了很多有价值的修改意见，比如每章以一件文书开头就是他们的主意。我的研究助手安德鲁斯（Mathew Andrews）快速而富有活力地完成了多项任务，特别值得一提的是枯燥的图片处理工作，他同时还是耶鲁法学院的一年级学生。萨斯法伊（Joseph Szaszfai）和耶鲁图片设计小组（Photo + Design unit）的成员把很多有问题的图片都处理成了可以付印的电子文件。

宾夕法尼亚大学图书馆中文部馆员维维耶（Brian Vivier）仔细编辑了全部注释。王金平（音）以其特有的博学在最后时刻帮我解决了诸多问题。制图员提德（Alice Thiede）制作了精美的地图。因为有很多不常见的地名，这项工作特别有挑战性。耶鲁大学研究生院教务副主任席尔迈斯特（Pamela Schirmeister）在交稿前几天为我的序章做出了尖锐的评语。

我的丈夫吉姆·斯捷潘涅克（Jim Stepanek）以及我们的孩子布莱特（Bret）、克莱尔（Claire）和莉迪亚（Lydia）一直都快乐地支持我写作教书。毫无疑问，我最好的旅行是有家人陪伴的旅行。截稿前最后一个月，我们全家在中国全力以赴校对、制表、修改文字。本书开始写作前不久才出生的布莱特如今再也不能取笑我每天写的字数了，接下来我们要聊些什么呢？

2011年9月30日 于北京

学术惯例说明

本书中的梵语、突厥语、伊朗语人名都采用最常见的拼写，因此有时会前后不统一。同样，正文中不含附加符号（即便引文原文中有），这些符号只会分散普通读者的注意力，去掉这些符号也不至于让专家误解。注释中的作者姓名、专有名词、书名、文章标题中则包含应有的附加符号。

西方人名先名后姓，中国和日本人名则按照习惯先姓后名。有些作者以多种语言发表，姓、名顺序则取决于发表时所用的语言。

所印材料中有时会出现古代的重量或长度单位。在大多数情况下会先给出原始单位并将其换算为现代单位。但请读者谨记，近代以前的所有单位都未标准化，现代单位的换算只是约数。

年 表

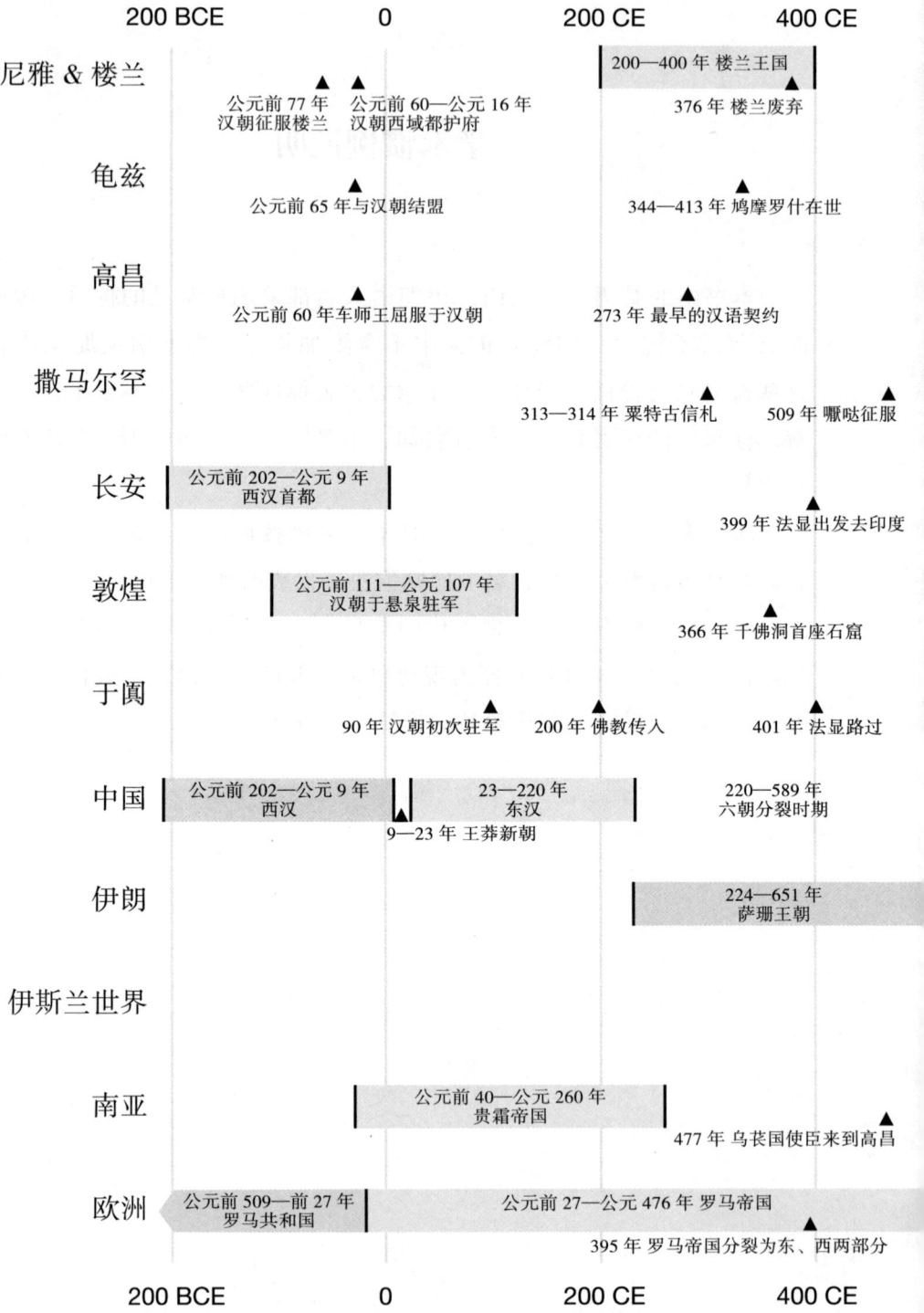

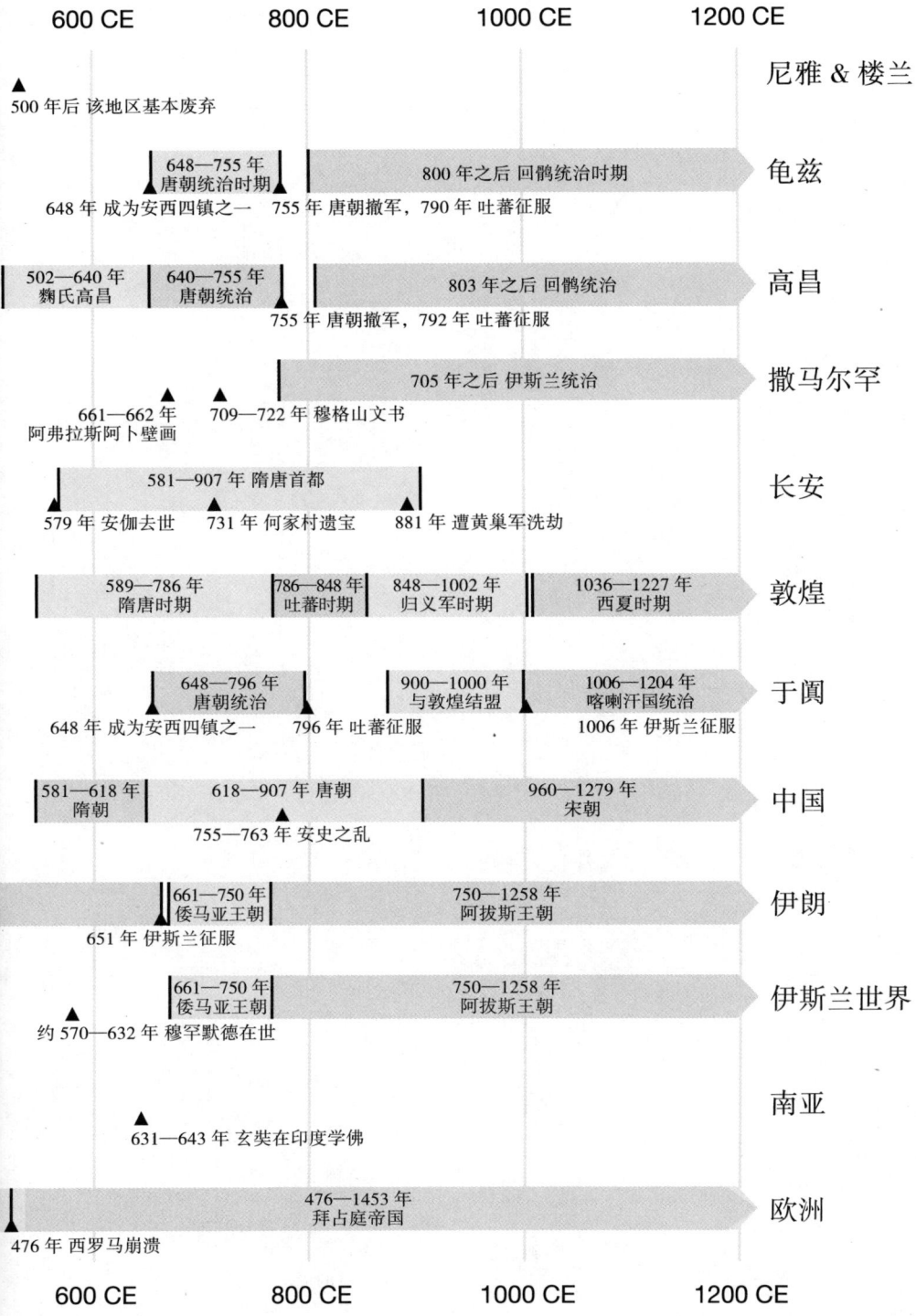

目 录

中文版序言 / 1
致　谢 / 3
学术惯例说明 / 7
年　表 / 8

序　章　　　　　　　　　　　　　　　　　　　　1
第一章　楼　兰：中亚的十字路口　　　　　　　　29
第二章　龟　兹：丝路诸语之门　　　　　　　　　71
第三章　高　昌：胡汉交融之所　　　　　　　　　105
第四章　撒马尔罕：粟特胡商的故乡　　　　　　　143
第五章　长　安：丝路终点的国际都会　　　　　　179
第六章　敦煌藏经洞：丝路历史的凝固瞬间　　　　211
第七章　于　阗：佛教、伊斯兰教的入疆通道　　　251
结　论　中亚陆路的历史　　　　　　　　　　　　295

丝绸之路主要地名中英古今对照表 / 304
译后记 / 308
出版后记 / 310

序　章

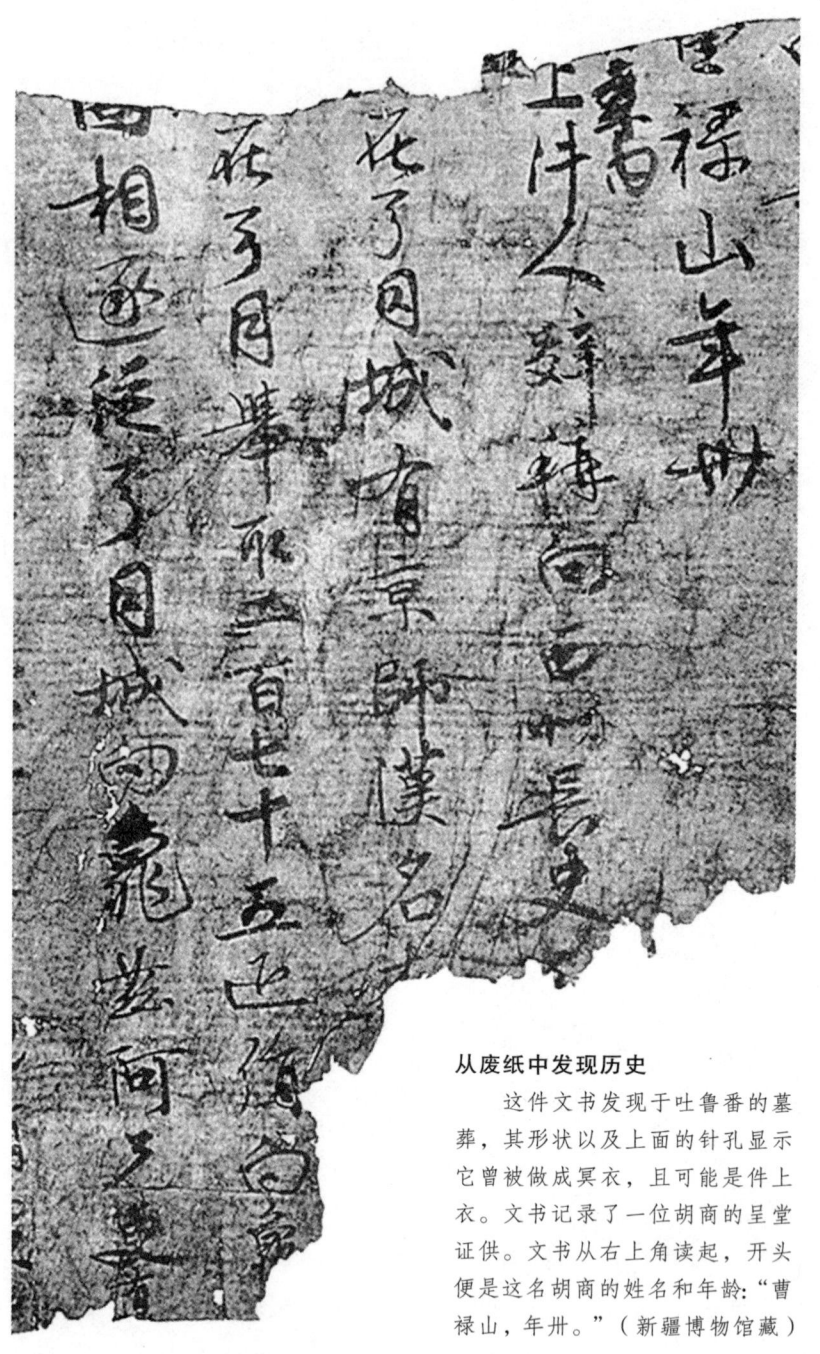

从废纸中发现历史

这件文书发现于吐鲁番的墓葬,其形状以及上面的针孔显示它曾被做成冥衣,且可能是件上衣。文书记录了一位胡商的呈堂证供。文书从右上角读起,开头便是这名胡商的姓名和年龄:"曹禄山,年卅。"(新疆博物馆藏)

前页所示文书揭示了本书的主题。该文书是一件诉状，记录了公元670年前后生活在中国的一名胡商的证词。这名胡商要求法庭协助他追讨别人欠他亡兄的275匹丝绢。他对法庭说他的兄弟把丝绸借给其中国合伙人之后，为做生意，赶着两头骆驼、四头牛和一头驴进入沙漠后失踪，现在被认定已经遇难。法庭裁决如下，该胡商作为其兄的继承人有权追讨这批丝绸。我们不清楚这个判决最后有没有实施。

从这起案件可以看出整个丝路贸易的许多特点。首先，实际的贸易额相当小。在本案中，只用了七头牲口就驮了胡商的全部货物，其中两头是骆驼，另外五头包括四头牛和一头驴，都是非常重要的驮兽。胡商的出现也值得注意，因为中国的贸易伙伴并非罗马，而是处于伊朗世界东缘的撒马尔罕。此外，丝路贸易的繁盛得益于大量中国军队的存在。案件发生在七世纪，当时中央政府的投入对当地经济是一个强有力的刺激。

更有意义的是，我们之所以能获得这件诉状是因为它写在废弃的政府公文上，这些公文作为废纸被卖，最后被工匠做成了给死人穿的纸衣。约1300年之后，中国的考古学家挖开了吐鲁番附近的一座古墓，把散在冥衣不同部位的这件文书拼合了起来。他们拼出了整件文书，各方证词都出现了。

最近几十年来考古学家拼合了上千件类似的文书，包括契约、诉讼、收据、货单、药方，以及一件让人痛心的人口买卖合同：一名女奴在一千多年前的某个赶集的日子以120枚银币的价格被出售。这些文书用汉语、梵语*，以及其他死语言写成。

很多文书能保存下来是因为纸在当时价值很高，不会被随便扔掉。工匠常常把废纸做成纸鞋、纸人等物件作为陪葬品伴随逝者去阴间。因为被废弃的文书被用来做各种各样的陪葬品，需要像玩拼图游戏一样再把它拼回原样。比如之前提到的那个胡商的证词就被剪下缝起来做成了死人衣服，剪剩下的一部分还留在剪裁室的地上。技术高超的历史学家会通过残片的形状和针孔的位置把整件文书复原出来。

这些文书能让我们了解做生意的商人是什么人、交易什么商品、商队的大概规模以及贸易对当地的影响。它们还能揭示丝绸之路在更大意义上的影响。很多人由于家乡饱受战争之苦迁入和平地区，并带入了新的信仰和技术。

丝绸之路上的聚落大多以农业而不是商业维生，也就是说大多数人是种地的而不是做生意的。人们在出生地附近生活繁衍。贸易大多发生在当地，而且多为以物易物而不是用货币交易。跟现在一样，每个聚落都有独特的身份。只有当战争和政治动荡迫使人们离开家园的时候，这些聚落才会吸纳大量难民。

迁入者带来了他们自己的宗教和语言。起源于印度的佛教在中国拥有广泛的信众，无疑影响最大。但是摩尼教、祆教和来自叙利亚的景教也都有信徒。生活在丝绸之路上的人们对于宗教信仰在文明之间的传播、传译和变化起到了至关重要的作用。在伊斯兰教传入这个地区以前，不同族群的人们对于彼此的信仰都异常包容。个别统治者可能会特别钟意某一种宗教并鼓励臣民改宗入教，但仍然允许其他人保持自己的信仰。

粟特人是丝路文化的一大贡献者。他们生活在撒马尔罕这座伟大城市的附近，在今乌兹别克斯坦境内。中国和粟特的贸易在公元500年到800年之间达到高峰。在出土文献中出现的绝大多数商人要么来自撒马

---

* 据我所知，吐鲁番没有梵语写成的世俗文书。最近和田倒是出了一件，不过还未发表。——译注（星花脚注皆为译者所注，下文不再标出"译注"。）

尔罕，要么其祖上来自撒马尔罕。他们操粟特语（一种伊朗语族的语言），遵奉查拉图斯特拉（约公元前1000年，希腊语译音作琐罗亚斯德）的教诲，认为讲真话是最大的美德。由于新疆特殊的气候条件有利于文书的保存，在中国发现的有关粟特人及其信仰的材料比在粟特本土的还多。

与其他主要关注艺术的丝绸之路专著不同，本书以文书为核心。因为文书能告诉我们货品是如何来到他们所在的地方，以及是谁把它们带来的。文书还能向我们展示丝绸之路上令人目不暇接的各种民族、语言和文化。

并非所有公元200年到1000年间出土的丝路文书（本书的核心）都写在纸上。有些文书是写在木头、丝帛、皮革或者其他材料上的。它们不仅出自古墓，有的还来自废弃的驿站、佛堂、民宅。干燥的沙漠腹地是保存文书的最佳环境，同时艺术品、衣物、宗教文献、钙化了的食物以及尸体也保存了下来。（见彩图1）

这些文书先被遗弃，尔后被偶然发现。其独特性在于它们出自社会各阶层之手，而不仅仅来自受过教育的富有者和掌权者。这些文书并非有意识的历史作品，也并不指望流传到后世。文书的作者不会想到有后人会来读这些东西。这些文书常常能为我们展示一个非常鲜活的过去，具有私人性、确凿性、轶闻性、随机性。没有什么比从垃圾堆中收集到的信息更有价值，因为这些信息从来没被篡改过。

我们从这些文书中所了解到的颠覆了人们通常对丝路的看法，丝"路"并非一条"路"，而是一个穿越了广大沙漠山川的、不断变化且没有标识的道路网络。事实上，在这些艰苦的商路上往来的货物量很小。但是丝路确确实实改变了东方和西方的文化。本书将利用近两百年来所发现的文书，特别是近几十年来令人吃惊的新发现，试图解释这条小小的"非路"是如何成为人类历史上最具变革力的超级高速公路的。这条路不仅传播了货物，还传播了思想、技术、图案。

"丝"比"路"更容易引人误解，因为丝绸只是丝路货物中的一种而已。矿物、香料、金属、马具及皮革制品、玻璃和纸都很常见。有些货单显示，

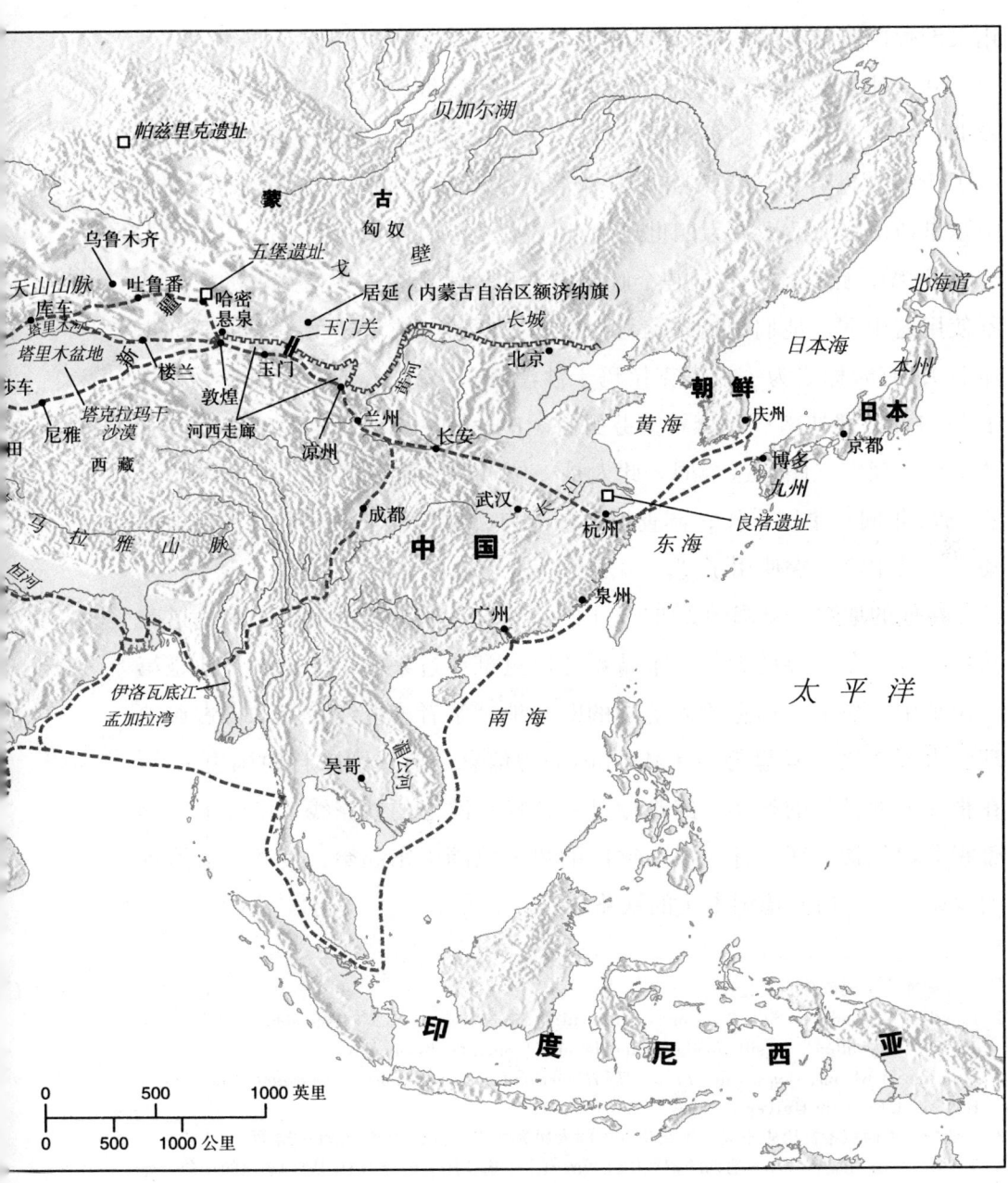

用来助焊以及鞣革的硇砂*是某些商路上的最重要的货物。

另一种常见的商品是公元前二世纪发明的纸。相对于用来做衣服的丝绸，纸对人类历史的贡献要大得多。[1]在八世纪，纸通过陆路从中国进入了伊斯兰世界，然后又从穆斯林治下的西西里和西班牙进入了欧洲。阿尔卑斯山以北的人在十四世纪晚期才独立造出了纸。[2]

"丝绸之路"这个名词是个晚近的发明。生活在这些商路上的人们并不使用这个词。他们把这条路称做撒马尔罕道（或者以另一个主要都市命名），有时称之为（沿塔克拉玛干沙漠的）"南道"或者"北道"。[3]到了1877年，费迪南·冯·李希霍芬男爵（Baron Ferdinand von Richthofen）才造出"丝绸之路"这个词。此人是一位卓越的地理学家。他于1868年至1872年间在中国工作，调查煤矿和港口，并绘制了一套五卷本的地图集，在其中第一次使用了"丝绸之路"这个名词。

在他的地图（见彩图2和3）上，中国与罗马时代的欧洲之间的道路被描绘成一条笔直的大道。李希霍芬读过翻译过来的中文史料。他是第一位把中国史书的信息绘入地图的欧洲地理学者。橙线表示来自古典地理学者托勒密和马里努斯（Marinus）的信息，蓝线则来自中国史书。[4]在很多方面，他的丝绸之路都像是一条横贯欧亚的铁路线。实际上，李希霍芬曾经被委任设计一条从德国的势力范围山东起始，贯通西安附近的煤矿，一直通向德国本土的铁路线。[5]

---

* 一种矿物，主要成分为氯化铵。

1　Jonathan M.Bloom, "Silk Road or Paper Road?" *Silk Road* 3, no.2（December 2005）：21-26, 电子版：http://www.silk-road.com/newsletter/vol3num2/5_ bloom.php

2　Jonathan M.Bloom, *Paper before Print*: *The History and Impact of Paper in the Islamic World*（New Haven, CT：Yale University Press, 2001）, 1.

3　王炳华：《西域考古历史论集》（北京：中国人民大学出版社，2008），1—54页。

4　李希霍芬基于托勒密和马里努斯的记载用红线画出主干道，用蓝线标出中国地理学家的记载。地图见李希霍芬《中国》第一卷500页的对页。Richthofen, *China*: *Ergebnisse eigener Reisen und darauf gegründeter Studien*（Berlin：D.Reimer, 1877）.

5　Tamara Chin2008年2月21日在耶鲁做了一场题为"1877年：丝绸之路的发明"的报告，并计划将其结果发表。参见 Daniel C.Waugh, "Richthofen's 'Silk Roads'：Toward the Archaeology of a Concept", *Silk Road* 5, no.1（Summer 2007）：1—10。该文网上可下载，网址为：http://www.silk-road.com/newsletter/ vol5num1/srjournal_v5n1.pdf

丝绸之路这个名词逐渐被人们接受。斯文·赫定（Sven Hedin）在1936年出版了一本讲述他在中亚探险的书，此书1938年被译成英文发表，题目就是《丝绸之路》。1948年，《泰晤士报》的"炉边家庭问答：常识测验"栏目曾经刊载这样的问题："丝绸之路从哪到哪？"答案是："从中国边境到欧洲的诸多道路。"[1]这个名词作为对横跨欧亚大陆的陆路商贸和文化交流的指称已经基本固定下来了。

丝绸之路这个词甫一出现就被看做是一条商旅往来不断的笔直大道，但实际上从来就不是这样。一百多年来的考古发掘从来没有发现过一条有明确标识的、横跨欧亚的铺就好的路。跟罗马的阿庇亚大道*完全不同，丝绸之路是一系列变动不居的小路和无标识的足迹。因为并没有明显可见的路，旅人几乎总是需要向导引领，路上如果遇到障碍就会改变路线。

这些蜿蜒的小路在绿洲城市中交会，而这些绿洲城镇正是本书将要深入探索的。当我们今天飞临这一地区的时候，只要找到高山就可以找到灌溉古代丝路城市的河流的主要源头。因为文书主要在这些城镇出土，本书将围绕七处古代丝路的遗迹展开，其中六处在中国西北，一处在今撒马尔罕城东。每处遗迹专辟一章来进行讨论。

这些城镇是沿塔克拉玛干沙漠半独立的城市国家。其统治者，无论是独立的还是在中国治下的，都监管贸易并购买货物和服务。贸易一穿过无人管理的地区进入这些绿洲就会被高度管控起来。

当汉朝（公元前202—公元220年）和唐朝（618—907年）在中亚驻军时更是如此。中央政府为了给士兵提供粮饷被服而大量投入。在唐朝，当中央政府铸造不出与其开销等价的铜钱时，丝绸便有了另一种重要的功能。当时政府承认三种通货：铜钱、谷物和丝绸。因为货币短缺经常发生，而谷物又容易腐烂，很多交易是用成匹的丝绸完成的。（见

---

1 *Times of London*, December 24, 30, 1948; Tamara Chin, 私下交流, 2011年9月6日。

* Via Appia, 古罗马时期建造的一条连接罗马与亚得里亚海海港布林迪西（Brindisi）的大路。

彩图5A）很多西北地区的军饷是丝绸，因此丝绸在西域广泛流通。当士兵在当地市场购物时，贸易便兴盛起来。但当国内叛乱威胁到皇帝使他不得不把军队召回勤王时，贸易便急剧衰落。

即便是有中国驻军的时期，也没有任何文献记载罗马帝国时代中国与罗马有所往来。与一般的看法相反，罗马人从未用金币直接购买过中国丝绸。中国境内发现的年代最早的罗马金币是拜占庭的苏勒德斯金币（Solidus），同时发现的还有许多仿制品。（见彩图4a）这些金币来自六世纪的墓葬，此时距君士坦丁大帝（306—337年在位）迁都君士坦丁堡*已经很久了。

从地理上讲，丝路地区的地形复杂得令人吃惊，这些地方大多很艰险。从西安向西，先要穿过河西走廊。这是一条1000公里的大致东西走向的路，南面是祁连山，北面是戈壁沙漠。到达甘肃省的敦煌之后有沿塔克拉玛干沙漠的南北两道可选，两道汇于喀什。**

经过敦煌，就来到了新疆，即"新的疆土"，这是清朝在18世纪征服这一地区时使用的地名。这一地区以前被称为西域，即"西方的地域"，向西覆盖今乌兹别克斯坦和塔吉克斯坦的一部分，向东包括甘肃省和陕西省***。[1]今天的新疆包括了丝绸之路在中国西部的绝大部分。

今天在这里可以看到当代新疆壮阔的景色，并且理解为什么丝绸之路不止一条而是多条。敢于最先穿越这一地区的人们学会了如何在冬天不热时穿过沙漠，在夏天雪少时越过山口。更重要的是，他们学会了沿着沙漠的边缘走，在途中饮水、休息、了解下一段旅程。在每处绿洲，为了下一步计划可能要停留数天、数十天甚至更久。

---

* 君士坦丁大帝于330年正式迁都君士坦丁堡。
** 南道是塔里木盆地南缘之路，取道和田。北道是塔里木北缘之路，取道龟兹。后来又开辟了天山以北的草原之路成为新的北道，之前的北道就成了中道。
*** 作者对西域的理解比较独特。关于唐朝时西域的概念，可以参考：荣新江、文欣：《"西域"概念的变化与唐朝"边境"的西移——兼谈安西都护府在唐政治体系中的地位》，《北京大学学报：哲学社会科学版》2012年第4期，113—119页。
1 Peter C.Perdue, *China Marches West: The Qing Conquest of Central Eurasia*（Cambridge, MA: Belknap Press of Harvard University Press, 2005）.

通常，这种旅行漫长而艰辛。1993年，英国军官、探险家查尔斯·布莱克摩尔（Charles Blackmore）带领一只探险队徒步穿越塔克拉玛干沙漠。从楼兰到喀什东南的麦盖提，他的驼队走了59天，行程1400多公里，平均一天走21公里多。在沙丘起伏的沙漠地区行走非常艰难，有时一天走不到16公里。在平坦的戈壁滩上赶路时，他们一天最多能走24公里。[1]这些数字能够帮助我们了解很多世纪以前的行路人所经历的困苦。

一旦走出沙漠，就会面对塔克拉玛干南面和西面高耸的群山。地球上最大的几条山脉，喜马拉雅山、天山、喀喇昆仑山、昆仑山、兴都库什山汇集于此，形成了常年冰雪覆盖的帕米尔高原（古称葱岭）。走过这一段就可以一路向西下到撒马尔罕或者向南进入印度。

很少有人从撒马尔罕穿越整个中亚到达长安。这一段路长达3600公里。最著名（虽然不是最可靠的）的丝路旅行者是马可·波罗（1254—1324年）。他号称曾经由陆路从欧洲一直走到中国，又经海路返回。绝大多数人只是走其中一段路，从自己家乡到下一个绿洲为止，大概500公里。由于货物只是在小范围内贸易而且多次转手，丝路贸易大多只是涓涓细流。有上百头牲畜的长途商队在史料中很少被提及，一般只有国家间互派使团时才会出现。

今天，撒马尔罕和敦煌之间的地区吸引了很多游客，他们来参观各处有名的遗迹，包括和田附近沙漠深处的热瓦克佛寺、吐鲁番的古城，以及敦煌和库车的石窟。当地的博物馆中展示着古墓中发现的工艺品，比如金银器和织物，其设计融汇中西，生动精致。在有些地方，沙漠的干燥气候保存了一些特别生活化的东西，让人吃惊，比如丝路居民一千多年前做的北印度式烤馕和中国饺子曾同时出现在墓中。

19世纪末以前，没人知道新疆的沙漠之下保存了如此之多的古代文书和文物。1890年，英国上尉汉密尔顿·鲍尔（Hamilton Bower）来到

---

[1] Charles Blackmore, *Crossing the Desert of Death：Through the Fearsome Taklamakan*（London：John Murray，2000），59，61，64，104，图14的标题。

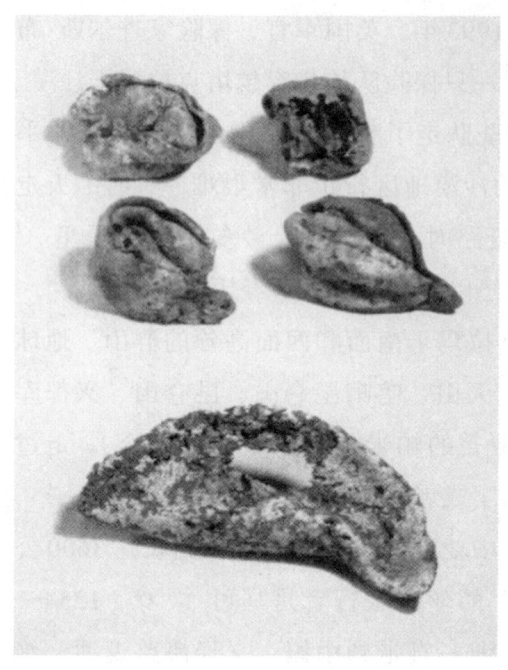

吐鲁番出土的干饺子

吐鲁番干燥的环境保存了如食物等易腐败的物品。图中为四个馄饨、一个饺子,年代为七、八世纪。考古学家发现这些饺子的馅里有韭菜和肉。(新疆博物馆藏)

塔克拉玛干北缘的绿洲库车调查一起谋杀案。他在当地买了一份写在51张桦树皮上的古代手稿,并向孟加拉皇家亚洲学会汇报了他的发现。几年之后,学者发现这是一份公元五世纪的医疗文书,这比当时已知的最古的梵文文书还要早近千年。[1]在亚洲的欧洲外交人员机敏地意识到这一发现的重要性,并开始收购各种手稿寄回欧洲,以便受过训练的学者解读*。

1895年,瑞典探险家斯文·赫定揭开了新疆科学考察的大幕。4月,他从叶尔羌河畔的麦盖提进入塔克拉玛干沙漠,试图寻找和田河的源头。15天之后,他发现自己带的水已经不够他和四个随从喝了。但是他并没有返回,因为他不想承认探险失败。当饮水逐渐耗尽,他开始绝望地寻

---

[1] Peter Hopkirk, *Foreign Devils on the Silk Road: The Search for Lost Cities and Treasures of Chinese Central Asia* (Amherst: University of Massachusetts Press, 1984), 45–46; Rudolf Hoernle, "Remarks on Birch Bark MS", *Proceedings of the Asiatic Society of Bengal* (April 1891): 54–65.

* 这一阶段英俄两国都在收购手稿,英国人收集的手稿被送至加尔各答由霍恩雷解读。

找水源。他的随从和骆驼一个接一个地倒下，精疲力竭的赫定强迫自己沿着干涸的河床爬行，在断水的第六天终于找到了一条小溪。他喝够了之后，用靴子盛水救回了一名同伴。

在他走出沙漠的路上，赫定遇上了一个四人商队，从他们那里买了三匹马、"三副驮鞍、一副骑鞍、马嚼子、一袋玉米、一袋面粉、茶、罐子、碗和一双靴子"。[1] 这份货单说明，即便在二十世纪初，塔克拉玛干流通的货物还跟早前一样都是当地产的必需品而不是外国进口货。走出沙漠之后，赫定得知牧羊人救起了他的另一名同伴，另外两人则死在了沙漠里。

同年12月，逃过一劫的赫定再次进入塔克拉玛干。这次他带足了水。他从塔克拉玛干南缘的主要绿洲和田进入沙漠，发现了丹丹乌里克遗址，看到被沙丘掩埋的木头柱子和墙壁残骸中有几座佛教雕塑。赫定没有进行发掘，他之后解释道："我没有做彻底发掘的装备，再说我也不是考古学家。"[2] 欧洲的报纸大幅报道赫定在塔克拉玛干的探险，这在当时跟今天的太空探险一样危险而迷人。

其中一条新闻报道在1897年底被波兰一位煤矿经理寄给了自己的弟弟奥雷尔·斯坦因（Aurel Stein），此人当时正在英属印度的拉合尔（今巴基斯坦）做教育官员。[3] 斯坦因出生于匈牙利，1883年在图宾根获得梵文研究的博士学位，之后在拉合尔跟随博学的印度学者潘迪特·哥文德·考勒（Pandit Govind Kaul）继续钻研这门语言。在整个十九世纪，梵文都是一个非常热门的领域。很多人都想学习这门与拉丁语、古希腊语相近又比二者古老的印欧语系语言。斯坦因在德国学习期间就了解到获得最古老最完整手稿的重要性。

---

[1] Sven Hedin, *My Life as an Explorer*, trans. Alfhild Huebsch（New York: Kodansha, 1996），177.

[2] Hedin, *My Life*, 188.

[3] Jeannette Mirsky, *Sir Aurel Stein: Archaeological Explorer*（Chicago: University of Chicago Press, 1977），70页（厄内斯特的信件及剪报），79—83页（斯坦因申请拨款）。

斯坦因立刻意识到赫定的发现对于古代手稿研究的意义。他向英国考古部门申请了去和田考察的经费。对遗址系统的探查，他解释道，可以提供比迄今为止的探宝多得多的信息。他同时暗示，现在收集古物的国际竞争已经展开了，赫定肯定会回到这一地区，俄国人也在考虑进行考察。英属印度政府批准了他的申请。

本书讨论的遗址中许多都是斯坦因首先发现并定位的。他同时还发现了许多极为重要的文书和文物。在1900年和1931年间，他一共四次来到新疆考察，随后出版了篇幅巨大的随笔和正式报告。以今天的标准来看，他的发掘并不完美。他雇佣工人挖掘，对任何发现都给予额外奖励，这种在当时很普遍的做法常会造成发掘过于仓促。其他在新疆发现过文书的人，包括法国的伯希和、德国的阿尔伯特·冯·勒柯克，日本的大谷光瑞*，很少能做出斯坦因那样细致的考古报告，这些人去过的遗址、发表的材料更是远远不及斯坦因多。

斯坦因的描述对于重建每处遗址的原始状态至关重要。他对于文书埋藏环境的解释也很重要。之后的每位学者即便有自己的解释也都以斯坦因的说法作为出发点。斯坦因及其他十九世纪末二十世纪初的探险家的记述特别有价值，因为这些探险家，除极个别外，都是以同样的交通方式沿着与古代相同的路在旅行。他们的记述填补了古代旅行者没有提到的很多细节，让我们可以想见在古代商路上旅行的种种。

这些探险家，以及很多后来者，揭露了黄沙掩埋的历史遗迹。首先，他们发现的考古证据表明，长途陆路贸易在很久以前就开始了。早在公元前1200年，生活在新疆的人们就已经把货物送到了中原地区。当时，商王朝（约公元前1600—前1046年）统治着黄河下游谷地，使用着现存最早的汉字。在商王妃子妇好的豪华墓葬中，发现了一千件以上的玉器，有些是用和田特有的羊脂玉做成的。在中亚，特别是同时期的哈密五堡遗址发现了大量贝壳，证明该地区与沿海地区存在贸易。这里所说

---

* 大谷光瑞实际上没有亲身参与过考察发掘。

的沿海有可能是东方的中国或南方的印度,亦或是西方的地中海。[1]

第二,探险家们发现,有很多不同的民族曾经在这一地区生活。举例来说,新疆和甘肃有一些遗址年代大概在公元前1800年之后,干燥的沙漠气候保存了大约500具干尸[2],其中很多男性身高超过一米八,比他们同时代的中国人要高出不少,这些尸体同时还有许多非汉人而更像是高加索人种的体貌特征,比如浅色的毛发和皮肤。学者们从他们的外貌推测,很多行经塔克拉玛干沙漠并定居在其周围绿洲的人的祖先是印欧语的使用者。语言学家们相信这些人大约在公元前2000年到前1000年间从他们的老家,很可能是黑海以北的南俄草原,移居至古代的印度和伊朗。[3]有些尸体穿着羊毛织物,这些织物的图案跟公元前两千纪爱尔兰的织物很像,这增加了这些人是印欧人后代的可能。[4]有些学者推测这些人操吐火罗语,一种我们在第二章会详细讨论的印欧语。然而由于这些墓葬均未出土文字资料,我们无从知晓这些人说什么语言。[5]

此外还有与北方民族贸易的发现。西伯利亚的巴泽雷克(Pazyryk)遗址年代为公元前五世纪。该遗址的墓葬中出土了中国的铜镜和丝绸。[6]

---

1 王炳华:《丝绸之路的开拓及发展》,《丝绸之路考古研究》(乌鲁木齐:新疆人民出版社,1993),2—5页。另见,E.E.Kuzmina, *The Prehistory of the Silk Road*, ed.Victor H.Mair(Philadelphia: University of Pennsylvania Press, 2008),119页,书中强调新疆与今哈萨克斯坦七河地区之间的接触。

2 J.P.Mallory and Victor H.Mair, *Tarim Mummies: Ancient China and the Mystery of the Earliest Peoples from the West*(New York: Thames & Hudson, 2000), 179-181.

3 J.P.Mallory and D.Q.Adams, *The Oxford Introduction to Proto-Indo-European and the Proto-Indo-European World*(New York: Oxford University Press, 2006), 460-463.

4 Elizabeth Wayland Barber, *Mummies of Ürümchi*(New York: W.W.Norton, 1999).

5 笔者曾写过关于交河遗址的文章,但其中有些错误。最遗憾的是笔者把定居开始的年代搞错了,正确的年代应为公元前2000—前1800年,见 "Religious Life in a Silk Road Community: Niya during the Third and Fourth Centuries", in *Religion and Chinese Society*, ed.John Lagerwey(Hong Kong: Chinese University Press, 2004), 1:279-315。新疆文物考古所:《2000年交河墓地调查与发掘报告》,《新疆文物》2003年第二期,第8—46页;Victor H.Mair, "The Rediscovery and Complete Excavation of Ördek's Necropolis", *Journal of Indo-European Studies* 34, nos.3-4(2006): 273-318。

6 Sergei I.Rudenko, *Frozen Tombs of Siberia: The Pazyryk Burials of Iron Age Horsemen*, trans. M.W.Thompson(Berkeley: University of California Press, 1970), 115, 图55(铜镜), 彩图178(凤绢)。

有一件丝织物上绣有凤凰，这很可能是中国的母题（或者是一个源自中国的母题），这表明该遗址与中国文化有联系。在吐鲁番，有一件同样来自公元前五世纪的类似织物，在褪色了的黄丝绸背景下绣了一只漂亮的凤凰。[1]这些发现表明，陆路贸易在公元前好几个世纪就已经存在了，但是没有文书告诉我们是谁、为了什么带来了这些货物。

最早的关于丝路贸易的描述与张骞（约公元前164—前113年）有关。他是公元前二世纪汉武帝时期（公元前140—前87年在位）从长安派往中亚的中国使节。汉武帝希望张骞能说服生活在今乌兹别克斯坦费尔干纳地区的月氏人跟汉朝结盟以抗击他们共同的北方敌人，即以今天蒙古为中心的匈奴。现存最早的关于张骞的史料写于其出使150年之后，很多基本的事实，比如确切的路线，在史料中都付之阙如。

很明显，张骞是经由匈奴的地盘进入月氏的。张骞被匈奴囚禁了十年后终于逃脱，并继续前往月氏。他在公元前126年左右回国，并向皇帝做了汇报。这是中国人第一次得到关于中亚各民族的详细信息。[2]张骞特别惊讶地发现中国商人和货物已经先他一步到达了中亚。在今阿富汗北部的大夏，张骞在市场上看到了来自千里之外的邛竹杖和蜀布。这些中国货物必定是经陆路到达的。

张骞回国以后，汉朝逐渐向西北扩张。在公元前二世纪末就已经控制了河西走廊和敦煌。中国军队每征服一个新的地区就修建烽燧，这些烽燧之间有固定的距离。每当战事发生，烽燧的守军就会燃起狼烟向临

---

1 王炳华：《丝绸之路的开拓及发展》，第4页；阿拉沟的遗址报告，《文物》1981年第一期，17—22页；丝绸图片见新疆文物局编：《新疆文物古迹大观》（乌鲁木齐：新疆人民出版社，1999），165页，图0427。

2 关于张骞出使的最早记录来自司马迁的《史记》（北京：中华书局，1972）卷123以及班固的《汉书》（北京：中华书局，1962）卷61，2687—2698页。本书引用的是中华书局出版的标点版正史，台湾"中央研究院"的汉籍电子资料库中有电子版：http://hanchi.ihp.sinica.edu.tw/ihp/hanji.htm. 何四维说《史记》中的记载可能已经佚失，现在《史记》中张骞的部分是后来根据《汉书》的记载补全的。见A.F.P.Hulsewé, *China in Central Asia: The Early Stage, 125 B.C.–A.D.23; An Annotated Translation of Chapters 61 and 96 of the History of the Former Han Dynasty* （Leiden: E.J.Brill, 1979），15—25。他翻译的《汉书·张骞传》在207—238页。

近的烽燧报警，这样一直传到最近的可以发兵的军营。烽燧之外，汉朝军队还在新征服地区建立军营。在居延（内蒙古额济纳旗，甘肃省金塔县东北90公里）和疏勒（甘肃省酒泉和敦煌附近）出土了很多竹简，其中有军队向当地人购买衣物和谷物的记载。[1]

出土了最大量丝路早期文献的悬泉就是这样一个军营。悬泉坐落在敦煌以东64公里。[2] 50米见方的夯土墙环绕着整个遗址。遗址南边有个马厩。为公务而来的官员可以在军营换马。军营同时还有邮政的功能。遗址的北部和西部是垃圾堆，西边的垃圾坑最深处可达1.2米。从这里出土了2650件文物，其中包括钱币、农具、武器、铁制的牛车零件、梳子、筷子等日常用具，以及谷物、大蒜、核桃、杏仁、动物骨骼等食物残迹。[3]

悬泉还出土了35000多件废弃的文书，23000多件有汉字的木简，12000多件裁好大小尚未写字的竹简。大约2000根简有纪年，在公元前111年到公元107年之间，这正是军营有人驻扎的时期。

因为纸张才刚刚在中亚传播，所以大量的文书都写在木简或者竹简上。中国于公元前二世纪发明了纸。最初纸是用来包装而不是书写的。正史里曾有记录，有个杀人犯在公元前12年用纸包的毒药自尽了。[4] 在悬泉出土了一些年代最早的纸张残片，年代为公元前一世纪。这些纸片上写有药名，这证实了纸张最早的用途是包装。

直到四个世纪以后的公元二世纪，纸张才作为书写材料在中国广泛传播。更久以后纸张才在丝路上代替木简竹简成为最常用的书写材料。因为纸一直很贵，所以人们还在皮革和树皮上写字。在悬泉发现的文书大多是成捆的木简。

---

1 Helen Wang, *Money on the Silk Road: The Evidence from Eastern Central Asia to c.AD 800* (London: British Museum Press, 2004), 47–56.
2 悬泉发现于1987年，发掘于1990年和1991年，发现了很多文书，目前只发表了一小部分。见甘肃省文物考古所：《甘肃敦煌汉代悬泉置遗址发掘简报》，《文物》2000年第5期，4—45页，遗址确切位置的地图见第5页，竹简数量见第11页。
3 何双全：《双玉兰堂文集》（台北：兰台出版社，2001），第30页。
4 Joseph Needham, ed., *Science and Civilisation in China*, vol.5, part 1, *Paper and Printing*, by Tsien Tsuen-hsuin (Cambridge, UK: Cambridge University Press, 1985), 40; *Han shu* 97b: 3991.

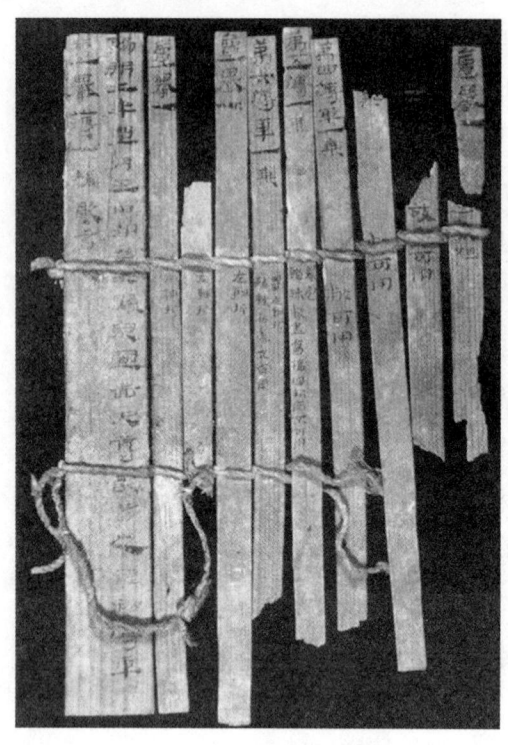

纸质文书之前的文书

虽然早在公元前二世纪纸张便已从中国传至丝路,但有些文书依旧写在木简上。纸张最早用做药材包装,直到三世纪才彻底成为书写材料。图中木简记载了戍堡征用的牛车。这些简用绳子编成册卷起来储存。读的时候先从上至下再从右至左,即从右上角向下读起,读完第一根再读第二根,一直读到左下角结束。

悬泉出土的文书中有很多是驻扎在悬泉驿的官员与附近驿站的日常通信,比如皇帝新诏书的通知、缉拿逃犯的通告、私人信件等。悬泉的书吏把木材分为几类,高级的柏木用来书写皇帝诏书,易弯的杨木和柳木则用来书写日常文书和通信。

因为悬泉是从内地到敦煌路上的最后一站,几乎所有使节在出入汉朝时都要经过这里。汉代的地理材料列出了50多个中亚国家。尽管汉语史料常常称呼这些统治者为王,他们的疆域一般不过是一个绿洲,臣民少则几百多不过几千。这些绿洲更像是小城邦而不是王国。[1]

这些国家无论大小都派使节前往中国首都朝贡。他们承认皇帝的权威,并从中国得到回礼。最被看重的贡品是来自中亚草原的骏马。因为

---

[1] Nicola Di Cosmo, "Ancient City-States of the Tarim Basin", in *A Comparative Study of Thirty City-State Cultures*, ed.Mogens Herman Hansen(Copenhagen: Kongelige Danske Videnskabernes Selskab, 2000), 393–409.

这些马可以自由地在草原上觅食，它们总是比在马厩吃饲料的矮小的中国马更强壮。中国人最珍视的是来自今乌兹别克斯坦费尔干纳盆地的天马。早在汉朝便已经无法区分官方贸易和私人贸易了。所谓官方贸易是指一位使臣带来礼物（经常是马或骆驼等牲畜）并为他的宗主得到回礼。私人贸易则是指该使臣可能是自己献上同样的牲畜并把回礼归为己有。

中亚王国的进贡使团大小不一。有时使节团有一千多人：比如于阗王曾率领过一个1714人的使团。[1] 公元前52年从粟特地区来的一个使团则更为典型。该使团有两名使臣、十名贵族和人数不明的随从。他们带着9匹马、31头驴、25头骆驼和1头牛。[2]

这些使团都按照固定路线行进并持有通行证，上面按顺序列出允许他们访问的城镇。汉朝法律基于之前的先例要求所有经过水陆关隘的人员都必须持有通行证。这种通行证被称为"过所"（字面意思是"经过一个地方"）。[3]

有几件悬泉文书列出了从敦煌到首都的每一站。敦煌是中国境内的第一站。公元前一世纪的首都是长安，公元一世纪的首都是洛阳。使团不能偏离这些路线。每一站都有官员清点使团人畜以保证其路线与过所上登记的完全一致。官员可以修改过所也可以签发新过所。他们在使团经过悬泉前往中国时查验一遍，一般六个月之后使团回程经过悬泉时再查验一遍。对每一位客人，无论中外，悬泉的厨子对其消耗的食材都有详细的记录。他们还按官品和行路方向（东或西）来区分来客。[4]

悬泉汉简惊人地详细。最长的一份记录记载了公元前39年的一次纠纷。四名粟特使节向中国官员申诉，说他们卖的骆驼价钱太低了。他们

---

1 胡平生、张德芳：《敦煌悬泉汉简释粹》（上海：上海古籍出版社，2001），第110页。
2 王素：《悬泉汉简所见康居史料考释》，荣新江、李孝聪编：《中外关系史：新史料与新问题》（北京：科学出版社，2004），第150页对II90DXT0213 ®:6A 号简进行了录文和解说。
3 Lothar von Falkenhausen, "The E Jun Qi Metal Tallies: Inscribed Texts and Ritual Contexts," in *Text and Ritual in Early China*, ed.Martin Kern（Seattle: University of Washington Press, 2005），79-123；程喜霖：《唐代过所研究》（北京：中华书局，2002），2页。
4 胡平生、张德芳：《敦煌悬泉汉简释粹》，77—80页，I 0112 ®：113-131号简。

坚称中国官员支付的是又瘦又黄的骆驼价,可他们交付的是更贵的又白又肥的骆驼。这些粟特使节不仅对于市场价格了如指掌,当得到的价格低于预期时他们对申诉系统有着足够的信心。作为持有有效证件的使节,这些粟特人觉得自己在每一站都能得到免费食宿,可到头来他们不得不自掏腰包付饭钱。公元前39年敦煌官员为这起纠纷下了定论:粟特人已经得到了合理的报偿。如此不近人情地对待这些使节可能是因为汉朝官员一直对粟特人怀恨在心,因为他们和汉朝长久以来的敌人匈奴合作,因此故意少付钱以报复粟特人。[1]

悬泉文书展现了一个完整的世界,其中包括中国西境上的绿洲,在今天的喀什附近,还有的在现代中国的版图以外,在今天乌兹别克斯坦、巴基斯坦和阿富汗境内。这些中亚绿洲的统治者有规律地与汉朝皇帝互派使节,而这些不同地方的使节都沿着丝绸之路来到中国首都。

在向汉朝皇帝进贡的众多外国使团当中,只有一个可能来自罗马。据正史记载,有一位大秦统治者的使节在公元166年由海路抵达。对于中国人来说,大秦在世界的最西端,具有很多乌托邦的特征。仅在少数一些例子中这个词才特指罗马。大秦的特使献上了象牙和犀牛角,这些都是东南亚的特产。很多人怀疑这名使节是个冒牌货,他只是宣称自己来自一个非常遥远,没什么人知道的地方以获得贸易许可。大秦使者这唯一的一次出现非常有趣,但并非是确凿无疑的。[2]

正如悬泉汉简以及其他材料所揭示的那样,汉朝出于纯粹的战略考虑才开始与塔克拉玛干沿线各地展开规律的贸易,目的是开辟一条通往中亚的新路以绕开一直以来的敌人匈奴。官方使节也许偶尔做做生意,

---

[1] 王素:《悬泉汉简所见康居史料考释》,荣新江、李孝聪编:《中外关系史:新史料与新问题》(北京:科学出版社,2004),155—158页。
[2] 记载见于范晔《后汉书》(北京:中华书局,1965)卷118,2920页。Manfred G.Raschke, "New Studies in Roman Commerce with the East", in *Aufstieg und Niedergang der römische Welt: Geschichte und Kultur Roms im Spiegel der neueren Forschung*, vol.2, part 9.2, ed.Hildegard Temporini(Berlin: Walter de Gruyter, 1978),853-855nn848-850,其中讨论了学者对于这则记载的很多怀疑。

但这一直只是其公差之外的副业。他们的行为从来就不是自发的,而是沿着精心策划并记录的路线展开的。悬泉汉简尽管记载了很多中国与中亚绿洲之间贸易的细节,但其中从未提及贵霜王国(今阿富汗、巴基斯坦一带)以西的任何地方,更不要说罗马本身了。

遗憾的是,欧洲方面从未出土过像悬泉汉简一样有这么多详尽细节的文书,因此对欧洲贸易的分析必须依赖于传世的希腊拉丁文献。《厄立特里亚海航行记》(*Periplus of the Erythraean Sea*)就是内容最丰富的此类史料之一。该书于公元一世纪由一位住在埃及的佚名商人以希腊语写成。[1] 在书中,作者描述了非洲东部、阿拉伯半岛以及印度的各个港口,最后以一段对于已知世界之外的土地的描述作结:

> 在目前的最北端,大海在其外缘的某处完结。在这[恒河河口港口以东海域上的一座岛屿]之外,有一座巨大的内陆城市名叫 Thina,经由陆路从那里运来丝线、纱和布……而且经恒河……去 Thina 并不容易,很少有人从那来,只有少数几个人。[2]

Thina?这拼写倒说得过去,因为古希腊语中没有发ch的字母,字母 θ 的发音近似于ts。作者尽了最大努力记录他从印度商人那里听到的不熟悉的名字。在梵语中,中国的发音是"支那"(cina,源自秦朝,公元前221—前207年)。梵语词是英语China的来源。之后的几个世纪中,托勒密(约100—170年)等罗马地理学家更多地了解了中亚,但学者们仍在试图把他们的记述与该地区的实际地理调和起来。[3] 在关于中国人的信息中,《厄立特里亚海航行记》的作者只对于核心一点非常肯定:他们

---

[1] Raschke, "New Studies in Roman Commerce", 604–1361. 至于他为何相信《厄立特里亚海航行记》成书于公元70年以前,见755页注478。

[2] Lionel Casson, *The Periplus Maris Erythraei*: *Text with Introduction, Translation, and Commentary* (Princeton, NJ: Princeton University Press, 1989), 91.

[3] Étienne de la Vaissière, "The Triple System of Orography in Ptolemy's Xinjiang", in *Exegisti Monumenta*: *Festschrift in Honour of Nicholas Sims-Williams*, ed. Werner Sundermann, Almut Hintze, and François de Blois (Wiesbaden, Germany: Harrassowitz, 2009), 527–535.

用蚕茧产生丝，用生丝纺丝线，用丝线织绸子。

中国人确实是世界上第一个制造出丝绸的民族。如果浙江河姆渡遗址中发现的一件刻有蚕形图案的象牙雕刻能被看做丝绸生产的证据的话，则丝绸的历史可以被追溯至公元前四千年。按杭州丝绸博物馆的说法，最早的丝绸年代为公元前3650年，来自中原省份河南。[1] 外国专家对于这个过早的定年持怀疑态度，他们认为最早的丝绸年代为公元前2850到2650年，即长江下游良渚文化（公元前3310—前2250年）的时代。[2]

公元一世纪时，即《厄立特里亚海航行记》成书的年代，罗马人并不知道丝绸是如何制作的。老普林尼（公元23—79年）记载公元一世纪时丝绸已经来到罗马，但他并不清楚丝绸的生产方法。他以为丝绸是用"叶子上粘着的白色绒毛"制成的，记载说塞利斯人把这些毛梳下来制成了线（他的描述更像是在讲棉花）。但在另一段中他又写到了蚕。[3] 现代译者常常把塞利斯翻译成中国，但是对于罗马人来说，那实际上是位于世界最北端的未知国度。

在普林尼的时代，中国并非唯一的丝绸生产者。早在公元前2500年，古印度人就开始从野生丝蛾（wild silk moth）制丝，这是与中国人驯化的桑蚕不同的一个品种。与中国不同，印度人用的是蚕蛾破茧而出之后剩下的茧壳。[4] 与之相似，古代爱琴海东部的科斯岛出产一种科斯丝，也是用野生蛾的茧壳制成。中国人很早就知道要煮沸蚕茧把蚕虫扼杀在茧中，这样茧就不会被破坏，制出的丝线才能长而不断。即便如此，有时

---

[1] 笔者于2006年6月12日参观了杭州丝绸博物馆，并看到了这件来自河南省荥阳市青台村的丝绸残片。

[2] 英文中关于中国织物最完备的研究是 Joseph Needham, ed., *Science and Civilisation in China*, vol.5, part 9, *Textile Technology: Spinning and Reeling*, by Dieter Kuhn (Cambridge, UK: Cambridge University Press, 1988), 272。

[3] Pliny the Elder, *The Natural History of Pliny*, trans. John Bostock and H.T.Riley (London: H.G.Bohn, 1855-1857), 6.20（塞利斯和穿丝绸的罗马女人，以及对其他进口商品的反对）；6.26（向印度出口钱币）；11.26-27（科斯丝）。电子版：http://www.perseus.tufts.edu/hopper/text?doc=Perseus%3atext%3a1999.02.0137

[4] I.L.Good, J.M.Kenoyer, and R.H.Meadow, "New Evidence for Early Silk in the Indus Civilization", *Archaeometry* 51, no.3 (2009): 457-466.

也很难分辨中国丝和野生丝。可能普林尼描述的是印度丝或者科斯丝，而不是中国丝。[1]

因为中国丝和科斯丝非常相近，专家必须找到中国特有的图案才能断定一块丝绸的来源。但因为所有图案都可以被模仿，所以最可靠的中国制造的证据是汉字，只有中国人才会把汉字织进布里。叙利亚帕尔米拉出土的公元一至三世纪的织物可以说是最早到达西亚的中国丝绸。[2]中国皇帝不断派使节赏赐织物给西域统治者，这些统治者可能又把这些织物向更西方的地区传递。

绝大多数欧洲发现的漂亮丝绸，尽管标为"中国的"，但实际上织造于拜占庭帝国（476—1453年）。有位学者检查了七到十三世纪的一千件样品，发现只有一件来自中国。[3]

丝绸让普林尼非常不满，他不明白罗马人为什么要进口这种大量暴露女性身体的织物："花了这么多人力，从那么远的地方运来，就为了让罗马妇女在公共场合炫耀透明的衣衫。"[4]他也攻击其他的进口货，比如乳香、琥珀、玳瑁等等。因为照他看来，消费这些商品削弱了罗马。[5]

---

[1] Irene Good, "On the Question of Silk in Pre-Han Eurasia", *Antiquity* 69 (1995): 959-968.
[2] Lothar von Falkenhausen, "Die Seiden mit Chinesischen Inschriften", in *Die Textilien aus Palmyra: Neue und alte Funde*, ed.Andreas Schmidt-Colinet, Annemarie Stauffer, and Khaled Al-As'ad (Mainz, Germany: Philipp von Zabern, 2000); 书评见 Victor H.Mair, *Bibliotheca Orientalis* 58, nos.3-4 (2001): 467-470。通过与中国出土织物的比对，von Falkenhausen 将目录中 521 号样品的年代定在公元 50—150 年之间。521 号样品于一座年代为公元 40 年的墓葬中出土，这是西方发现的年代最早的丝绸之一。两件织物肯定都制于帕尔米拉被萨珊王朝攻破的 273 年之前。另参见 von Falkenhausen's "Inconsequential Incomprehensions: Some Instances of Chinese Writing in Alien Contexts", *Res* 35 (1999): 42-69, 特别是 44—52 页。
[3] Anna Maria Muthesius, "The Impact of the Mediterranean Silk Trade on Western Europe Before 1200 A.D.", in *Textiles in Trade: Proceedings of the Textile Society of America Biennial Symposium, September 14-16, 1990, Washington, D.C.* (Los Angeles: Textile Society of America, 1990), 126-135, 129 页提到了荷兰马斯特里赫特圣瑟法斯圣殿圣物匣中唯一的一件中国织物；Xinru Liu, *Silk and Religion: An Exploration of Material Life and the Thought of People, AD 600-1200* (Delhi: Oxford University Press, 1996), 8。
[4] Pliny, *Natural History*, 6.20.
[5] Trevor Murphy, *Pliny the Elder's Natural History: The Empire in the Encyclopedia* (Oxford: Oxford University Press, 2004), 96-99（奢侈品），108-110（塞利斯）。

如果中国与罗马之间的贸易真如普林尼所说的那样繁盛，或许可以在中国境内发现罗马钱币。但中国出土的年代最早的欧洲钱币来自拜占庭而非罗马，年代为530到550年间。[1]与传言相反，中国境内从未出土过罗马钱币，这与常有罗马商人出没的南印度海岸形成鲜明对比，那里出土了成千上万枚罗马金币银币。[2]历史学家有时讲，某一时期两地之间流通的贵金属货币可能是因为后来被熔化重铸了才没有保存至今。但是在中国发现了很多晚于罗马时代的外国钱币，有力地反驳了这一观点。中国出土了很多伊朗萨珊王朝（224—651年）打造的银币，最多时可达几百枚。（见彩图4b）

总之，考古和文献资料都显示古罗马与汉代中国之间的接触少得令人吃惊。尽管老普林对于丝绸贸易的批判非常自信，但我们并没有公元一世纪罗马进出口贸易的可靠数据。[3]如果罗马人用罗马钱币买过中国丝绸，那中国丝绸的残迹应该曾在罗马出现。从公元二、三世纪起，一些货物开始在罗马与中国之间流通，这正是帕尔米拉丝绸的时代，也是罗马人最终确定塞利斯准确位置的时候。

中国艺术史的材料也证实了罗马与中国之间时断时续的接触在公元二三世纪时加速了。在汉代，中国艺术中只有很少几个例子显示出外来影响。但到了唐代，中国艺术已经融合了比汉代多得多的波斯、印度甚至希腊罗马的元素。[4]唐代是中国对中亚影响的高峰阶段，也是丝路贸易的鼎盛时期。

---

1 罗丰：《胡汉之间——"丝绸之路"与西北历史考古》（北京：文物出版社，2004），中国境内发现的金币列表见117—120页。
2 Vimala Begley, "Arikamedu Reconsidered", *American Journal of Archaeology* 87, no.4（1983）: 461-481, esp.n82.
3 拉西克不认为罗马人统计过这种数据。他认为普林尼是出于道德原因而夸大其词。（"New Studies in Roman Commerce," 634-635）："因此，罗马的官僚作风以及来自埃及的现存记载都显示老普林尼不可能得到罗马与东方年度贸易逆差的准确数字。"（636页）。另见邢义田对该书的书评，《汉学研究》3.1（1985），331—341页及其续篇《汉学研究》15.1（1997），1—31页。其中邢义田表达了对汉与罗马贸易程度的深切怀疑。
4 齐东方，私下交流，2006年6月。一个重要的例外见Anthony J.Barbieri-Low, "Roman Themes in a Group of Eastern Han Lacquer Vessels", *Orientations* 32, no.5（2001）: 52-58.

本书从公元二三世纪讲起，这是目前可见中国与西方第一次发生接触的年代，一直讲到十一世纪初为止，即敦煌和于阗出土文献的年代下限。本书按照时间顺序推进，每章研究一个不同的有文献出土的丝路遗址。尼雅、库车、吐鲁番、敦煌、和田在中国西北。撒马尔罕在乌兹别克斯坦，附近的穆格山遗址则跨越了边境在今塔吉克斯坦境内。第七处是唐朝首都长安，在今天中国中部陕西省境内。

第一章从尼雅和楼兰两处遗址讲起，这里都出土了大量文献，记载了当地人、中国人以及一群从今阿富汗、巴基斯坦的健陀罗地区迁来的移民之间第一次长久的文化接触。这些移民引入了自己的文字，带来了用木制文书保存书面记录的技术。他们同时还是第一批进入西域的佛教徒。虽说佛教戒律规定僧尼都要独身，但尼雅的很多佛教徒并不是像人们想象的那样住在寺庙中，而是结婚生子与家人一起生活。

第二章的主题是龟兹（今库车）。这里是中国最著名的佛经译师之一鸠摩罗什（344—413年）的家乡，是他首次把佛经译成了易懂的汉语。鸠摩罗什从小讲龟兹的当地语言长大，孩童时期学习梵语，在被抓到中国做俘虏的十七年间学会了汉语。龟兹语文书的发现还引发了一次长达一个世纪的激烈争论。在争论中，语言学家们试图解释为什么西域某个民族所操语言与这一地区的其他语言差别如此之大。

在丝路往来的高峰时期，粟特人是中国最重要的外来族群。很多粟特人定居于丝路北道的吐鲁番，从事各种职业，包括农民、客栈老板、兽医、商人等。[1]而吐鲁番正是第三章讨论的中心。640年，唐朝军队攻灭高昌国，所有高昌人都被纳入唐朝的直接统治之下。吐鲁番极度干燥的环境保存了一大批反映丝路日常生活的文书。

第四章主要讲粟特人的老家，即位于今乌兹别克斯坦和塔吉克斯坦境内的撒马尔罕及其周边地区。虽然中国有着不欢迎外人的名声，但在

---

1 Wu Zhen, "'Hu' Non-Chinese as They Appear in the Materials from the Astana Graveyard at Turfan", *Sino-Platonic Papers* 119（Summer 2002）: 1–21.

公元后的第一个千年中，特别是撒马尔罕陷入穆斯林军队之手的712年之后，大量外国人涌入了中国。

第五章所讨论的唐朝首都长安（即今西安）的外国人墓葬可以说是近年来最激动人心的考古发现之一。从伊朗世界来的粟特移民带来了自己的祆教信仰。祆教徒在火坛边朝拜并向神献牲，死后由亲人为其料理后事：尸体要曝露给动物，等尸骨上的肉被吃净后再下葬，因为肉被认

为会污染大地。尽管大多数粟特人信奉祆教，不过在六世纪末七世纪初，生活在长安的几名粟特人却选择了汉式葬仪。这些墓葬中所描绘的祆教阴世比伊朗世界中留下的任何艺术品都要详尽。

第六章讲敦煌藏经洞。这里的约四万件文书是世界上最令人惊叹的宝藏之一，其中包括世界上最早的印刷品《金刚经》。虽然藏经洞是一座寺院的储藏室，但洞中所藏远不止佛教材料，因为在佛经的背后写着很多其他类型的文书。敦煌洞窟的壁画是中国境内的佛教遗址中保存最好规模最大的。这些壁画由当地统治者出资请人绘制而成,见证了统治者以及当地人的虔信。尽管敦煌人创造出了这些杰作,但他们不使用钱币,而是用谷物或者布匹付账。八世纪中叶唐朝军队撤走之后,整个西域都是这样。

敦煌的统治者与和田绿洲保持着密切的关系,而后者则是第七章关注的焦点。和田位于丝路南道尼雅以西,几乎所有现存文书都以于阗语写成,这是一种有大量梵语借词的伊朗语。于阗语文献发现于敦煌以及和田周边一些地方。奇怪的是,在和田绿洲本身并未发现任何这类早期文书。这些文书包括语言学习的辅助材料,它们展示了于阗人是如何学习大多数寺院中使用的梵语以及在西域广泛通行的汉语的。于阗在1006年被征服,是今天新疆最先皈依伊斯兰教的城市之一。游客们可以很容易看出,今天的新疆依然由穆斯林占主体。本章的最后概述了伊斯兰教到来之后该地区的历史和贸易状况。

综上所述,本书的目的是描绘每个绿洲,简述贸易的性质,最终讲出一个有血有肉的丝路故事,一个常常被写在"废纸"上的故事。

第一章

楼 兰

中亚的十字路口

1901年1月下旬，在斯坦因到达尼雅（Niya）遗址之前，他的驮夫给了他两块带字的木板。斯坦因惊喜地认出了这些文字是佉卢文（Kharoshthi），一种公元三四世纪用来书写梵语和其他印度语言的文字。[1]下页插图中的木板就是其中之一。包含这两件文书在内的历史遗存证明，丝绸之路在语言、文化和宗教的传播中起到了至关重要的作用。这也是本书要以尼雅这座失落的古代城市开篇的原因所在。

在尼雅及其附近发现的木质文书证实，在丝路南道曾存在过一个小小的绿洲王国，其疆域从尼雅遗址一直向东延伸到盐湖罗布泊（Lop Nor），长800多公里。这个绿洲王国就是兴盛于公元200年到400年的楼兰王国。当地人的语言从未被写成文字，现在完全消失了，只有他们的名字曾被外人记录下来。

我们之所以能知道一些关于楼兰人的情况是因为有人翻山越岭迁徙至中国的西部。这些人有文字，即佉卢文。他们用这种文字写了地契、状纸、公文，并记录了成千上万件其他重要的事情。佉卢文是了解楼兰文明的关键，特别是尼雅和楼兰，前者是绝大多数文书的发现地，后者在沙漠的更深处，一度曾是楼兰王国的首都。汉朝时的中文古籍记载了这个王国与中国早期诸王朝的关系，可以与出土文献相互补充，很有价值。

---

[1] 本章关于斯坦因在尼雅发掘的讨论主要基于 M.Aurel Stein, *Ancient Khotan: Detailed Report of Archaeological Explorations in Chinese Turkestan*（Oxford: Clarendon, 1907）, 1:310-315; 2:316-385。

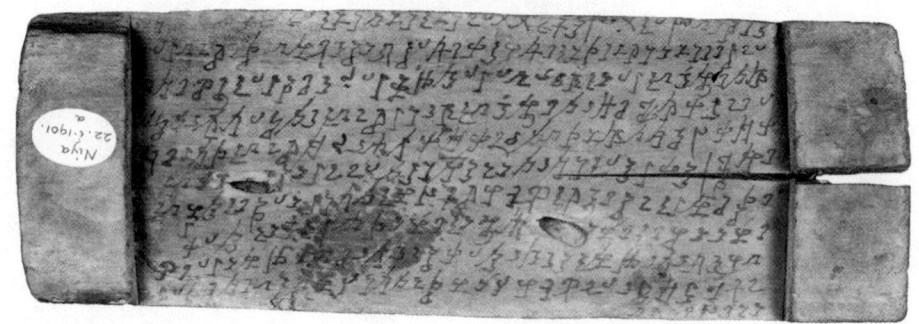

丝路文化交流的文字证据

来自巴基斯坦以及阿富汗北部的移民于公元 200 年左右将图中木制文书为代表的全新书写技术带到了尚无自己文字的中国西北部。这种文书由一上一下两片木板制成，图中一片为下片，上片像抽屉一样插在下片上面以保护文字。木板上的佉卢文来自移民家乡。这些木制文书内容广泛，包括契约、敕令、信件、诉讼判决等，可以用来还原这些背景完全不同的人们在古代的交往。文书标签贴反了，上面写着发现的日期和发现地——尼雅。（大英图书馆供图）

这些移民来自位于今天阿富汗、巴基斯坦的健陀罗地区。写在木板文书上的字是公元二世纪晚期丝路上存在持久的文化交流的重要证据。这些移民给这个小王国取名楼兰，公元前 77 年后被改名为鄯善。公元 200 年前后，这些移民似乎已经以每批不到一百人的规模一批一批抵达这里。他们似乎从来没有试图征服过当地人或者推翻楼兰王，而是与当地人同化了。这些难民与当地人通婚，把自己的文字介绍给他们，作为书吏受雇，并且教当地官员制作木板文书。这些移民还从印度带来了佛教，但他们对佛教戒律的解释要灵活得多。这些早期佛教徒结婚生子并且和家人住在一起。

楼兰王国的所在地今天非常荒凉。因为这里曾经是中国的核试验基地，除了专业考古队，不向任何人开放。但这块偏远的地方早在公元前 4000 年就有人居住。汉朝时还产生了好几个绿洲国家。汉朝有时在此驻军，其统治时断时续。

斯坦因在尼雅的发现证实了他的观点，即中国新疆"是印度、中国和希腊化的西亚早期文明交流的孔道"[1]。1897年，当斯坦因第一次向英属印度政府申请拨款时，他许诺找出古代文化交往的实证。埋在尼雅沙漠下面的木板恰恰就是他想要的。

尽管楼兰跟今天的英国差不多大，但是斯坦因到达这里时却是荒无人烟。昆仑山的冰川融化形成河流向北流，只有河床周围才有耕地。关于楼兰我们所知的一切都来自两个重要的遗址——尼雅和楼兰。米兰和营盘这两个遗址保存下了艺术品和织物。它们都在沙漠深处，只有靠骆驼或者四轮驱动的吉普车才能到达。由于沙漠的扩张，这些遗址在今天塔克拉玛干南缘的现代高速公路以北80到160公里处。

楼兰王国肯定是世界上最难到达的地方之一，但是斯文·赫定和斯坦因在几个月的时间里先后到达了这里。1900年3月，赫定沿着清澈碧绿的孔雀河[2]前行，从罗布泊向西来到楼兰，只考察了一天就又上路了。

几个月以后，斯坦因从和田出发，1901年1月第一次抵达尼雅。他在1906年回到此处，之后又去了楼兰。在这些最初的探险中，赫定和斯坦因挖走了这一地区绝大部分艺术品和文书。后来的调查队，特别是20世纪90年代的中日联合探险队，也取得了重大发现。[3]

斯坦因提出了一个特别有意思的问题：成百上千在健陀罗地区（包括今天巴基斯坦和阿富汗的巴米扬、吉尔吉特、白沙瓦、塔克西拉以及

---

1 Aurel Stein, *On Central-Asian Tracks: Brief Narrative of Three Expeditions in Innermost Asia and North-Western China* (London: Macmillan, 1933), 1-2; Valéria Escauriaza-Lopez, "Aurel Stein's Methods and Aims in Archaeology on the Silk Road," in *Sir Aurel Stein, Colleagues and Collections*, ed.Helen Wang, British Museum Research Publication 184 (London: British Museum, forthcoming).

2 该河又名 Konche-daria 或 Qum-darya。

3 中日联合探险队发表了两份报告，第一份是《中日日中共同尼雅遗迹学术调查报告书》（乌鲁木齐：维吾尔自治区文物局，1996），其内容涵盖了1988年到1993年的发掘，1994—1997年的发掘工作写在三卷本的第二份报告中，书名相同，出版于1999年。感谢林梅村把这套书带到纽黑文来。

　　罗布泊地区的早期考察包括俄国人普尔热瓦尔斯基1876—1877年的考察、美国耶鲁大学地理学教授亨廷顿1906年的考察、日本大谷探险队1908—1911年的考察、斯坦因1914年的考察、黄文弼1930年和1934年的两次考察，新疆考古所1959年和1980—1981年的两次考察，以及中日联合考察队1988—1997年的发掘。关于这些考察的历史综述，见王炳华：《尼雅考古百年》，《西域考察与研究续编》（乌鲁木齐：新疆人民出版社，1998），161—186页。

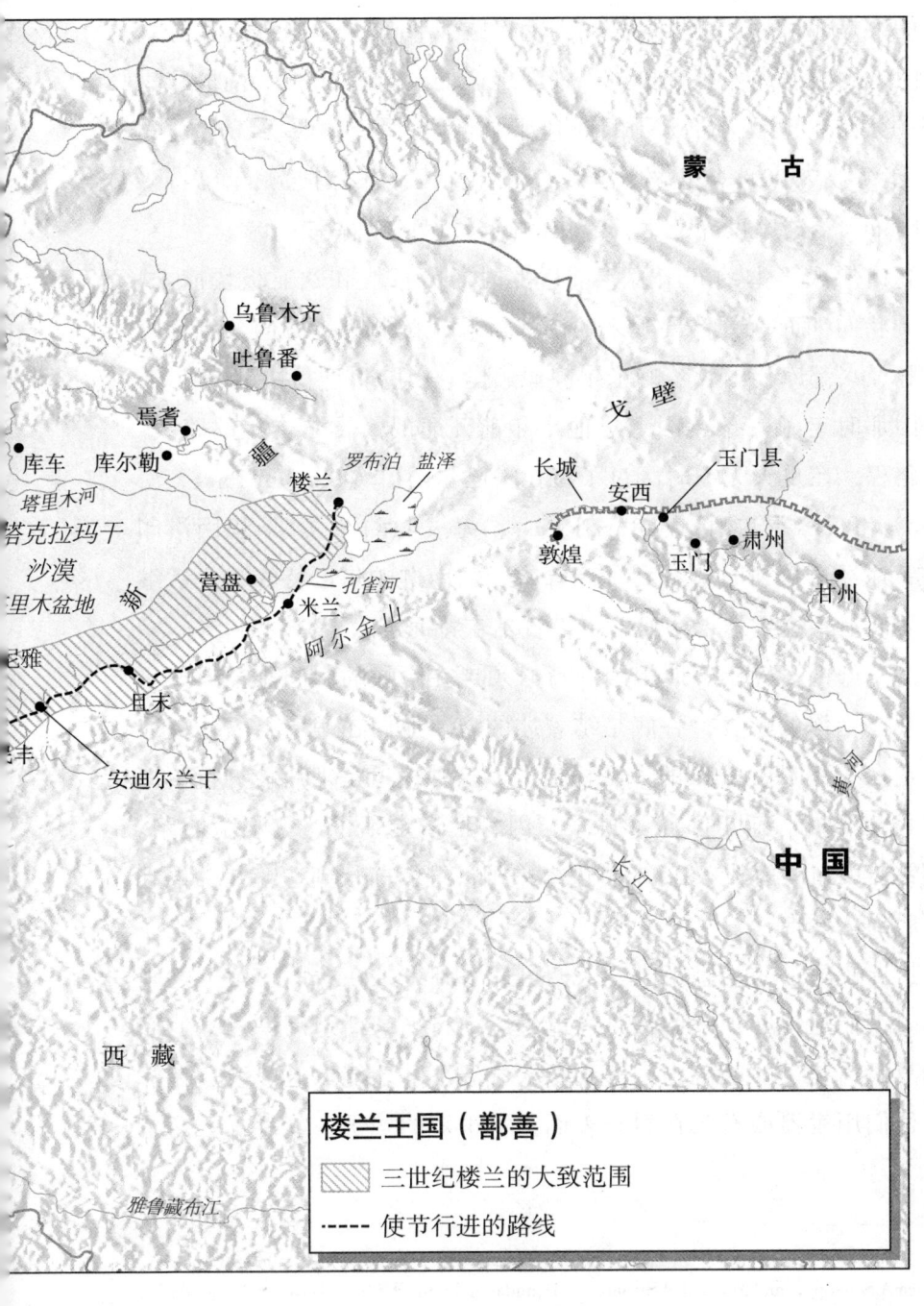

喀布尔）的人是如何翻过世界最高的山峰，跋涉1600公里来到这里的？

斯坦因是从印度进入塔克拉玛干沙漠地区的，与近2000年前的移民走的是同一条路。他从克什米尔的斯利那加启程，翻越帕米尔高原。这里有30多座海拔7600米以上的山峰，其中包括险峻的南迦帕尔巴特峰（Nanga Parbat）。这座世界上生长最快的山峰，每年增高7毫米。[1]

这些高山形成于大约五千万年前，那时印度板块和欧亚板块撞击，形成了螺旋状向四面八方伸展开来的诸多山脉，按顺时针方向分别为喀喇昆仑山脉、兴都库什山脉、帕米尔高原、昆仑山脉和喜马拉雅山脉。

斯坦因那时走了一条英国人早他十年前开通的经吉尔吉特的路线。他计算好路程，在夏天无雪时翻过了特拉格巴尔山口（Tragbal Pass，海拔3642米）和布尔兹尔山口（Burzil Pass，海拔4161米）。斯坦因沿印度河前行，途经奇拉斯时他看到了高耸入云的南迦帕尔巴特峰，之后继续沿印度河而上到达吉尔吉特河，再沿吉尔吉特河进入罕萨河谷。

这一路一点也不轻松。斯坦因一行必须走在险峻的山间小径上，小径下面是几十米深的峡谷，谷底是结着冰的河。他们在峭壁上一寸一寸地挪动，走在一种叫做rafik的人工栈道上，这种栈道是把树枝、石板嵌入山缝里修出来的。斯坦因雇了挑夫，因为牲口走不了这么艰险的路。他们从明铁盖山口（海拔4629米）进入中国，继续前行到达喀什，再赴和田，最后到达尼雅。

在吉尔吉特附近的一些路段，人们可以看到古人在石墙上留下的画和字，那时人们通常必须停留数月才能继续前行。与斯坦因一样，他们必须等到夏天雪化了才能翻山，等到冬天气温下降才能取道沙漠。在等待期间，他们用锐器或石头在岩石表面刻下很短的句子，或者画下简单的画。[2]

---

[1] Jean Bowie Shor, *After You*, *Marco Polo*（New York: McGraw-Hill, 1955），172; John R.Shroder, Jr., Rebecca A.Scheppy, and Michael P.Bishop, "Denudation of Small Alpine Basins, Nanga Parbat Himalaya, Pakistan," *Arctic, Antarctic, and Alpine Research* 31, no.2（1999）: 121–127.

[2] Jason Neelis, "*La Vieille Route* Reconsidered: Alternative Paths for Early Transmission of Buddhism Beyond the Borderlands of South Asia", *Bulletin of the Asia Institute* 16（2002）: 143–164.

斯坦因在路上看到了沿途石头上的涂鸦，可直到1979年连接中巴两国的喀喇昆仑公路修通时，很多人才亲眼看到这里到底留下了什么。那时一队学者沿路记录、拍摄，发现了5000条以上的题记和图画。[1]

在喀喇昆仑山口看到的第一组画约作于一到三世纪，画着一个被叫做窣堵坡的圆形坟堆，画下面还有梯子。窣堵坡起源于佛陀去世的公元前400年左右。佛陀去世之后，追随者绕着埋有佛陀遗骨的土堆顺时针行走以示尊敬。这些土堆的形状慢慢发生了变化，变得越来越高，像一根柱子，最终成为了中国和日本的佛塔。早期佛教艺术并不描绘佛像，但是七八世纪的画里描绘了佛陀生涯中的不同场景，以及其他的佛和菩萨。人们相信菩萨在涅槃时为了普度众生而回到了世间。袄教徒遵奉先知琐罗亚斯德的教诲，画了一些描绘火坛的画。

古人用两种印度字母留下了题记：1000条佉卢文题记，即尼雅使用的字母；4000条婆罗米文题记，这种文字在公元400年左右在西域全境取代了佉卢文。佉卢文表明有人来自健陀罗。[2]从公元前四世纪亚历山大大帝征服健陀罗开始，这一地区就是希腊、印度和东亚文明交汇之处。最近在阿富汗发现的一批佉卢文健陀罗语写本显示，公元一世纪初佛教法藏部活跃于此地。[3]

尽管题记有数千条之多，喀喇昆仑山口的大多千篇一律，很多只是"A的儿子B曾到过此处"，或者一种佛教变体"A的儿子B在此礼敬"。[4]有些记录了在位的王，但这些地方的小王无人知晓。因此，学者只能通过分析字母形状来给这些题记确定年代。这种方法只能得到一个大致的时

---

1 *Antiquities of Northern Pakistan: Reports and Studies*, vol.1, *Rock Inscriptions in the Indus Valley*, ed.Karl Jettmar（Mainz, Germany: Verlag Philipp von Zabern, 1989）.
2 Richard Salomon, *Indian Epigraphy: A Guide to the Study of Inscriptions in Sanskrit, Prakrit, and the Other Indo-Aryan Languages*（New York: Oxford University Press, 1998）, 42-56.
3 Richard Salomon, "New Manuscript Sources for the Study of Gandhāran Buddhism," in *Gandhāran Buddhism: Archaeology, Art, and Texts*, ed.Pia Brancaccio and Kurt Behrendt（Vancouver: UBC Press, 2006）, 135-147. 关于这一地区佛教部派早期历史的更多情况，见 Charles Willemen, Bart Dessein, and Collett Cox, eds., *Sarvāstivāda Buddhist Scholasticism*（Leiden, the Netherlands: Brill, 1998）。
4 套语表格见 Neelis, "Long-Distance Trade," 323-326。

喀喇昆仑公路上的佛教石刻

图中石刻坐落于巴基斯坦吉尔吉特 – 巴尔蒂斯坦省霍独尔镇附近的大石堆中，位于印度河上游北岸。图中绘有佛陀的墓葬堆，即窣堵坡，两边各有一佛。这是喀喇昆仑公路上的晚期图像之一，年代六到八世纪。右侧可见往来于中巴两国之间的人当年留下的涂鸦。（海德堡科学院岩石艺术档案馆供图）

间范围，即一到八世纪之间。[1]

此外在奇拉斯下游50公里左右的夏迪亚尔遗址有550条粟特语题记，这是一种通行于撒马尔罕的语言。其中一条题记是这样的："我，纳里萨福之子娜娜盘陀于十日来到此处，向圣地K'rt的神灵祈福……愿我尽快到达塔什库尔干，见到我的兄弟健康快乐。"[2] 这是吉尔吉特路上少数几条讲到目的地的题记。此人的目的地是塔什库尔干，即喀什西面山中的

---

1 Jettmar, *Antiquities of Northern Pakistan*, 1:407.
2 *Corpus Inscriptionum Iranicarum*, part 2, *Inscriptions of the Seleucid and Parthian Periods and of Eastern Iran and Central Asia*, vol.3, *Sogdian*, section 2, *Sogdian and Other Iranian Inscriptions of the Upper Indus*, by Nicholas Sims-Williams（London：Corpus Inscriptionum Iranicarum and School of Oriental and African Studies, 1989），23, Shatial I inscription 254，这里为方便阅读省略了括号。根据吉田丰的修正对 Nicholas Sims-Williams 的译文做了改动，以体现文中提到了塔什库尔干。见 Étienne de la Vaissière, *Sogdian Traders: A History*, trans.James Ward（Boston：Brill, 2005），81 页注42。

一个堡垒，人们可以从这里进入西域。还有一些其他语言的题记，包括汉语、藏语以及其他伊朗语，其中最晚的一条题记是希伯来语的，记录了两个人的名字，这表明犹太商人也走过这条路。[1]

斯坦因确信公元二三世纪楼兰的印度移民跟自己一样沿着印度河、吉尔吉特河、罕萨河一路翻山越岭。在罕萨河的尽头，有好几条通往新疆的路可供选择。[2]碑铭专家尼利斯（Jason Neelis）把这些路称做"毛细血管路"。整个路网中的大路就像是静脉和动脉，小路则像是毛细血管，穿越新疆的大山。在十九世纪末二十世纪初，一般人都和斯坦因一样选择走明铁盖山口，今天大多走喀喇昆仑公路，这条路从明铁盖山口东南的红其拉甫山口进入中国。

残留的石刻并未说明那些移民为什么离开健陀罗。当时贵霜王朝正在衰落。贵霜王朝在公元40年到260年间统治了包括巴基斯坦、阿富汗在内的北印度大部分地区，并于二世纪初在迦腻色伽（约120—146年在位）治下达到顶峰。[3]据成书于五世纪中期的《后汉书》记载，贵霜王朝曾几次派兵进入西域。[4]公元90年，贵霜王派七万军队开赴西域。尽管这个数目太大不能当真，但显然贵霜王朝那时强大得足以派兵进入西域。

中文史料很少提及来自印度的移民。印度裔僧人支谦的传记中提到：

---

1 Karl Jettmar, "Hebrew Inscriptions in the Western Himalayas," in *Orientalia: Iosephi Tucci Memoriae Dicata*, ed.G.Gnoli and L.Lanciotti, vol.2 （Rome: Istituto Italiano per il Medio ed Estremo Oriente, 1987）, 667-670, Plate 1.
2 C.P.Skrine 生动地描绘了1922年翻越该山口的旅程，见氏著 *Chinese Central Asia* （London: Methuen, 1926），4—6页。
3 根据在阿富汗发现的"罗巴塔克碑铭"，Joe Cribb 和 Nicholas Sims-Williams 提出了一个新的贵霜王统世系，其中迦腻色伽的统治开始于公元100或120年，见氏著"A New Bactrian Inscription of Kanishka the Great," *Silk Road Art and Archaeology* 4（1995—1996）: 75-142。Harry Falk 通过分析天文文献提出公元127年为迦腻色伽统治开始的年份，见氏著"The Yuga of Sphujiddhvaja and the Era of the Kuṣāṇas," *Silk Road Art and Archaeology* 7（2001）: 121-136。虽然Falk给出的年代还没有被普遍接受，但学界中很多人都认为迦腻色伽的统治可能开始于公元120到125年之间。Osmund Bopearachchi 提出贵霜于公元40年左右开国，见氏著"New Numismatic Evidence on the Chronology of Late Indo-Greeks and Early Kushans"，见上海博物馆编：《丝绸之路古国钱币》，259—283页。
4 正史编纂者、编撰或出版时间的列表见 Endymion Wilkinson, *Chinese History: A Manual*, rev. ed.（Cambridge, MA: Harvard University Asia Center, 2000），503-505。

"支谦，大月支［即贵霜］人也。祖父法度，以汉灵帝世［公元169—189年在位］，率国人数百归化，拜率善中郎将。"[1]

关于在尼雅讲健陀罗语的人是来自巴基斯坦和阿富汗的这个结论，显然与中文正史的记载相抵触。因为正史中讲月氏人原本居住在甘肃敦煌附近，公元前175年因为匈奴兴起才不得不离开家园向西迁徙。按照正史的说法，大月氏是公元23年创立贵霜王朝的五个游牧部族之一。[2]有理由怀疑正史中月氏人从甘肃西迁的记载。因为该事件发生后过了好几代，正史才开始编纂。其编纂者记录了很多关于胡人的传说和故事，而且总是把中国某地说成是某种胡人的发源地。这些胡人包括匈奴人、日本人，甚至传说中世界最西端的大秦人。最后，也是最有说服力的理由是，没有任何考古材料证实这次迁徙。[3]

最合理也最简单的解释是：公元前二三世纪很多游牧民族进行了长途迁徙。不能指望三个世纪之后的人能精确记载这些迁徙。虽然史料给月氏人安排了一个中国故乡，我们能确定的只是月氏人在公元前138年活跃于巴克特利亚（阿姆河和兴都库什山之间的地区，其首府是巴尔赫），

---

1 Lin Meicun, "Kharoṣṭhī Bibliography: The Collections from China（1897-1993）," *Central Asiatic Journal* 40（1996）：189. 林教授翻译了《出三藏记集》的《支谦传》，《大正新修大藏经》（东京：大正新修大藏经刊行会，1962-1990）2145号，55:97b。
2 Erik Zürcher,"The Yüeh-chih and Kaniṣka in Chinese Sources," in *Papers on the Date of Kaniṣka*, ed. A. L. Basham（Leiden：E. J. Brill，1968），370；范晔《后汉书》卷47，1580页；余太山：《两汉魏晋南北朝正史西域传要注》（北京：中华书局，2005），281页注221。余著对中华书局版正史是个很有价值的补充，因此本书注释中也会引用余著（以下简称《西域传》）。
3 中国正史记载，其中一部分所谓大月氏迁至了印度西北，人数较少的另一部分小月氏在新疆南部尼雅附近定居。学者对于这段描述的可靠性和准确性有极大的分歧。John Brough 认为这些叙述必然有些事实基础，但没有其他独立证据能用来判断其中有多少事实成分。与之后的时代一样，中亚有很多民族，大部分是游牧民族。即使仅仅只隔一代人的时间，便很难再得到准确的信息。至少应该承认，传统叙述在试图解释为何帕米尔以东有月氏人（所谓"小月氏"）。见氏著"Comments on Third-Century Shan-shan and the History of Buddhism," *Bulletin of the School of Oriental and African Studies* 28（1965）：585。

早先，日本历史学家白鸟库吉在他的粟特史中提到："有人注意到中国传统史家对于把外族的起源追溯到中国某物或者汉语文献中的某个名字非常着迷。"白鸟库吉继而给出了几个很有说服力的例子：中国人为匈奴人、日本人，甚至世界最西端的大秦人（可能对应的是罗马人）都安上了中国故乡。见氏著"A Study on Su-t'ê, or Sogdiana," *Memoirs of the Research Department of the Toyo Bunko* 2（1928）：103.（接下页）

因为张骞在此处见到了他们。任何关于他们之前迁徙的说法都只是推测。

斯坦因不辞艰险沿着古代移民走过的路线翻越群山，终于到达了新疆。他去了叶尔羌（今莎车）、和田、克里雅（今于田）、尼雅（今民丰）等塔克拉玛干沙漠南缘的绿洲城市，这些城市像项链上的珍珠一般连成一串。绿洲之间大多只有一天的路程。至于那些间距超过一天的旅程，旅行者要自备水和给养。在克里雅，一位名叫阿卜杜拉的"可敬的老农"告诉斯坦因自己曾在沙漠里见到过古代遗址。尼雅遗址在今天民丰县城以北120公里。县城就在今天和田到民丰的国道上。当斯坦因到达民丰时，他的驮夫遇到了一个"精力旺盛的年轻村民"名叫易卜拉欣，此人想要卖给他一块带佉卢文的木板，即本章开头插图中的那块。

斯坦因立即雇下易卜拉欣做向导，带着他的人马沿尼雅河北行直到最后一个有人居住的村庄。此地是一个圣祠，供奉着备受尊敬的伊斯兰教法学家，什叶派伊玛目贾法尔·萨迪克（Jafar Sadik）。尼雅河在此断流，斯坦因一行沿着干河床继续向北走了39公里抵达尼雅遗址。遗址中有许多被沙子掩埋的木制房屋，以及一座佛教砖塔，或称窣堵坡。（见彩图6）

斯坦因按照习惯非常详细地记下了他对这一遗址的第一印象：

> 在一片低矮的沙丘中，出现了古代果树枯萎的树干。继续往北走了不到两英里，我很快就看到了最先出现的两间"旧屋"，乍看起来似乎坐落在稍稍突起的小台地上，仔细观察之后发现，那全是原来地

（接上页）然而其他人认为正史作者这样说一定有其事实基础。François Thierry，"Yuezhi et Kouchans: Pièges et dangers des sources chinoises,"in *Afghanistan: Ancien carrefour entre l'est et l'ouest*，ed.Osmund Bopearachchi and Marie-Françoise Boussac（Turnhout, Belgium: Brepols, 2005），421–539.

Craig G.R.Benjamin 考察了所有论据（该作者不通汉语，但对于数量庞大的俄文考古文献却很熟悉），认为没有考古证据显示有移民曾迁出新疆又返回。见氏著 *The Yuezhi: Origin, Migration and the Conquest of Northern Bactria*（Turnhout, Belgium: Brepols, 2007）。对这一问题有兴趣的读者应该先读 Thierry 的文章和 Benjamin 的书，二者都考察了大量探讨这一问题的二手文献。

面未遭侵蚀的部分……

　　向北走约两英里,越过一些相当高的沙包,我来到一个用土坯修建的废墟上,这是阿卜杜拉在克里雅作为一座"炮台"早已介绍给我的。不出所料,这是一座小佛塔的遗迹,大部分都埋在一个高沙岗的斜坡下面……

　　当我第一次在这些古代民居默默无言的见证者中就寝时,一直在想易卜拉欣声称一年前"探访"遗迹时留下的那些珍贵的木板文书还有多少有待发现。

　　由于尼雅有文明交汇的直接证据,斯坦因一共来过四次,1901年待了15天,1906年待了11天,1916年待了5天,1931年待了一个星期。每次他都发掘出新的房屋、佛教遗存以及木板文书。

　　斯坦因的第四次考察没有前三次那么顺利。[1]到了三十年代,中国政府已颁布法律,规定只有中外联合的考察队才能把古物带离国境。斯坦因与英国官员合作紧密,他认为自己已经得到在新疆发掘的许可。可当他到达喀什时,当地官员却派保镖跟着他,以防他拿走任何东西。在尼雅,斯坦因在遗址里走来走去吸引看管者的注意力,他的助手阿卜杜勒·贾法尔悄悄地搜集文书。他们回到喀什时,斯坦因已经想方设法收集了159袋材料。

　　但他的考察还是失败了。中国官员不许斯坦因把任何材料寄出国去,而这些材料就此不见了踪影。这次考察留下的只有斯坦因巨细无遗的笔记和照片。斯坦因非常沮丧,他在喀什给好友阿伦(Percy Stafford Allen)的信中写道:"我最后一次跟我最爱的古代遗址道别了,在那里

---

[1] 对斯坦因第四次考察的简述见 Mirsky, *Sir Aurel Stein*, 466-469。兰州大学教授王冀青充分研究了斯坦因所拍相片、他关于被没收文物的信件,以及这些文物的重要性。他有一篇英文文章 "Photographs in the British Library of Documents and Manuscripts from Sir Aurel Stein's Fourth Central Asian Expedition," *British Library Journal* 24, no.1(Spring 1998):23-74,是他著作的缩略版。见《斯坦因第四次中国考古日记考释:英国牛津大学藏斯坦因第四次中亚考察旅行日记手稿整理研究报告》(兰州:甘肃教育出版社,2004)。

我能触及已亡的过去，只有这最能让我感到自己活着。"[1]

斯坦因第一次到达尼雅时，他就认识到自己必须找出这个遗址的古代名称，这样才能参考中文正史中大量的地理信息。《汉书》《后汉书》对每一个西北的小国都有简短的记载，包括至长安的距离、人口（总户数、总人数、"胜兵"数）及其历史概况。西域都护府是汉朝总管西域的机构，设于公元前60年，废于公元16年，其最高官员是西域都护。西域的信息都是由西域都护提供给中央政府的。[2]

一个世纪之后的史官利用这些信息写成《西域传》。[3]其中记载鄯善（楼兰的别称）距长安6100里（约2500公里）。[4]（楼兰到长安的实际距离是1793公里。）史书中给出的距离可能是用牲口一天走的距离乘以所走天数算出来的。虽然数字并不准确，但却表示出了不同绿洲王国之间的相对位置。

1901年，斯坦因发现一件木板文书上盖有一印，上书"鄯善国印"四字。此印是汉朝或者之后的朝代颁发给当地统治者的。[5]斯坦因认为尼雅还没大到可以当鄯善国的国都。他只在此发现了大约50座建筑物。（斯坦因发现的每一件物品都有详细编号，比如N.xiv.i.1指的是在尼雅发现的第十四座房子中第一间屋子里发现的第一件东西，有可能是物品，也有可能是文书。）之后考古学家在此又发掘出100座建筑，这比正史中提

---

1 Mirsky, *Sir Aurel Stein*, 469页所引斯坦因1931年2月3日致包德利图书馆阿伦信件。
2 Enoki Kazuo, "Location of the Capital of Lou-lan and the Date of the Kharoṣṭhī Inscriptions," *Memoirs of the Research Department of the Toyo Bunko* 22（1963）: 129n12; Hulsewé, *China in Central Asia*, 10—11.
3 《汉书》卷96上，3875—3881页；余太山：《西域传》，79—93页；译文见Hulsewé, *China in Central Asia*, 7—94。
4 一里的长度随时间地点有所变化。汉朝时一里大约为400米。*Cambridge History of China*, vol.1, *The Ch'in and Han Empires, 221 B.C.-A.D.220*, ed.Denis Twitchett and Michael Loewe（Cambridge, UK: Cambridge University Press, 1986），xxxviii页中给出一里的长度为0.415公里并注释道："在某些语境下，里是虚指，不表示精确的距离。"
5 Hulsewé, *China in Central Asia*, 29. 从斯坦因报告的照片中读不出这些字。中国学者将印文读作"诏鄯善王"。孟凡人：《楼兰鄯善简牍年代学研究》（乌鲁木齐：新疆人民出版社，1995），261页，625号，N.xv.345。斯坦因还发现了一枚印章，印文作"鄯善郡印"，*Ancient Khotan*, N.xxiv.iii.74。

到的1570户14100人还是少得多。斯坦因在1921年出版的《西域考古图记》中把尼雅遗址比定为古代精绝国。正史中记载精绝国有480户3360人，这些数字也还是太大了。[1]有人说沙子下面还有房屋，但也有可能汉朝记录的西北偏远小国的人口数字并不准确。

斯坦因把尼雅比定为精绝得到了绝大多数学者的认可。斯坦因还认为楼兰遗址是鄯善国都，这一观点尚存争议。和尼雅一样，楼兰有砖塔、木结构房屋，以及一些健陀罗风格的木雕。汉语"楼兰"是佉卢文Kroraina一词的音译，该词既指楼兰国也指其都城。[2]

《汉书》记载，从公元前108年开始，汉朝几次派兵攻打楼兰，都没有打下来。几十年以来，楼兰王一直试图与相互为敌的汉、匈奴同时维持友好关系，并给双方都送去王子作人质。

公元前77年这一策略失败了。楼兰王的弟弟告诉汉朝官员国王倾向于匈奴，汉朝派去一名特使*。此人先假装友好，然后把国王邀来自己帐中杀害。汉军随后入侵楼兰，并将其改名为鄯善。汉朝为鄯善在伊循（今新疆若羌县米兰遗址）建立新都，并将总领西域事务的官员驻扎在楼兰。[3]

据史书记载，从公元前77年起，楼兰被占领超过五个世纪，但从考古上却看不出如此长时间的被占领。最能直接证明汉朝占领的证据是新铸钱币，大概出自楼兰外的汉军戍堡。斯坦因发现了211枚圆形方孔铜币，平均分布于一个27米长、1米宽的区域内。[4]这些新铸钱币是五铢钱（铢是重量单位，五铢指钱币重五铢），年代为公元前86年到公元

---

1 Aurel Stein, *Serindia: Detailed Report of Explorations in Central Asia and Westernmost China* (Oxford: Clarendon, 1921), 1:219; 1:415（Rapson 认为楼兰就是 Kroraina）; 1:217—281, 3: 彩图 9（House 14）; 1:227（鲁斯塔姆的发现）; 1:226（24号房的大小）; 1:530（M5遗址的壁画）。
2 Brough, "Comments on Third-Century Shan-shan," 591—592.
* 傅介子（？—公元前65年）。
3 《汉书》卷96上，3878—3879页；余太山：《西域传》，84—86页；Hulsewé, *China in Central Asia*, 89—91; Brough, "Comments on Third-Century Shan-shan," 601。
4 Helen Wang, *Money on the Silk Road*, 25—26页提醒笔者注意这个发现；Aurel Stein, *Innermost Asia: Detailed Report of Explorations in Central Asia, Kansu and Eastern Irān* (Oxford: Clarendon, 1928), 287—292页详细讨论了这一发现。

前1年。¹斯坦因写道：

> 这些钱币显然是一支商队遗落的。该商队正沿着我假定的古代道路行进。肯定是串钱的绳子松了，又没人注意到，钱便一枚一枚地从一个开着的包或者箱子里面掉了出来。载着这个包或箱子的骆驼或者牛车的摆动可以充分解释上文中散落钱币的轨迹之间的距离。²

离最后一枚钱币大概45米处，斯坦因的雇工发现了一堆没用过的箭簇，肯定和五铢钱属于同一批军事物资。钱币和箭簇同时出现表示汉朝付给兵卒的军饷是某一地区新币的重要来源。³

尼雅还有一小部分汉语文书，其时代可能与五铢钱同属早期。这些文书表明汉朝时这里还有非军事汉人存在。14号房有两室一厅，其中客厅长17米、宽12.5米。⁴

在客厅里，斯坦因的雇工挖开一个垃圾堆，发现十一枚两面有汉字的木简，其中八枚尚可识读。每一枚写有寄出者和接收者，包括国王、太后、王后、王子和一位大臣。⁵比如，有一枚正面写道："臣承德叩头

---

1 211枚钱币中有50枚现藏于伦敦，年代为公元前86年到公元前1年。这些发现将新疆发现的最古五铢钱的年代推到了公元前。Helen Wang, *Money on the Silk Road*, 295-296.
2 Stein, *Innermost Asia*, 290.
3 居延（内蒙古额济纳旗，甘肃金塔县东北90公里）和疏勒（敦煌、酒泉附近）发现的文书证实了汉朝曾在此处大量驻军。文书记载了公元前140年至公元前32年超过十万文的大笔支出。官府向士兵发放钱币，士兵用发给他们的钱币购买衣服等物品。Helen Wang, *Money on the Silk Road*, 47—56页中对这些材料进行了详细的剖析。
4 Mariner Ezra Padwa分析了尼雅的每座房屋，见氏著"An Archaic Fabric: Culture and Landscape in an Early Inner Asian Oasis（3rd-4th century C.E.Niya）"（Ph.D.diss., Harvard University, 2007）。
5 玉被称做"琅玕"和"玫瑰"。简无纪年，但其隶书水平非常高，据此国学大师王国维认为其年代必晚于公元75年、早于汉朝灭亡的公元220年。见氏著《观堂集林》（北京：中华书局，1959），第833—834页。
沙畹认为这些文书与遗址出土的其他材料同时代，年代为三四世纪。见氏著 *Les documents chinois découverts par Aurel Stein dans les sables de Turkestan oriental*（Oxford: Oxford University Press, 1913），199-200。最新的录文来自孟凡人：《楼兰鄯善简牍年代学研究》，269—271页。

谨以玫瑰再拜致问",反面则写着接收者"大王"。这些木简表明,在公元一世纪初,一位汉朝顾问曾经来过或者住在精绝王庭,让当地统治者学会了在礼物上附上木简。[1] 14号室出土的三根木简上使用了篡位者王莽(公元8—23年在位)的特殊语言。王莽建立的新朝夹在西汉东汉之间,只有短短十四年。[2] 14号室垃圾堆出土的其他汉语文书中提到了使节:"大宛王使坐次左大月氏"*。[3] 这些文献都表明公元前后汉朝在尼雅设有军事哨所。

根据汉朝法律,每次途经关卡时都要向当地官吏提交"过所",即旅行许可证。官吏会检验过所与其持有人是否相符。在尼雅发现过一些三世纪的过所,上面写着持有人的身份(是否为自由人)及其体貌特征,并说明了目的地。其中一件描述了一位三十岁的人:"中人黑色大目有髭须"。过所中还列出行程,必须按照既定路线走。有两件木简讲到如果有人没有过所官吏该怎么处理,但没有说这种问题出现之后实际上是怎么处理的。边境官吏是颁发新过所还是惩罚这些行商?无论如何,尼雅的汉朝官吏明显知道有关过所的各项规定。[4]

如果像现存文书所示,那么这些小国的统治者是基本独立的,只是当地有中国军队驻扎,偶尔有顾问或者使者来访。

无论公元前后汉朝在此的统治情况如何,从尼雅14号室的木简中很难看出此地居民的生活状况。幸运的是还发现了实物证据,可以补充汉语文书的不足。尼雅的古代居民把几根木梁合起来做成地基,在上面垂

---

1 N.xiv.iii;孟凡人:《楼兰鄯善简牍年代学研究》,269页,668号。
2 N.xiv.ii.6, N.xiv.ii.19, N.xiv.ii.12.8;具体讨论见王冀青:《斯坦因第四次中亚考察所获汉文文书》,《敦煌吐鲁番研究》第3卷(1998),286页。
* 木简图片在国际敦煌项目的网站上可以看到,http://idp.bl.uk/,检索T.O.16,结果中第一件便是,读者朋友可以自己辨认一下。
3 N.xiv.ii.1;具体讨论见王冀青上引文,264页。
4 孟凡人:《楼兰鄯善简牍年代学研究》,262页,627号(N.xv.109),628号(N.xv.353),629号(N.xv.314);264页,639号(N.xv.152);具体讨论见程喜霖:《唐代过所研究》(北京:中华书局,2000),39—44页;王炳华:《精绝春秋:尼雅考古大发现》(上海:浙江文艺出版社,2003),101页。

尼雅 26 号房址

  1906 年，斯坦因发掘完尼雅 26 号房址后让他的工人把支撑主室房顶的两根木架放在柱子上拍照。木雕支架是典型的健陀罗风格，中间刻着一个装有水果鲜花的瓶子，两边是龙头马身的有翼怪兽。木架太大（2.74×0.46 米），无法直接运走，斯坦因命人将其锯成小块掏空后运回伦敦。（大英图书馆供图）

直插上柱子作墙，包上茅草和席子以防风。屋顶也是用木梁做的。这些房屋大小不等，有的只有一个小房间，有的有好几个房间，墙有 5 米多长。斯坦因和赫定在楼兰、尼雅发现过精美的木雕，其图案与健陀罗地区的木制品类似，这就确认了这些木雕的制作者是从巴基斯坦、阿富汗地区迁徙至此的。

  极端的干燥令尼雅、楼兰保存了大概一百具古代居民的干尸。在楼兰，斯坦因发现的一具尸体有"浅色头发"，而另一具则有"红胡子"。他和赫定都觉得这些干尸既不像汉人也不像印度人。后来发掘者在这一地区又发现了保存状况惊人完好的干尸。这些尸体有很多高加索人的体貌特征：白皮肤、黄头发、身高近一米八。和中亚其他地方一样，楼兰王国的原住民很有可能最初来自伊朗高原。[1]

尼雅、楼兰的墓葬中有死者生前最贵重的物品随葬,能向我们揭示很多死者在世时的情况。1959年,新疆博物馆的十位考古学家组成考察队,乘骆驼进入了沙漠(他们没有沙漠车辆),走了七天才找到墓葬。他们发现一副巨大的棺材,并将其年代定在公元二到四世纪之间。这副棺材长两米,有四条木腿。[2]棺材里有一男一女以及两根木叉。男子有一张弓和一个箭袋,袋里面有四支箭。女子有一个化妆盒、几把梳子以及其他梳妆用品。死者二人的衣服凡是沾到皮肤的地方都已经腐坏,但考古学家还是成功复原了一部分,其中包括十种以上的织物,有丝制的也有棉制的。这两种织物同时存在表明尼雅是连接中国与西方的陆路中转站。

养蚕和缫丝的技术起源于中原并向西传播,棉花则从西亚向东传到了尼雅。这件以及另一件扎染的棉布是中国出土最早的棉织物。[3]《太平御览》记载,公元331年,大宛(费尔干纳盆地,在今乌兹别克斯坦东部)王曾向中国北方的统治者进贡棉布和玻璃,这证实了棉花西来的说法。[4]

尼雅遗址中还发现了蚕茧和桑树种子。桑叶是蚕的主要食物。当地人会纺丝,也会织平纹织物(一上一下的织法,跟编篮子一样),但他们没有复杂的织布机,织不出棺材里那种精致的锦缎。1959年发现的锦缎包括男子的手套、袜子以及夫妻二人的枕头。这些锦缎都是从同一块丝绸上裁下来的,上面织有"延年益寿大宜子孙"八个汉字。长寿和多

---

1 Stein, *Innermost Asia*, 288, 743.J.P.Mallory and Victor H.Mair's *Tarim Mummies* 是英文中对这些发现最好的概述。
2 新疆维吾尔自治区博物馆考古队:《新疆民丰大沙漠中的古代遗址》,《考古》1961年第3期,119—122页,126页,彩图1-3。当时新疆博物馆和新疆考古所联合组成了新疆博物馆考古队。
3 照片见马承源、岳峰:《新疆维吾尔自治区丝路考古珍品》(上海:上海译文出版社,1998),273页,图62。
4 Éric Trombert, "Une trajectoire d'ouest en est sur la route de la soie: La diffusion du cotton dans l'Asie centrale sinisée," in *La Persia e l'Asia Centrale: Da Alessandro al X secolo* (Rome: Accademia Nazionale dei Lincei, 1996), 212页注25和注27; 李昉:《太平御览》(北京:中华书局,1960)卷820,3652—3653页,"白叠条"(棉布)。

尼雅出土棉织物

　　尼雅墓中出土的棉织物图案与众不同，几个方框内分别印有格子、中国龙、手握丰饶角的女神。还可见某种动物的爪子和尾巴，但动物躯干已不存。龙的图案明显来自中国。女神为希腊的城市保护神堤喀（Tyche），常见于阿富汗艺术。堤喀常与赫拉克勒斯成对出现，因此残存的爪子和尾巴可能是赫拉克勒斯的狮子的。

子是中国人自古以来的两大愿望。这些织物和帕尔米拉*发现的一件锦缎很像。同时出土的还有一面铜镜，上有"君宜高官"四字铭文。锦缎和铜镜显然都产自中国。[1]虽然不知道死者夫妇是否识汉字，棺材里放有锦缎和铜镜说明这些是贵重物品。

　　1995年的尼雅考察队发掘了八座墓葬，三座是方形棺，五座是船形棺，均由烤过并掏空的杨木制成。棺材最大的那座墓葬（M3）中有保存特别完好的一男一女。（见彩图7）与1959年发现的墓葬一样，死者性别特征很明显。男子的随葬品有弓、箭、小匕首以及刀鞘。女子有一个化妆盒、一面中国产的铜镜、几把梳子、针，以及几小卷布。男子从耳

---

* Palmyra，在今叙利亚境内。
1 见《1960年新疆民丰县北大沙漠中古遗址墓葬区东汉合葬墓清理简报》，《文物》1960年第6期，9—12页，插图5-6。

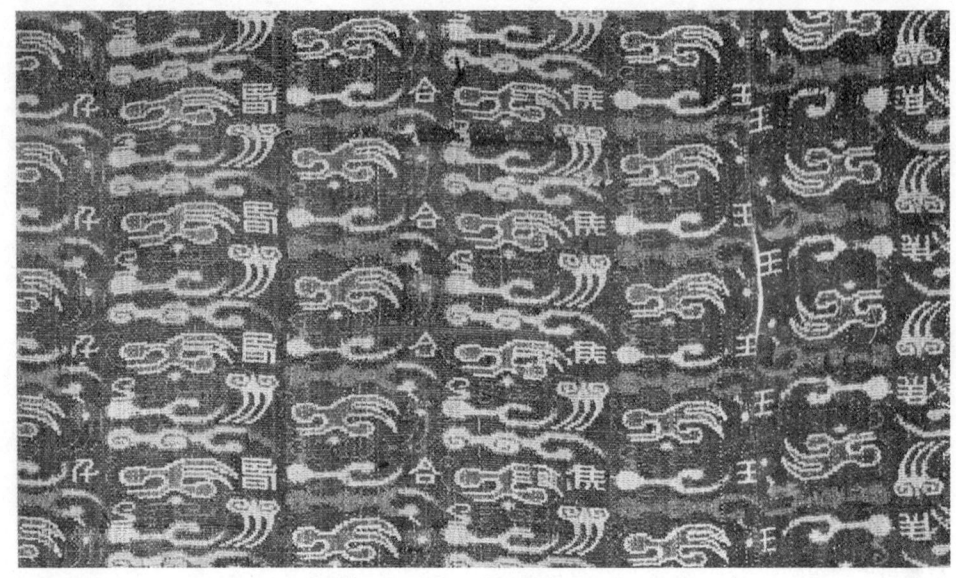

尼雅汉锦

锦缎中巧妙织入了几个汉字:"王侯合昏千秋万岁宜子孙"。这是尼雅一座墓葬中出土的三十七件织物之一,也是最重要的丝路文物之一。(王炳华供图)

朵到脖子有致命的刀伤。女子尸身无明显伤痕,因此很有可能是为了跟男子同时下葬被勒死的。

死者衣着完整,盖着一层蓝色的锦缎,图案是风格化的红、白、棕三色的舞者。

编号为M8的墓葬时代稍晚,墓主也是一对夫妇。其中出土了带汉字的织物和一个朴素的陶罐,陶罐上有个"王"字。[1]M3和M8两座墓葬中出土的织物上有"王"、"侯"字样,表明这些是中原王朝给当地小王的赏赐。《后汉书》中记载,公元48年之后精绝为鄯善"所并"。[2]因此之前是精绝国都的尼雅遗址也就成了更大的鄯善国的一部分。

营盘(在楼兰西南)遗址一座同时代的墓葬跟尼雅形成了鲜明对比。

---

1 文字为"王侯合昏千秋万岁宜子孙",《新疆文物古迹大观》(乌鲁木齐:新疆人民出版社,1999),图0118。M3和M8墓葬中织物的进一步分析见王炳华:《精绝春秋》,11—20页。
2 《后汉书》卷88,2909页;余太山:《西域传》,233页。

营盘墓葬

　　死者葬于木制彩棺，戴多层麻布粘成的白色面罩一件，前额上有长方形金箔一块。随葬的还有小衣服两套（可能是阴间用的），一套在左腕处，一套在肚子上。墓葬编号M15，1995年发掘。（王炳华供图）

死者用羊毛制品裹身，而不是棉布或者丝绸。[1] 死者为男性，身着一件红色羊皮袄，上面的图案很精致，有成对的石榴树、动物和人像。还有赤裸的小胖孩儿们挥舞着宝剑和套索相互作战。这件织物有两层，制作非常复杂，肯定不是当地所产，有可能来自远在西方的大夏（Bactria）。公元前四世纪，古希腊的元素被亚历山大大帝的军队带到大夏，并被当

---

1 斯坦因在第三次考察期间发掘营盘遗址时发现了一些佉卢文书，这表示这里在三、四世纪时还有人居住（*Innermost Asia*，749—761页）。 最近发现的佉卢文材料见林梅村：《新疆营盘古墓出土的一封佉卢文书信》，《西域研究》2001年第3期，44—45页。

地工匠吸收利用。[1] 考古学家猜测过这具衣着华丽的死者的身份。新疆考古所前所长王炳华认为，此人可能是正史中提到过的另一个绿洲小国"山国"的国王，该国"东南与鄯善接"。[2]

无论尼雅M3墓和营盘墓的主人是不是当地国王（是的可能性非常大），他们显然都属于当地最富裕的阶层，其墓葬生动展现了当地的经济。当地居民用粮食以及果园中的水果陪葬，包括小米、小麦、大麦、葡萄、梨、桃、石榴和海枣。对当地人来说，整条羊腿是最隆重的款待，也是来世享宴中的主菜。用进口布料做成的衣服则是最适合来世的服装。

很多人认为，尼雅、营盘和楼兰出土的实物材料年代为公元二到四世纪，但具体时间则无法确定。与之相对，楼兰出土的文字材料则明确得多。汉文和佉卢文文书都显示，三世纪末四世纪初楼兰驻有中国军队。

楼兰出土的汉文文书绝大多数都在263到272年之间。余下的几件则来自330年。[3] 此时鄯善国统治了尼雅和楼兰，东汉之后中国北方的几个朝代，主要是曹魏（220—266年）和西晋（266—316年），则在楼兰驻军。楼兰出土了大概50件佉卢文文书，但是有700件以上汉文文书，包括只写几个字（一般不超过十个）的汉简和小纸片。[4] 一般民间交易都用纸做记录，戍堡的官吏则用木简。这表明民间比官方更早使用纸张。[5]

与汉朝一样，楼兰戍堡属于中国的军事殖民系统，即屯田。戍守的士兵除了要准备打仗以外，还要种地来养活自己。中国士兵用牛、马等牲口犁田种地，作物包括小麦、大麦和小米。种地的不只有中国人，中国军队也招募当地人。屯田的士兵同时还带来了农业技术，特别值得注意的是灌溉技术。他们尝试用牛拉犁，使用新型的铁铲和镰刀，这是铁

---

1 周学军、宋伟民编：《新疆维吾尔自治区丝路考古珍品》（上海：上海译文出版社，1998），63—74页，图132（死者照片），图133（面罩细部），图134（红色织物细部）。
2 王炳华，私下交流，2005年秋；《汉书》卷96下，3912页；余太山：《西域传》，201页。
3 胡平生：《胡平生简牍文物论集》（台北：兰台出版社，2000），190—192页。
4 侯灿、杨代欣：《楼兰汉文简纸文书集成》（成都：天地出版社，1999）。
5 伊藤敏雄：《魏晋期楼蘭屯戍における交易活動をめぐって》，《小田義久博士還暦記念 東洋史論集》（京都：龍谷大学東洋史研究会，1995），4页，7页。

器首次在这一地区使用。[1]

中国政府规定，每名士兵每天可以领一斗两升谷子（大约2.4公升），但是当地官吏并不总能足量供应，有时发给士兵的军粮只有定额的一半。[2]现存文书显示，屯田收获的粮食不够时，中国官吏会用钱币和彩绢从当地人手里购买余粮。楼兰戍堡从东边的敦煌或者凉州（今甘肃武威）的上级军事单位那里获得军饷，既有钱也有绢。绢有好多种颜色，一长一短两种尺寸。1901年斯坦因在楼兰发现了一匹平纹素绢（见彩图5A），这是那个时期以绢为钱的唯一证据。[3]

很多文书都写了钱、绢、粮这三种主要货币形式互相兑换的比率。官吏用绢给士兵买粮、马，士兵自己则用绢、粮换得衣服和鞋。价格经常在不同货币间兑换。[4]

楼兰文书也记载了大额贸易。有一根木简，年代为330年，记载粟特人付给当地官员一万石（一石大约合20升）某种物品（该词残损，最有可能是粮食）以及两百文钱。[5]粟特人是源自撒马尔罕地区的商人。尽管木简背面有两方中国官吏的印，但这件文书并未解释粟特人为什么要付这些东西和钱。也许是税金，也许是为中国军队提供粮草的一系列交易中的一环。另一件残片记载有人付了319头牲畜，换得4326匹彩绢*。[6]

---

1 Yü Ying-shih, "Han Foreign Relations," in Twichett and Loewe, *Cambridge History of China*, 1:405-442；孟池：《从新疆历史文物看汉代在西域的政治措施和经济建设》，《文物》1975年第5期，27—34页。
2 伊藤敏雄：《魏晋期楼蘭屯戍における水利開発と農業活動——魏晋期楼蘭の基礎の整理（3）》（以下简称《魏晋期楼蘭屯戍》），《歷史研究》28（1991），20页。
3 Stein, *Serindia*, 373-374, 432, 701页图版XXXVII。
4 伊藤敏雄在《魏晋期楼蘭屯戍》中对这些文书进行了仔细的录文和研究。
5 "粟特胡楼兰"字面意思为"楼兰的粟特人"，见Chavannes, *Documents chinois*, 886页；侯灿、杨代欣：《楼兰汉文简纸文书集成》，61—62页。
* 原文为："……入三百一十九匹今为住人买綵四千三百廿六匹"（L.A.II.ii 孔木46）。
6 简上没写哪种牲畜，但量词"匹"显示交易物是马。简上也没写支付者是谁。支付接收者（"住人"）的身份亦不明。孟凡人和段晴认为该词指商人，伊藤敏雄认为"住人"是在戍堡中长住的汉人，见氏著《魏晋期楼蘭屯戍》，4—5页。该文书最先发表于August Conrady, *Die chinesischen Handschriften und sonstigen Kleinfunde Sven Hedins in Lou-lan*（Stockholm：Generalstabens Litografiska Anstalt, 1920），46号，124—125页；最近发表于侯灿、杨代欣：《楼兰汉文简纸文书集成》，107页。

这次交易似乎也是由粟特商人付给中国官员。我们从斯坦因发现的两件粟特语残片可知，当时有粟特人在楼兰活动。[1]几个世纪之后，粟特人成了中国军队给养供应的关键。他们很有可能早在四世纪初的楼兰就已经开始这样做了。

斯坦因和赫定在楼兰发现的汉文文书只来自少数几个地点。[2]但从中却可以得到一个很强烈的印象：楼兰的贸易无一例外是整体的驻军或个体的士兵用粮、钱、绢从当地人手中买粮、马、衣服和鞋。总之，当地的自然经济时不时为中国军队提供本地产的商品。在大阪教育大学任教的伊藤敏雄在充分研究的基础上得出结论，这些文书中从未提及旨在牟利的活动。[3]有关商人的文书只有一件且非常残破。该文书显示有粟特商人为军事将领服务。

尼雅、楼兰出土的佉卢文书比汉文文书内容要丰富得多，其中反映了社会各阶层，从最底层的农民到国王，提到了各种事情，甚至有些鸡毛蒜皮的小事。因此，通过这些文书我们可以一窥丝路上的生活，这可是汉字文书中所没有的。

有些佉卢文书中写了当时在位的王名、在位年，有时还有其前任者或继任者。1920年，拉普森（E.J.Rapson）与他的合作者用这些线索做了一份王表，五个王前后绵延大概九十年，但不知道这些国王具体于何时在位。1940年，布娄（Thomas Burrow）翻译了所有能被解读的佉卢文书，依旧没有定年。

1965年，布腊夫（John Brough）宣布发现了确定佉卢文书年代的关键：汉语官名"侍中"对应佉卢文的jitumgha。263年，楼兰王安归迦（Amgoka）第一次使用了这个新称号。他也许是从西晋取得该称号的，但那时离西晋建国还差两年。对统治者的称呼也有变化。在安归迦王十七年之前，书信中国王有一长串称号。在那之后，称号一下缩短，并

---

1 Vaissière, *Sogdian Traders*, 58；关于安德悦骆驼买卖的解说见58页。
2 表格见孟凡人：《楼兰简牍的年代》，《新疆文物》1986年第1期，33页。
3 伊藤敏雄：《魏晋期楼蘭屯戍》，22—23页。

且包含 jitumgha 一词。[1]

因此，263年就是安归迦王十七年。这一年确定之后，其他年代也就迎刃而解了。之后发现的佉卢文书中又出现了新的王名，因此布腊夫原来做的年代表又变长了一些。[2] 也有人不同意布腊夫的定年，不过大家基本上都同意这些佉卢文书的年代为三世纪中叶到四世纪中叶，前后不超过二十年。楼兰出土的汉文文书年代为263至330年，与佉卢文书的年代吻合。因为佉卢文书中没有提及任何外部事件，因此很难更精确地定年。

尼雅本来没有文字，人们便用佉卢文记录当地人的名字，这些名字的发音实在很怪。佉卢文书中大约有1000个人名和150个来自尼雅当地语言的借词。当地语言与汉语、健陀罗语完全不一样。布娄1935年发表文章说，当地语言可能与丝路北道的语言，即印欧语系的吐火罗语有联系，但是他的说法未被广泛接受，也没有引起更深入的研究。[3] 似乎在移民到来之前，当地居民有自己的语言，但是没有文字，因此才接纳了佉卢文。

统治者的名字大多来自当地语言，比如 Ly'ipeya。书吏的名字来自梵语，比如佛陀斯那（Buddhasena），意思是"佛军"。跟今天一样，光凭名字是看不出一个人的族属的。第一代移民总是依照新家所在地文化给自己的孩子起名。但在丝路上能够表现某人族属的也只有名字。

在重构拥有更发达技术的健陀罗人迁至尼雅的历史时，一般会认为新移民可能要推翻当地统治者并建立自己的国家。有趣的是，从统治者和书吏的名字可以看出，很多书吏是健陀罗人，而统治者一直是当地人。

---

[1] Brough, "Comments on Third-Century Shan-shan," 596-602.
[2] 中日联合考察队发现了在已知五王之前在位的童格罗伽王（Tomgraka），以及五王之后于336—359年在位的疏梨阇（Sulica）王的证据。林梅村：《尼雅新发现的鄯善王童格罗伽纪年文书考》，《西域考察与研究续编》（乌鲁木齐：新疆人民出版社，1998），39页。有些学者对于布腊夫提出的年代持不同意见。有人提出了受封"侍中"年代的新说。中国社会科学院考古研究所新疆考古专家孟凡人列出了四位学者（布腊夫、榎一雄、长泽和俊、马雍）提出的五王年代。这些说法中五王在位的起始年份最早为203年，最晚为256年，结束年份最早为290年，最晚为343年。孟凡人支持242—332年说，见氏著《新疆考古史地论集》（北京：科学出版社，2000），115页，117页。
[3] Thomas Burrow, "Tokharian Elements in Kharoṣṭhī Documents from Chinese Turkestan," *Journal of the Royal Asiatic Society*, 1935: 666-675.

从这一点看,难民从北印度分批迁入且每批不到一百人的推测还是比较合理的。

佉卢文书并未记载印度移民刚到时发生了什么。后来某王命令地方官接收难民,"将其视如己出"。他还要求给难民分发土地、房屋和种子,"这样他们可以多种多收"。[1] 但并非所有难民都过得好。有些被分配给当地人做奴隶。这些有关移民的文书虽然时代稍晚却很重要,因为它们能揭示健陀罗移民刚来时可能受到的待遇。

这些难民把自己的文字教给本地人,还教他们如何建立档案馆以保管文件。1906年,斯坦因和他的雇工鲁斯塔姆发现了第一座这样的档案馆。斯坦因说鲁斯塔姆是他"1901年那次探险中经验最丰富、最可信赖的发掘工人"。两个人回到了8号室,因为:

> 第一次清理时我就已经注意到在离木板文书群最近的墙边有一大块黏土或者石膏。虽然我让人不要动它,但那时我以为这一切只是偶然。鲁斯塔姆在石膏块和墙之间挖出了一件保存完好的楔形双木板。我看他在地上急切地用手刨土,这时我的猎狐犬"达什"正在挖鼠洞。还没等我问,我就看到鲁斯塔姆得意洋洋地从地下15厘米处拿出来一件完整的长方形文书,上面的黏土印鉴完好无损,封好的文书还未打开。把洞挖大之后我们看到在墙后奠基梁下面堆满了一层层紧密放置的类似文书。显然,我们挖开了一个隐藏的档案馆。[2]

---

[1] T.Burrow, *A Translation of the Kharoṣṭhī Documents from Chinese Turkestan*(London:The Royal Asiatic Society,1940),no.292,no.358(难民成为奴隶)。Burrow 翻译了他能读通的文书并略去了残片。包括未译文书在内的所有文书转写见 A.M.Boyer, E .J.Rapson, and E.Senart, *Kharoṣṭhī Inscriptions Discovered by Sir Aurel Stein in Chinese Turkestan*, 3 vols.(Oxford: Clarendon,1920-1929)。书中给出了斯坦因的原始编号以及 Burrow 使用的新编号(1-764),以及斯坦因考古报告中的相关页码,还包括亨廷顿发现的六件文书。中日联合考察队又发现了二十三件,由莲池利隆转写并译成日语,见《尼雅遗迹学术调查》1:281—338页,2:161—176页。这些文书很多尚未被译成英语。

[2] Stein, *Central Asian Tracks*, 103-104.

斯坦因觉得这个遗址有大块黏土或石膏做的记号，表示房主当时被迫匆匆离开，但还想回来。

这一下发现了80件文书，其中26件是被封泥完好封住的"双层方木板"。[1]斯坦因用"双层方木板"专指一种文书：这种文书像一个浅抽屉，上层木板插到下层长方形木板中间的槽里，上下两块用绳子捆住，再用泥封上。

当地官员把这些文书存档，需要的时候再取用。有一次，有一名僧人以三匹马的价格把一块地卖给了一个名叫Ramshotsa的人。二十年之后，有人想侵占Ramshotsa的地，官员便翻出早前的方木板，看看这块地到底是不是属于Ramshotsa的。[2]在尼雅一共发现了两百多件这种木板文书。文书末尾都有一句话，讲试图更改协议内容的一方应得的惩罚，或者称此文书"终生有效，千年不变"。[3]

斯坦因怀疑不同形状的文书有不同的用途。他提出另一种文书，即"楔形木板"，是用来写王命或者政令的。他发现了差不多300件这类文书。这种楔形文书由两块相同大小的木板组成，18至38厘米长，3至6厘米宽，叠在一起用绳子捆好，用泥封好再盖印。印的图案是希腊众神，比如雅典娜、厄洛斯或者赫拉克勒斯。健陀罗移民对这些很熟悉，因为他们崇拜希腊众神已经有好几个世纪了。[4]木板的外侧写着听令人，里面则是王命的内容，开头一般都遵循同样的格式：

致 cozbo Tamjaka。

国王陛下亲书，命令 cozbo Tamjaka 如下：[5]

---

1 斯坦因对这次发现的描述见 *Serindia*，1:225—235页。这组文书的Burrow编号为516–592号。
2 Burrow 582号。赤松明彦：《楼蘭・ニヤ出土カロシュティー文書について》，富谷至编著：《流沙出土の文字資料：楼蘭・尼雅（ニヤ）文書を中心に》（京都：京都大学学术出版会，2001），369—425页，特别是391—393页。
3 Burrow 581号。
4 图片见 Susan Whitfield and Ursula Sims-Williams, eds., *Silk Road: Trade, Travel, War, and Faith*（Chicago: Serindia, 2004），150页。
5 Burrow 1号。

东西方相会于佉卢文书

这件尼雅出土的木制文书完好无损,上下两片合在一起,用绳子穿过沟槽绑好后再用泥封住。左边印章上是汉字;右边印章上是西方人样貌的头像,很可能是希腊罗马的某神,这种图像常见于健陀罗印章。这份双木板文书记录了一桩进行奴隶、牲畜、土地等交易的情况,其中还给出了记录交易的官员姓名。

这些命令都来自楼兰王,写给相当于刺史的当地最高长官 cozbo。[1] cozbo 由一些基层官员协助,审理裁决地方案件。

这件楔形木板文书是发给 Tamjaka 的,他是 Cadh'ota 的 cozbo。Cadh'ota 即佉卢文书中尼雅的名字。国王让 cozbo 审理城中某人的一件案子,此人说隔壁的士兵偷了他两头牛,吃了一头还了一头。王命一般都跟这种本地纠纷有关。

---

[1] cozbo 也拼做 cojhbo。因为佉卢文中没有表示 /z/ 的字母,但伊朗语中有这个音,楼兰人便用佉卢字母 j 加上标来表示 /z/。这个字母被 Boyer 等人转写做 jh。cozbo 几乎肯定是个伊朗语词汇,是尼雅文书中最常出现的头衔,约四十个人带有这个头衔。见 T. Burrow, *The Language of the Kharoṣṭhī Documents from Chinese Turkestan*(Cambridge, UK: Cambridge University Press, 1937), 90–91。Christopher Atwood, "Life in Third–Fourth Century Cadh'ota: A Survey of Information Gathered from the Prakrit Documents Found North of Minfeng(Niya),"*Central Asiatic Journal* 35(1991): 195–196. 文中有 cozbo 官姓名及其所出现文书编号的表格,非常有用。Atwood 指出 cozbo 这一头衔有三种不同含义:"一州之长"、"某种副官"、"泛指官员"。

国王如果有更紧急的命令就要写在皮革上。只有很少几件这样的文书保存了下来。尼雅还有其他文书类型，比如私人信件、清单等。在京都大学教授印度语言的日本学者赤松明彦认为，佉卢文书的不同类型源自北印度孔雀王朝（约公元前320—前185年）的行政系统，该系统在《政事论》（*Arthashastra*）中有所记载。[1]《政事论》一书基于更早的材料，最终成形于二到四世纪。[2]此书专讲统治术，相传是考底利耶（Kautilya）所作。书中以君王会通过文字向臣属下达命令为前提，列出了"好敕令的特点"和坏敕令的"缺点"。该书认为法律来自达摩（dharma，即"法"，这个梵语词一般指符合法律、习俗的正确行为，但有时特指佛法）、证据、习惯和敕令。因为敕令被认为与达摩相符，所以其地位优先于其他法律渊源。

《政事论》中列出了几类敕令，有些类型下面还分子类。这些类型虽然不能与尼雅文书一一对应起来，但可以看出二者的相似性。比如，很多尼雅佉卢文书似乎都属于"条件式命令"一类，即"如果怎样怎样，便要怎样怎样"的命令。[3]这种相似性并不奇怪，因为《政事论》和尼雅文书都是由熟悉南亚官僚运作的人在三四世纪写成的。

之前学者看到有这么多印度语言的文书出现，便认为贵霜王朝如正史所说在军事征服尼雅之后，还实际占领过尼雅。晚近的解释则认为，健陀罗移民完全可以把这套文书制作方法教给当地人，而尼雅从未受过贵霜直接统治。[4]当地统治者的名字基本都是本地名字，而不是印度名字，

---

1 赤松明彦描述了五类文书（楔形木板[W]、长方形木板[R]、takhti形木板[T]、椭圆形木板[O]、皮制文书[L]及其他），给出了每一类的照片，并作出很有说服力的分析。他把文书中指称不同命令类型的术语与现存文书联系了起来。文中还有一个非常清晰易懂的表格，列出尼雅、楼兰发现的每件佉卢文书的发现地及其类型。见氏著《楼蘭・ニヤ出土カロシュティー文書について》，410—412页。
2 Thomas R.Trautmann, *Kauṭilya and the Arthaśāstra: A Statistical Investigation of the Authorship and Evolution of the Text*（Leiden, the Netherlands: Brill, 1971）.
3 Kautilya, *The Arthashastra*, ed.and trans.L.N.Rangarajan（New Delhi: Penguin Books India, 1992）, 213-214, 380.
4 Hansen, "Religious Life in a Silk Road Community," 290-291.

似乎也支持第二种说法。

　　移民和当地人都饲养牲畜。他们经常以动物、毯子和粮食换取马、骆驼、牛或者奴隶。等人收养的小孩处在奴隶和自由人之间的阶层。有时收养一方要付"奶钱"，通常是一匹马。如果付了奶钱，被收养的孩子就会成为新家庭的一员，与其他家庭成员平等。如果没付奶钱，被收养的孩子就会被当做奴隶对待。[1]

　　妇女们深度参与经济活动。她们可以发起交易、做见证人、打官司以及拥有土地，还可以收养孩子或把孩子送人。有个女人把儿子送给了别人并得到一头骆驼作奶钱。后来她发现自己儿子的养父把儿子当做奴隶对待，便把儿子带了回来，还把儿子的养父告上了法庭。法官判她胜诉却把儿子还给了养父，并要求他从此以后把这个孩子当做儿子而不是奴隶对待。[2]

　　尼雅人要向楼兰王纳税，但时常拖欠。一次，一群人上缴了石榴、布匹、粮食、牛、酸奶、袋子、篮子、羊、葡萄酒以抵税。所有这些东西证明当地军民用各种农产品和本地产的手工制品来付账。[3] 人们用粮食记账，说明粮食也用做货币。[4]

　　楼兰王国流通的钱币不多，说明货币经济只是尼雅经济的一部分而已。楼兰王不铸币，使用邻国于阗和贵霜的钱币。贵霜发行过一种金币叫斯塔特（stater，亚历山大大帝的士兵在公元前四世纪把这种希腊货币引入了健陀罗地区），尼雅以西240公里的和田绿洲曾出土过一些斯塔特铜币。此外，于阗（今和田）王曾经仿照斯塔特铸造过自己的铜币。这种铜币一面有汉字，一面有佉卢文，被称做汉佉二体

1　Burrow 39号、45号、331号、415号、434号、592号。
2　Burrow 569号，另见19号、54号、415号及其他许多文书。
3　Burrow 207号；Atwood, "Life in Third-Fourth Century Cadh'ota," 167–169。
4　Helen Wang 认为 muli 的意思是"价格"，来自梵语 mūlya，原意为"价格"或"价值"。一 muli 等于一 milima，即一粒谷。对于在尼雅使用的不同类型的钱币，详细讨论见氏著 Money on the Silk Road，65—74页。

钱。¹ 在尼雅流通的不同货币表明，该绿洲的主要贸易伙伴是于阗和贵霜，而不是有些人认为的罗马。

从楼兰国都来到尼雅征税的人想征收斯塔特币，但并不是总能征到。一份报告描述了某地交来的各种税，报告中某官员举了一个例子："又有一次，王后来到这里。她要一枚金斯塔特。这里没有金子，我们给了她一张十三手长的毯子（tavastaga）。"² 尼雅人有时没有金币，直接用尚未打成硬币的金块。有一次，有人用一条金项链还了债。³ 还有一次，有个中国人用两枚斯塔特金币和两枚德拉赫马银币从苏毗人手里买来一名奴隶。苏毗人是生活在于阗以南的劫掠成性的民族。这是唯一一次用到银币的尼雅交易，表明银币比金币还少见。⁴

尼雅人更愿意用粮食或者牲口而不想冒险用钱币，因为这里政局总是不稳，他们一定害怕钱币会丧失价值。官吏经常提到战争失败，包括于阗骑兵的袭击，以及外来苏毗人的劫掠，这些苏毗人常被视做"危险"分子。劫掠经常发生以至于当地官吏一再拒绝受理关于被掠财产的案子。"法律规定"，楼兰王在一封命令里说道，"有关于阗侵略以前所得财产的纠纷不予立案。"⁵

佉卢文书提到了少数几个生活在尼雅及其周边的汉人，他们有土地，

---

1 Helen Wang, *Money on the Silk Road*, 37—38 页所引蒋其祥的文章载于《舟山钱币》1990 年第 1 期，6—11 页、1990 年第 2 期，3—10 页、1990 年第 3 期，8—13 页、1990 年第 4 期，3—11 页。文中称目前共发现汉佉二体钱 352 枚，其中 256 枚藏于大英博物馆。François Thierry, "Entre Iran et Chine, la circulation monétaire en Sérinde de 1er au IXe siècle," in *La Serinde, terre d'échanges: Art, religion commerce du Ier au Xe siècle*, ed. Jean-Pierre Drège(Paris: Documentation Française, 2000), 122-125. 文中概述了和田与尼雅发现的文书和钱币，非常有用。

2 Burrow 431-432 号。

3 Burrow 133 号。其他涉及金子但非金币的交易见 177 号和 494 号。

4 Burrow 324 号。伯希和接受 F.W.Thomas 的意见，认为佉卢文书中提到的 Supiye 和 Supiya 人就是七、八世纪吐蕃文书中的孙波（Sumpa）人，见氏著 *Notes on Marco Polo*, vol.2 (Paris: Imprimerie National, 1963), 712-718; Thomas, trans., *Tibetan Literary Texts and Documents Concerning Chinese* (London: Royal Asiatic Society, 1935), 9-10, 42, 156-159。

5 Burrow 494 号。

还分到了走失的牛。[1]有一条王命明确提到了汉人。国王签发了一件楔形木板文书，说道：

> 目前没有汉商，因此绢债没法计算。等汉商到了再算。有纠纷就在寡人王庭解决。[2]

显然政府官员把作为通货的绢跟汉人联系了起来，并且要寻求他们的专家意见，必须等汉商来了才能解决绢的纠纷。人们肯定不经常用绢付款。如果经常用，肯定会知道绢的价值的。

只有不住在当地的外来人才把绢当钱用。有一次，有个官吏带着几匹不同的绢从国都回来，其中一匹被称做"王绢"。[3]在国都起草的王法和僧律里都规定了犯法要罚多少绢。尼雅人则把绢换算成等价的粮食、毯子或者牲口。几种通货并行意味着在村里买东西必须决定是用钱币、金条或绢付款还是用其他东西以物换物。

即便政局不稳，于阗王和楼兰王也一直互派使节。这些使节都带着给当地国王的礼物。文书中没有讲明是什么礼物，但很有可能是M8、M3墓中出土的那种高级织物。尼雅是从于阗到楼兰路上的一站。使节一般骑骆驼随向导出行，并且带着食物、肉、葡萄酒等给养。有位使节在从Calmadana（今且末）到Saca（今安迪尔兰干）和从Saca到Nina（尼雅遗址）这两段路上都有向导。但在最后一段从尼雅到于阗的路上没给他配向导。[4]国王下令给这名使节支付路上的花费。

---

[1] Burrow 255 号：说话者"从这个汉人口中"听到有地可用。文书 686A 和 B 记载了汉人开具的走失母牛的收据。

[2] Burrow 35 号。

[3] Burrow 660 号。

[4] Burrow 14 号。这些地名吸引和困扰了历史地理学者超过一个世纪之久，关于 Nina 的位置无法达成共识。见 Heinrich Lüders, "Zu und aus den Kharoṣṭhī–Urkunden," *Acta Orientalia* 18(1940)：15–49，地名讨论见 36 页。中日联合考察队的第一次报告的作者认为 Nina 是乌宗塔提，《尼雅遗迹学术调查》第一卷，235—236 页。吉田丰提出 Nina 是尼雅遗址的古名，见《コータン出土 8–9 世紀のコータン語世俗文書に関する覚え書き》（神戸：神戸市外国語大学外国学研究所，2006），20 页。

除了使节，还有其他人往返于楼兰和于阗之间。佉卢文书中常见"逃户"（runaway）一词，指被劫掠和反劫掠弄得不得不出逃的人。[1]一些关于盗窃的文书中写着这些很少被提及的逃户身上所携带的物品，或者说什么物品在动荡年代最能保值。有个"逃户"说自己被抢了"四匹土布、三张呢绒、一件银饰、2500 枚 masha［可能是汉式钱币］、两件上衣、两件 somstamni［很可能是种衣物］、两条腰带和三件汉式袍子"。[2]尽管是个"逃户"，他显然比那些身无分文的难民要富得多。那些难民只能仰仗于当地官员。

另一起抢劫中有"七串珍珠（mutilata）、一面铜镜、一件彩绢衣物（lastuga）以及一个耳饰（sudi）"被抢。大多数珍珠都来自斯里兰卡，那里的人潜海采珠。铜镜和彩绢都产自中国。此案中，盗贼认了罪，但却说他没有得到任何好处，这些赃物也不在他手里。尽管他不承认，但他肯定已经销赃了。这些东西都很轻便，很容易倒手。[3]

佉卢文书有一千多件，其中只提到一回"商人"，就是要等汉商给绢定价那一回。[4]那些被抢劫的人有可能是商人，也有可能不是。这是否意味着三、四世纪时丝路上的陆路贸易少之又少呢？

现有文书是由于不寻常的自然环境才得以保存下来的，但它们在当年全部文书中只占极小一部分。然而，尼雅、楼兰出土的文书中没有一

---

1 见 Burrow 136 号、355 号、358 号、403 号、471 号、629 号、632 号、674 号。译文经耶鲁大学梵语与比较语文学 Edward E.Salisbury 荣休教授 Stanley Insler 修订。私下交流，2006 年 11 月 14 日："该词是'palayamna-'，是动词 palāyati 的分词。动词的意思是'跑走、逃亡、逃跑'……我认为 Burrow 将其译做'逃犯'没有问题，但也许译做'逃跑者'或者'逃户'更好。"
2 Burrow 149 号。Heinrich Lüders, "Textilien im alten Turkistan", *Abhandlungen des Preussischen Akademie des Wissenschaften*, *Philosophisch-Historische Klasse 3*（1936）: 1-38. 其中讨论了佉卢文书中很多织物术语的词源。遗憾的是，21—24 页中的讨论并未给定 somstamni 的意思。māṣa 一词的含义难住了很多分析者。大英博物馆馆员 Helen Wang 提出了一个很有意思的解释。她认为这个词可能指五铢钱，是这名逃户路上用的，见 *Money on the Silk Road*, 68 页。
3 Burrow 566 号。另见 318 号，这是另一次抢劫的报告，其中列出了被劫后又被找回来的各种织物。
4 文书中商人一词为 vaniye（来自梵语 vaṇij）。2008 年 8 月 17 日，Stefan Baums 非常友善地帮笔者检索了"早期佛教手稿项目"（http://ebmp.org/p_abt.php）的数据库，发现该词没有在其他地方出现过。

件是被单独发现的，都是成组被发现的。有些是特意掩埋的，有些是随意丢弃的。这些文书清楚地证明有人从今天巴基斯坦、阿富汗的健陀罗地区迁徙到了新疆，还显示当地国王常向邻国派出使节。但是有关民间贸易的证据非常少。这些不同的文书组只提到商人一次，其中反映的钱币使用也很有限，表明三、四世纪的丝路贸易在这一地区确实少之又少。

将佉卢文书作为一个整体来分析解读，可以看清三四世纪尼雅社会中最重要的几个群体。当地人种地、放牧，他们在cozbo和其他官员见证下签署契约转让财产。国王住在楼兰国都，他经常给cozbo下令，指示他调查各项事务。其他人，苏毗匪徒、于阗难民、逃户、使节都来到这里，官员们试图解决在此发生的各种冲突。健陀罗难民带来了最主要的革新，即在木板上写字，这样当地官员可以记录下各种纠纷和财产转让。与远途的奢侈品贸易有关的文书却几乎一件也没有。

除文字之外，难民们还带来了佛教。这种新宗教随后在整个东亚产生了巨大影响。三四世纪抵达尼雅的健陀罗移民已经是佛教信徒了，他们中好多人都有佛教名字。文书中一般用标准佛教用语"沙门（shramana）"来称呼他们，这个词一般翻译成"僧人"。按照佛教戒律，所有沙门都要守色戒，但尼雅的沙门显然没守。他们娶妻生子，并且跟普通人一样，也卷入诸如奶钱、养子地位之类的纠纷之中。这些佛教徒中的很多人尽管被称为沙门，却跟家人生活在一起。

另一些佛教徒则单独生活。有一则王令记载了国都僧团给尼雅僧团制定的一套规定，为了贯彻这些规定还派了两名长老来"掌管寺院（viharavala）"。这些新规定事关布萨（posatha），即每逢初一、十五寺院里集中讲戒的活动，不出席或者"着在家人装"出席就要被罚纳绢。这种规定表明僧团成员只在参加集体仪式时才穿僧袍。[1]其他文书证明僧团定期集会，并且有法人身份可以见证财产转让，还可以判案。

有关尼雅佛教的很多材料都出自鲁斯塔姆发现的24号房文书群。这

---

1 Burrow 489号。

是一栋大房子，有十间屋子，每间长8米、宽6米，显然是富人的居所。24号房出土了四件非犍陀语文书，其语言是一种混合梵语，即古典梵语文法词汇与其较通俗形式的混合。四件文书包括用来背教理的一个音节表、梵文大史诗《摩诃婆罗多》的一个片段、一份列出了僧人戒律的波罗提木叉（pratimoksha）文书，还有一个长木板，上面写着勤洗佛像的人会得到很多好处，既有实际的好处，比如"好脸色"、"气味香甜的身体"，也有佛教徒的终极愿望，"跳出生死轮回"。[1]显然，僧团成员会参加浴佛等仪式。24号房有一个大厅和九间房，可能是佛教徒集会的主要场所。有人长期住在这里。不住在这里的佛教徒在仪式结束后就换上便服回家了。

有一封佉卢文信札极为有趣，引起了许多研究者的关注，因为里面提到了"大乘"一词。大乘信徒相信在家人也能成佛，而之前认为只有出家人才能达到涅槃。大乘信徒给这种说法贴上了小乘的标签，以示贬损。佛教史家近来改变了之前对大乘小乘非黑即白非此即彼的看法。[2]不同部派间的戒律略有差别，僧人根据所持戒律不同而归属于不同部派。在三、四世纪的中亚，最活跃的佛教部派是说一切有部和法藏部。受戒之后，部派中一些人选择修习大乘教法，另一些人则不。其结果是大乘信徒与不接受大乘教法的人生活在一起。

提到"大乘"的这封信与其他许多信件一样，以颂扬收信人美德开头。此处收信人是一位名叫Shamasena的cozbo官："大cozbo官Shamasena足下，您人神共爱、人神共尊、有美名保佑，您阐明大乘，您的外貌让人无穷欢喜，tasuca官……向您致敬，愿您玉体健康。""阐明大乘"这个词组至少曾在另外两处碑铭中出现过。一处在安德悦，时代为三世纪中叶，内容是赞颂鄯善国王。另一处是阿富汗巴米扬的四世纪写本，内容

---

[1] Burrow 510号、511号、512号、523号。讨论见Hansen, "Religious Life in a Silk Road Community," 296–300。

[2] Jonathan A.Silk, "What, if Anything, is Mahāyāna Buddhism? Problems of Definitions and Classifications," *Numen* 49, no.4（2002）: 355–405.

尼雅方佛塔

图中方佛塔遗址于上世纪九十年代发掘。塔基2米见方,绕塔一周有一条1.1到1.4米宽的走道,其中原本饰有壁画,图中左上方的外墙上还能看到一些痕迹。(王炳华供图)

是对迦腻色伽继承人胡维什卡(Huvishka)的赞颂。[1]使用这一短语并不能揭示大乘信仰如何影响尼雅当地的佛教活动。从现存材料也看不出尼雅佛教属于哪一部派。

  佛塔崇拜显然是尼雅佛教活动的一个重点。健陀罗移民沿着喀喇昆仑公路留下了那么多佛塔像,佛塔肯定是礼佛的焦点。尼雅最大的遗迹便是一座佛塔,其基座为方形,上半部为碗形,由土坯砖和混有草秆的泥做成。(见彩图6)这座佛塔位于遗址中心,高7米,底座高5.6米。佛塔中心的房间本来放的是佛骨以及捐给僧团的贵重物品。在斯坦因的时代盗墓贼早已将其洗劫一空,因此佛塔有些微微下陷。

  尼雅遗址还有一座佛塔,也是方形,其遗迹由中日考察队在5号房

---

1 Richard Salomon, "A Stone Inscription in Central Asian Gandhārī from Endere, Xinjiang", *Bulletin of the Asia Institute* 13(1999):1–13.

附近发现。类似的方形建筑也曾发现于克里雅等丝路南道遗址。[1]佛教信徒右绕佛塔以表达虔信之心。尼雅佛塔周围过道上的墙上画着一个个单独的佛像,没有故事场景,克里雅遗址也是如此。

米兰在尼雅以东,位于尼雅和楼兰的正中间。斯坦因在这里发现了更为精美的佛教建筑。[2]此处婆罗米字母、佉卢字母并行,表明其年代晚于尼雅,最有可能是公元400年之后不久。佛教徒在这里绕塔礼佛。佛塔为圆形,上有屋顶,中心柱中有佛陀遗骨,周围墙上有佛教壁画。这座圆形建筑的屋顶已经坍塌,因此斯坦因必须让人清走沙子才能把原来的过道暴露出来。过道里还有很早以前信徒们放在这里的供品。

在米兰三号遗址(M3)发现了一个可能是信徒做的布制风景画,背景上缝着用丝绸和棉花做的花。还发现了很多块布,上面有佉卢文,写着为供养人亲属健康祈福的话。斯坦因发现的壁画格外惊人,在墙的下半部、与腰线齐平的位置以下,有16幅有翼天使的画像,这些天使有着西方人的面部特征。(见彩图5B)天使上方的壁画只有部分保存了下来,从中斯坦因可以看出佛陀及弟子的画像。这些壁画描绘了佛陀一生中的不同场景。这种故事画比尼雅发现的单独佛像时代要晚一些。

60米外的另一座建筑与M3类似,也是有屋顶的圆形佛塔,周围有带壁画的走廊。M5残留的壁画比M3要多,斯坦因可以看出一个佛传故事的场景。画中佛陀是名年轻王子,正骑马离开父亲的宫殿。画师Tita用佉卢文签名并记下了得到的报酬。斯坦因总能很敏锐地看出来自西方的影响。他认为Tita是罗马画师,本名是Titus。即使画师只是有异国名字的西域人,但壁画中所用的形象,特别是下半部分的有翼天使和波浪形的花环,都借自罗马艺术,有可能是罗马帝国东部边境叙利亚地区的画师带来的,或者是从图册上临摹的。

楼兰人在条件恶劣的沙漠中一直居住到五世纪。现存文书并未解释

---

1 Corinne Debaine-Francfort and Abduressul Idriss, eds., *Kériya, mémoire d'un fleuve: Archéologie et civilisation des oasis du Taklamakan*(Suilly-la-Tour, France: Findakly, 2001).
2 Stein, *Serindia*, 1:485-547.

楼兰、米兰和尼雅为什么被废弃。克里雅等丝路南道遗址被废弃时有明显环境恶化的痕迹，然而考古学家在尼雅曾发现石化了的健康树木，有些大得可以砍下作木材，其年代为三到四世纪。[1]

尼雅遗址的种种迹象都表明当地人本来准备再回来。好几处地方都存有不少小米。文书也被小心掩埋，为了之后能再找得到，还在洞口做了记号。当地居民在离开前有充足的时间收拾行李。斯坦因注意到，这里几乎没有留下任何有价值的东西。也许于阗人或者苏毗人来袭迫使他们离开，之后再也没能回来。

关于楼兰最后的情况只有著名求法僧法显留下的材料。公元401年，法显路过楼兰有如下记载：

其地崎岖薄瘠。俗人衣服粗与汉地同，但以毡褐为异。其国王奉法。可有四千余僧，悉小乘学。诸国俗人及沙门尽行天竺法，但有精粗。[2]

我们无法确定他到底到了哪个城市。由于以楼兰为都的政权被另外一个本地政权所取代，楼兰城在公元376年被废弃。中国正史中提到过五世纪前半叶的鄯善国。此时，鲜卑人建立的北魏正在逐步征服中国北方的各个小政权。公元450年，鄯善王臣服于北魏。二十年之后，漠北的中亚部落联盟柔然占领鄯善。

公元五世纪的西域动荡不断，穿越塔克拉玛干的交通停滞了。公元500年之后，中国史书不再把鄯善作为目的地提及，大多数人改走塔克

---

[1] 王炳华：《精绝春秋》，121页。
[2] 法显：《高僧法显传》，《大正新修大藏经》51卷，2085号，857a。比较 Samuel Beal, trans., *Si-yu-ki Buddhist Records of the Western World translated from the Chinese of Hiuen Tsiang* （A.D.629）（1884; repr., Delhi: Motilal Banarsidass, 1981），xxiv。关于法显路线的讨论见 Marylin Martin Rhie, *Early Buddhist Art of China and Central Asia*, vol.1, *Later Han, Three Kingdoms, and Western Chin in China and Bactria to Shan-shan in Central Asia*（Leiden, The Netherlands: Brill, 1999），354.

拉玛干北道,而这正是我们下一章的主题。[1]

笔者之前发表过两篇关于尼雅的文章:"Religious Life in a Silk Road Community: Niya During the Third and Fourth Centuries," in *Religion and Chinese Society*, ed.John Lagerwey(Hong Kong: Chinese University Press, 2004), 1:279–315; "The Place of Coins and Their Alternatives in the Silk Road Trade",上海博物馆编:《丝绸之路古国钱币及丝路文化国际学术讨论会文集》(上海:上海书画出版社,2011),83—113页。

---

[1] 日本学者桑山正进对印度、中国间道路的变迁做了大量的研究。见 Kuwayama Shōshin, *Across the Hindukush of the First Millennium: A Collection of the Papers*(Kyoto: Institute for Research in Humanities, Kyoto University 2002); Enoki Kazuo, "Location of the Capital of Lou-lan," 125–171。

第二章

龟兹

丝路诸语之门

商 事

上 法律実務之部

远在现代词典与语言教科书诞生之前的一段时间里，作为各民族的交汇之处，丝绸之路一直是语言交流的场所。佛教徒希望把原本用梵语表达的复杂深刻的佛理翻译出来传达给信众，因此他们对语言教学最为热心。坐落于塔克拉玛干沙漠北缘的龟兹（今新疆库车）是个繁荣的绿洲，它在语言方面比丝路其他地方更有优势，因为当地的龟兹语和梵语同属印欧语系*。（龟兹语文书如下页所示）龟兹自然成为了佛教进入中国的门户。龟兹绿洲也让僧人有机会见到操着各种语言来到这里的旅行者，因为当时的龟兹是丝路北道最大、最繁荣的地区，只有高昌能与之匹敌。

最有名的龟兹人是鸠摩罗什（344—413年）。他是把梵文佛经译成通顺易懂的汉语的第一人，极大促进了佛教在中国的传播。[1] 由他主持的译经团队把大约三百种佛经从梵语译成了汉语，包括著名的《妙法莲华经》。（经在梵文中指佛说的经典，实际上很多佛经是公元前400年左右佛陀去世之后很久才形成的。）尽管后来的新译者一直想改进，但鸠摩罗什的很多译本由于其可读性一直被沿用至今。

鸠摩罗什是一位非凡的语言天才，和许多龟兹人一样，他掌握了多

---

* 龟兹语属于印欧语系 centum 一支，梵语属于 satem 一支，二者差别较大。粟特语、于阗语、大夏语等丝路其他语言属于伊朗语东支，与梵语同属印度—伊朗语族，关系较近。

[1] 这是关于鸠摩罗什生卒年的传统说法。实际上由于史料互不统一，无法确知其生年，见 Yang Lu, "Narrative and Historicity in the Buddhist Biographies of Early Medieval China: The Case of Kumārajīva", *Asia Major*, 3rd ser., 17, no.2（2004）: 1–43, 特别是 28—29 页注 64。这篇文章很有用，其中分析了为鸠摩罗什作传的三位作者所描述的鸠摩罗什一生中的几件大事。

丝路通行证（过所）

  图中过所长 8.3 厘米、宽 4.4 厘米，上书婆罗米字母龟兹语，写着边检官员、验收过所官员以及过所持有人的名字。曾发现一百多件类似过所，一般会在后面列出随行人员和牲口，但此过所这部分缺失。过所用墨写在有凹口的杨木上，原本有盖，用麻绳绑好并加封。现存过所没有一件是完整的。（法国国立图书馆供图）

种中亚语言，包括母语龟兹语以及梵语、健陀罗语，他可能还会焉耆语和粟特语。鸠摩罗什的父亲是健陀罗人，和尼雅移民一样讲健陀罗语。粟特语在撒马尔罕地区流行，焉耆语通行于丝路北道的焉耆附近，在龟兹以东约 400 公里。焉耆的维语名称为喀喇沙尔（Qarashahr）。鸠摩罗什及其同僚使用婆罗米文读写龟兹语和梵语，他们可能也学过佉卢文，这种文字在公元 400 年左右就基本不再使用了。

  本章将要讨论这些语言，还会特别强调自 1892 年以来各国学者为破解失传的龟兹语、焉耆语所付出的巨大心血。全世界的学者花了差不多一百年的时间研究龟兹语，不仅要破解这门语言，还要理解它与同属印欧语系的焉耆语的区别。当然这些心血在后来得到了回报。

  世界闻名的克孜尔石窟在库车以西 67 公里，开凿工作在鸠摩罗什在世时便已开始。该石窟是新疆最吸引人的旅游景点之一。今天，人们乘飞机、火车或汽车到达库车或库尔勒后，再转车即可到达石窟所在的山谷。但在过去，至少在一百年以前，几乎所有的人都是坐船顺流而来的。冰川融化形成的众多河流都经过塔克拉玛干沙漠，顺着沙漠北沿流淌的塔里木河是其中最大的一条。它在库车附近有两条支流：库车河和木扎提河（Muzart River），后者恰好在克孜尔石窟前流过。如今中国西北用水量巨大，这些河流的水量减少了很多。今天如果想坐船横跨沙漠，那必须得赶在早春水位最高的时候。而一个世纪以前，只要不上冻，这些河流几乎可以全年通航。

只需读读瑞典人斯文·赫定的精彩游记，便可知一百多年前的库车地区与现在大不相同。1899年秋天，赫定买了一艘12米长、吃水仅30厘米多一点的平底船。他在甲板上搭起了帐篷、暗房，以及一个做饭用的黏土灶。因为有人提醒过他河道在巴楚附近会变窄，他还带了一艘"不到平底船一半大小"的小艇一起航行。（见彩图10）

赫定的航行始于新疆西端的叶尔羌，位于喀什东南不远。他生动地描绘了1899年9月17日他从叶尔羌来力克（Lailik）码头启航时的情形："码头生机勃勃。木匠在锯木头、钉钉子，铁匠在打铁，哥萨克人〔赫定雇的保镖〕监督着整个场子。"出发那天，赫定记录道，河面宽134米，深3米。[1]

六天之后，赫定到达叶尔羌河分为诸多支流之处，每条支流都暗藏着危险。

> 河床变窄。水流以惊险的速度带着我们前行。水花在我们周围翻腾，生出许多泡沫。我们顺激流而下。河道之窄转弯之急，使我们无法控制船体。大船猛烈地撞到岸边，我的箱子差点掉下船去……水流一直如此湍急，而我们又航行得非常快，以至于船触河底时差点翻船。

---

[1] Hedin, *My Life as an Explorer*, 250–251. 赫定在 *Central Asia and Tibet: Towards the Holy City of Lassa*（New York: Charles Scribner, 1903），63—102 页中更详细地讲述了他的旅程。

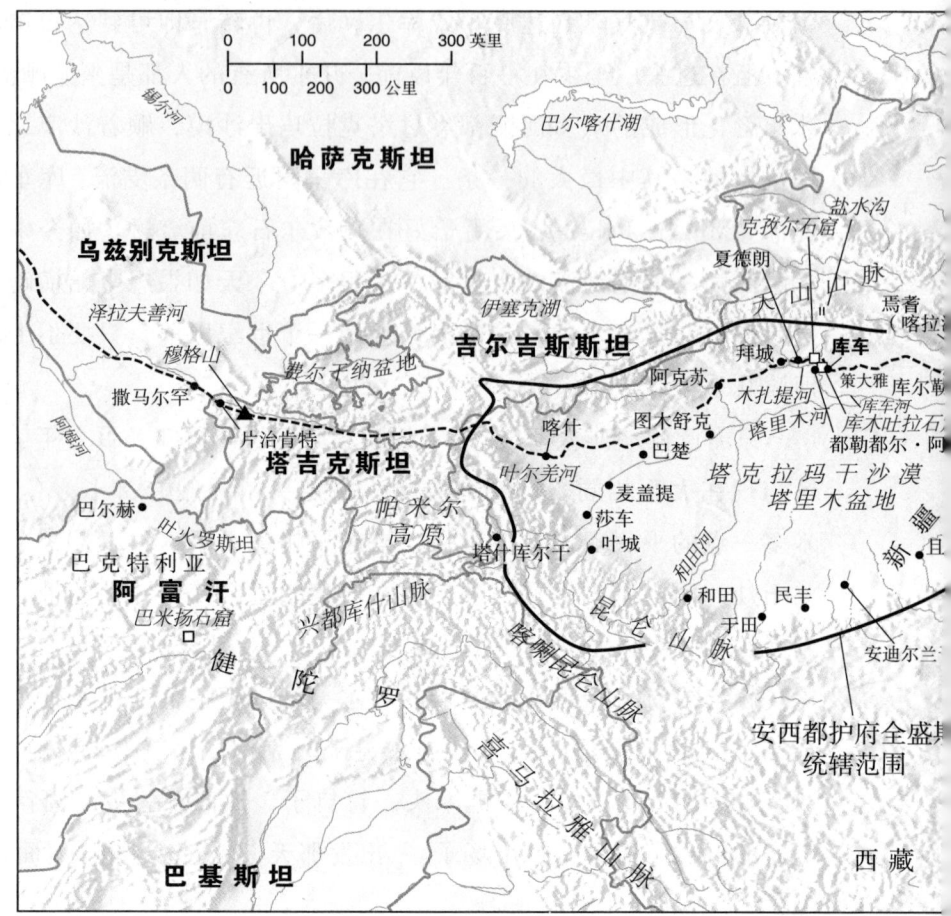

激流突然停了，大船陷入淤泥之中。赫定雇了三十个人把大船拖出来之后才能继续航行。

赫定沿着叶尔羌河继续北行。叶尔羌河与从北流过来的阿克苏河汇聚成塔里木河。赫定继续向东横穿塔克拉玛干沙漠。空闲的时候他会在小船上扬帆，让大船跟在后面。水流很急，速度达到每秒1米，而且水中的冰块越来越大。赫定在距离库尔勒还需三天路程的新湖（Yongi-kol）中止了航行。82天的航行，他走了近1500公里。[1] 如果赶上夏天可以早

---

1 Hedin，*My Life as an Explorer*，253，261。

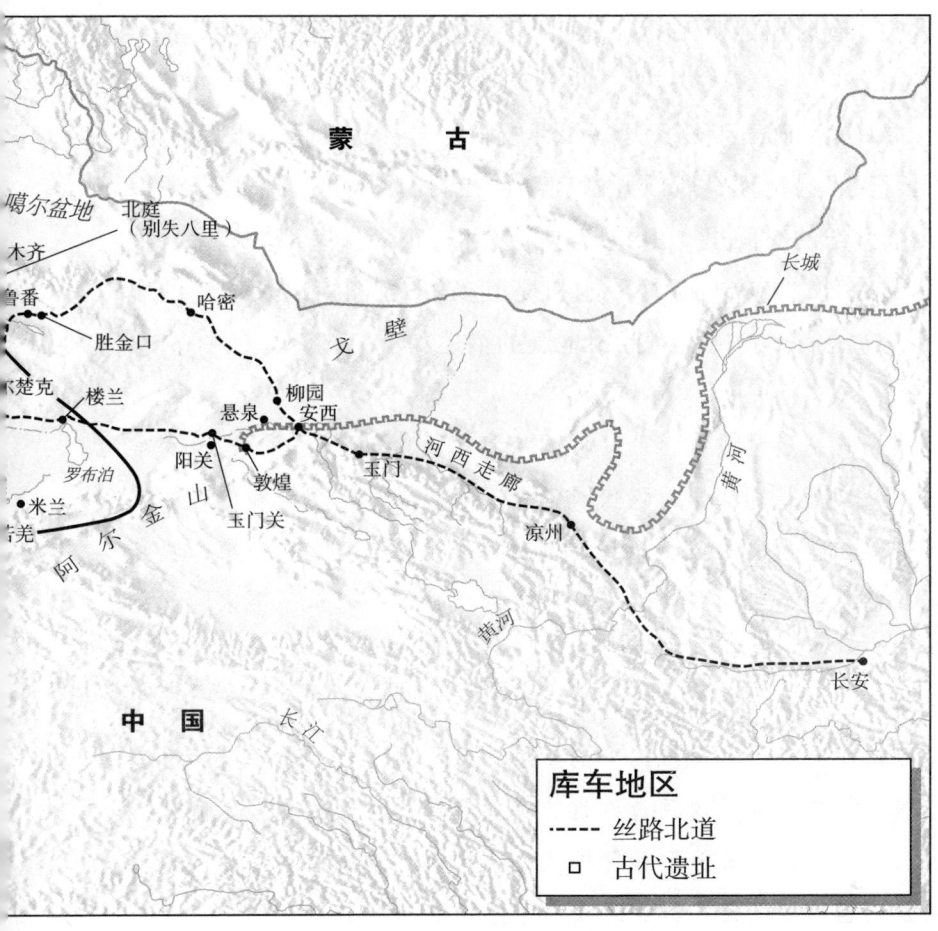

一点出发,他或许可以再航行300公里到达库车。

赫定的探险在欧洲激起人们极大的兴趣,英国、法国和德国都分别组织了考察队。德国人连续进行了三次考察。第二次考察队的领队阿尔伯特·冯·勒柯克(Albert von le Coq)居然以扔硬币的方式决定向北去库车,并于1906年抵达克孜尔石窟。他发现了全中国最美的宗教石窟之一。339座洞窟开凿于绵延2公里长的山壁之上。[1]有些洞窟很小,有些则有11至13米高,12至18米深。木扎提河在其南7公里处流过。石窟前的

---

1 德国人在20世纪初记录了235座石窟,但最近的调查发现了更多石窟。见赵莉:《龟兹石窟百问》(乌鲁木齐:新疆美术摄影出版社,2003),12页。

绿洲非常怡人，有时还能听到布谷鸟叫声，这叫声在现代中国可非常罕见了。

克孜尔的山崖由砾岩组成，这是一种较软的岩石，很适于开凿洞窟。但这样的洞窟很容易坍塌，所以开凿者经常在洞的中央留一根柱子用以支撑。在几个世纪的时间里，由于地震的破坏，很多外室都坍塌了，使内室完全暴露在外。1906年3月，他和提奥多尔·巴图斯以及他们的雇工就经历了一次地震。勒柯克对此次地震的描述如下：

> 忽然一阵剧烈的像打雷般的巨响从我们头顶滚过。……这时灾难发生了，一切都是那么快，仅仅瞬息之间。我看见巴图斯和他带的工人们突然趴在陡峭的山坡上。我还没明白过来这是怎么一回事，我身边的雇工们也一声尖叫趴在地上，我立即跟他们一起趴了下来。就在这一瞬间，大量的岩石铺天盖地朝我们砸下来，重重地落在我们身边，值得庆幸的是没有人受伤，这真是让人不可思议的特别的一天。
>
> 这时，我向着山谷河流的方向望去，只见河水剧烈地荡来荡去，拍打着堤岸。在山谷顺着河流的远方突然升起了巨大的尘土，像云，更像巨大的柱子，一直升到无际的天空。同时大地开始震动，在悬崖的周围发出雷鸣般的巨响。这时我们才意识到地震了。[1]

虽然石窟有坍塌的危险且其中很多壁画都被勒柯克等人挖走了，还是有很多壁画在原址上保留了下来，今天也能看到。克孜尔周围还有其他有壁画的石窟群，其中库木吐拉石窟规模最大，最值得一去。

克孜尔的很多洞窟都有相同的结构：洞窟中心有一根柱子，信徒进洞来可以绕行一周。佛陀去世后，在北印度建起了佛塔以供奉佛骨，从那时起信徒们就以右绕佛塔的方式来表达虔信。在西域，人们也绕塔礼

---

[1] Albert von Le Coq, *Buried Treasures of Chinese Turkestan*（1928; repr., Hong Kong: Oxford University Press, 1985）, 129.

佛。与尼雅和米兰的佛塔不同，洞窟里的中心柱中并无佛祖遗骨。柱上一般有放有佛像的佛龛，佛像现在大多已经遗失。

建于公元400年左右的克孜尔38号窟是开凿最早、也可能是最璀璨夺目的一个洞窟。[1] 38窟的背墙画的是涅槃像，佛陀侧卧于榻上，周围是来礼敬他的各国君王。站在中央柱处向洞窟出口方向看，可以在出口之上看到弥勒佛，他是掌管未来天国的佛。

沿着38窟拱顶的中轴可以看到印度的日神、月神、风神、两尊带火的立佛，以及双头的金翅鸟，这是印度传说中一种护持佛法的鸟。这些神像有明显的印度风格，很有可能出自印度画师，或者基于印度样本而作。勒柯克称这些画作为"湿壁画"（fresco）。但事实上它们是绘于干石膏之上的，严格来说并不能称做湿壁画，因为湿壁画特指绘于湿石膏之上的壁画。开凿洞窟的技术来自印度，那里有辉煌的阿旃陀石窟，就在孟买郊外，以及其他早期佛教遗迹。

38窟中轴线的两侧是一排排菱形格子，这些菱形就像邮票边上的锯齿互相嵌在一起。一排是佛譬喻故事，一排是佛本生故事，即佛祖前世的故事。譬喻故事也叫因果故事，画面中都有一尊坐佛，旁边有一个人物。绘制这些譬喻故事的目的在于教育听众，使他们知道今世的行为对来世是有影响的。

佛本生故事一般都是通过重新阐释印度民间故事来讲授佛教的价值观。比如，猴王故事讲的是一群猴子偷了国王花园里的果子。国王的护卫追猴子一直追到一条大河边。猴王把自己的身体变成桥让其他猴子过河，之后他自己却掉进河里淹死了。按照佛教的解释，这个故事表现了佛陀（即猴王）舍身为人的精神。

另一个佛本生故事在好几个洞窟里都出现过，它对商人特别有吸引

---

[1] 碳-14测年结果为公元320年，误差正负80年。《中国石窟：克孜尔石窟》（北京：文物出版社，1997）卷1，210页。Angela F. Howard总结了北京大学考古学家宿白提出的为没有带纪年题记的石窟断代的几条标准，非常有用，见氏著"In Support of a New Chronology for the Kizil Mural Paintings," *Archives of Asian Art* 44（1991）：68–83。

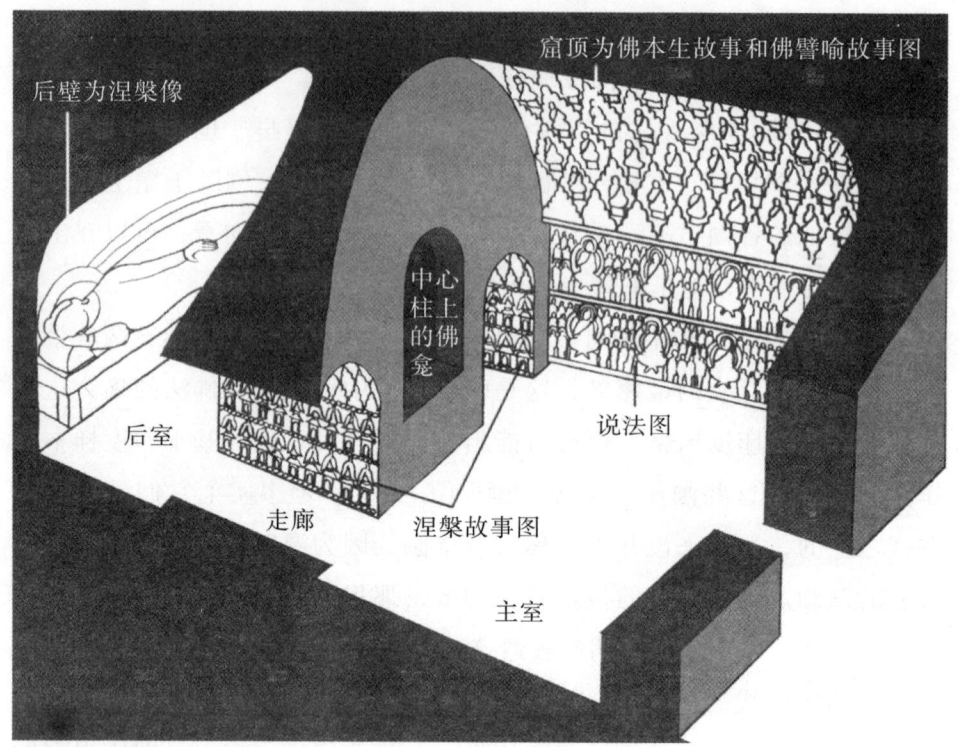

克孜尔石窟结构图

  很多克孜尔石窟结构相同。信徒从前室穿过一道门进入主室，绕行中心塔以示虔敬。塔中有佛像，并饰以石头和树枝来表现须弥山，即佛教观念中处于宇宙中心的山。原本盛放这些装饰品的佛龛常常依旧可见。洞窟后壁上绘着佛陀涅槃像。（美国华盛顿弗利尔－赛克勒美术馆供图）

力。故事是这样的：五百商人在夜里赶路，因为天太黑了什么都看不见。他们的头领，即佛陀的前世，用白毡蘸满黄油包住自己的胳膊，之后点燃毡子高举手臂为商人们照亮前方的路。在这个故事里，佛陀又一次舍己为人。听僧人讲这些本生故事的信徒可以明白，涅槃只有佛陀和少数高僧能够做到，这是早期佛教的一条关键教理。

  克孜尔最大的石窟（47窟）现在空空如也。16.8米高的石窟中本来有一座大佛像，顺着木扎提河来的旅行者应该从很远处就能看到。这种巨大的佛像窟并非起源于克孜尔。开凿克孜尔的工匠一定听说过阿富汗的巴米扬大佛。这座大窟左右两边各有五排孔，以前应该插着木桩支撑

克孜尔石窟壁画

这幅石窟窟顶壁画展现了克孜尔特有的邮票式菱格。当地画师在这些菱格中描绘佛陀前世的故事。每个菱格中画有一个佛本生故事中的主要事件，让讲故事的人以此为线索为洞窟参观者讲解整个故事。

一个平台,平台上面是大佛像两侧的小佛像。克孜尔其他的洞窟里也曾经有过大佛,现在已经不复存在了。有一位来访的中国僧人曾经记载西城门外立有两尊九丈(28米)高的佛像,在五年一度的大法会上受到礼敬。[1]

今天就算再不细心的游人也能注意到克孜尔石窟的窟壁上有很多壁画被挖走了。世界上所有重要的东亚艺术收藏机构都有来自克孜尔的壁画,画上所用的青金石蓝和孔雀石绿还鲜艳如新。绝大多数壁画都是在1914年"一战"爆发前被挖走的,其中柏林的藏品格外丰富。

勒柯克发明了一种转移这些易碎壁画的新技术。他不无骄傲地描述道:

> 壁画是在窟壁一层特殊材料上绘制的。此材料是用黏土混合上富含植物纤维的驼粪、碎麦秆等而成,将其和成稀泥,再将其光滑地涂于洞壁上,最后在上面涂一层薄薄的白垩土。所以,要转移这些壁画,首先要用一把非常锋利的刀子把画切成弧形。这要切得非常小心,要刚好切透窟壁上面原来涂上的稀泥层,壁画切的大小要依所要包装它的箱子而定。如果用马车拉,箱子可以很大,如要骆驼运就要小一些,马运的箱子最小。……再下来,就要用鹤嘴锄在壁画的边上凿一个洞,给狐尾锯留开一个空间。正如我前面所讲到的,为狐尾锯预留的空间常常是用锤子和凿子在石壁上凿出的,幸运的是这些石壁一般都不是很坚硬。[2]

这种一步一步的描述读后让人不由得倒吸一口凉气,因为很容易想象其对艺术品的破坏。有些欧洲人坚决反对把壁画挖走。勒柯克的同事阿尔伯特·格伦威德尔(Albert Grünwedel)觉得应该描绘并准确测量遗址,然后在欧洲原样复制。他的这种观点在当时是少数派。

第三次探险队抵达一年之后,法国学者伯希和(Paul Pelliot)在1907

---

[1] 季羡林等编:《大唐西域记校注》(北京:中华书局,1985),61页;Beal, *Si-yu-ki*, 21.
[2] Le Coq, *Buried Treasures*, 127.

年来到库车,他在这里停留了八个月,收集了很多龟兹语的重要文书。他还花了一个月的时间探索向北穿越天山的路线。他发现,沿着木扎提河离开克孜尔向北,有两条路连结着塔里木盆地与北方草原。[1] 草原包含新疆北部(准噶尔盆地),并一直延伸至今哈萨克斯坦和乌兹别克斯坦。这里是许多游牧民族的家园。许多世纪以来,这些游牧民族一直威胁着中原王朝。

由于地处通往中亚草原的咽喉要道,在西域各绿洲中龟兹最先在中国正史里出现。公元前二世纪末,汉武帝派李广利进攻今乌兹别克斯坦费尔干纳盆地的大宛,汉朝大军便途经龟兹。[2] 和楼兰王一样,龟兹王尽可能与汉、匈奴同时交好。匈奴控制了今蒙古草原,是汉朝的敌人。公元前176年至公元前101年之间,龟兹王向匈奴称臣,并把自己的儿子送去做人质。当时的臣属国一般都会把王储送到宗主国学习文化、熟悉风俗。

公元前一世纪,匈奴式微,龟兹王转而向汉朝称臣。[3] 公元前65年龟兹王和王后双双来到汉朝国都长安,并停留一年。公元前60年,汉朝设西域都护总领西域事务监督中亚各国,并负责向中央汇报西北绿洲王国的情报。这些情报后来都被载入正史。据《汉书》记载,龟兹人口为81317人,是北道最大的绿洲。[4] 这一地区汉朝统治的遗迹很少。在都护府所在地今巴音郭楞蒙古族自治州轮台县策大雅乡发现了一座汉朝的遗址。[5] 公元前46年,临近的绿洲王国莎车攻陷了龟兹。

---

1 伯希和、医生及制图师 Louis Vaillant、摄影师 Charles Nouette 于1906到1909年从喀什走到西安。Louis Vaillant 对旅程做了详细描述,包括路线图及在每一处遗址停留的日期,见氏著 "Rapport sur les Travaux Géographiques faits par la Mission Archéologique d'Asie Centrale (Mission Paul Pelliot 1906–1909)," *Bulletin de la Section de Geographie du Comité des Travaux Historiques et Scientifiques* 68 (1955): 77–164。
2 余太山:《西域传》,29 页;《史记》卷 123,3168—3169 页。
3 余太山:《西域传》,187—190 页;《汉书》卷 96 下,3916—3917 页。
4 余太山:《西域传》,180 页;《汉书》卷 96 下,3911 页。
5 石碑年代为公元158年,发现于拜城附近的山中,其中记载了一位汉朝将军的名字和头衔。Éric Trombert, with Ikeda On and Zhang Guangda, *Les manuscrits chinois de Koutcha: Fonds Pelliot de la Bibliothèque Nationale de France* (Paris: Institut des Hautes Études Chinoises du Collège de France, 2000), 10.

中亚国家间的不停征伐意味着汉朝只能时断时续地控制自己的驻地。公元91年，汉朝任命班超为西域都护，他成功地又一次控制了龟兹，并把白氏家族的一员扶上王位。但仅仅二十年不到，到了公元107年，西域复乱，汉朝又一次失去了对西域的控制。从这时起，白氏家族开始在龟兹掌权，他们有时独立、有时依附于周边的强权，其势力延续了几个世纪。

到鸠摩罗什降生的四世纪，龟兹已经是著名的佛学中心。译师中有几位姓帛*，大多来自龟兹的王族。有纪年的最古老的龟兹佛教材料年代为公元三世纪[1]，当时流行说一切有部，这是小乘佛教的一部[2]。龟兹人通过印度传法僧来了解佛教。印度的影响在三世纪和四世纪最大。鸠摩罗什及其父母可以在印度与龟兹之间轻松往来便是明证。

龟兹为未来翻译家的成长提供了完美的环境。这个绿洲王国与健陀罗关系紧密，因为顺着横穿塔克拉玛干的河流可以抵达南道的莎车和于阗绿洲，从那里翻山即可到达健陀罗。鸠摩罗什的父亲是一位印度高官的儿子，他离开健陀罗来到龟兹学习佛法。在龟兹，他被迫娶了龟兹王的妹妹，生下了鸠摩罗什。因此，鸠摩罗什从小就讲健陀罗语和本地的龟兹语。

鸠摩罗什的母亲是虔诚的佛教徒，她不想过家庭生活。鸠摩罗什七岁时，她要求出家。被丈夫拒绝之后，她绝食了六天。丈夫终于让步，她便带着鸠摩罗什出家为尼。龟兹是印度以外少数几个女人可以出家的地方。一件佛教文献列出了龟兹的四所尼姑庵，分别有尼姑50到170人

---

* 通"白"。

1 寺院列表见 Mariko Namba Walter, "Tokharian Buddhism in Kucha: Buddhism of Indo-European Centum Speakers in Chinese Turkestan before the 10th Century C.E.," *Sino-Platonic Papers* 85（October 1998）: 5—6。库车发现的梵文佛经所用字体是中亚发现的最古字体，其年代甚至可能早于三世纪，桑山正进编：《慧超往五天竺国传研究》（京都：京都大学人文科学研究所，1992），187页注207。

2 佛教学者一直在争论"说一切有部"和"根本说一切有部"这两个佛教部派之间的关系，库车出土的许多文献都与这两派相关。见 Ogihara Hirotoshi, "Researches about Vinaya-texts in Tocharian A and B"（Ph.D.diss., École Pratique des Hautes Études, 2009）。

纪念鸠摩罗什

　　巨大的鸠摩罗什铜像在克孜尔石窟前欢迎四方来客,由此可见这位译师直到今天依然赫赫有名。因为鸠摩罗什没有肖像流传下来,人们对于他的实际相貌一无所知,雕刻家只能全凭想象创作。(渡边武供图)

不等。¹

在龟兹学习之后，鸠摩罗什跟着母亲来到健陀罗跟随一位小乘法师学习经文。随后鸠摩罗什至疏勒（今喀什）师从一位大乘法师继续深造。之后他回到龟兹，并使一些僧人转皈大乘。尽管后来的佛教材料把大乘小乘描绘得泾渭分明，但在鸠摩罗什的时代，大小乘的差别并没有那么明显。年轻人出家，从某僧处受法戒，也就进入了某个传承派系。某人属于某个派系，例如说一切有部，并不意味着此人一定是小乘或是大乘。可以像鸠摩罗什一样先学小乘经典再学大乘经典。大乘僧与小乘僧共处一寺并不为奇。²

然而大乘和小乘在某些教义上的差别很明显。关于吃肉，小乘认为只要不是特意为自己宰杀的就可以吃，大乘则戒荤腥。后来有人经过这里时注意到龟兹僧吃肉、葱和韭菜，这些都属于大乘禁食的荤腥，由此判断龟兹僧绝大部分是小乘。³

公元384年，鸠摩罗什差不多四十岁时，他的家乡龟兹被吕光攻破。对当时的情形有记载道：

> 城有三重，广轮与长安地等。城中塔庙千数，帛纯宫室壮丽，焕若神居。胡人奢侈，富于生养，家有蒲桃酒至千斛，经十年不败，士卒沦没酒藏者相继。⁴

攻下龟兹之后，吕光把鸠摩罗什送至自己的国都凉州（今甘肃武威）以示虔敬。尽管鸠摩罗什已经受了色戒，但是吕光认为鸠摩罗什这么伟大的学者不留下子嗣实在太可惜了，于是就把鸠摩罗什灌醉，然后派一名年轻姑娘侍寝。按照鸠摩罗什传作者的记载，这是他一生中三次破戒

---

1 《出三藏记集》，《大正藏》2145号，79c–80a；Walter, "Tocharian Buddhism in Kucha," 8–9.
2 Silk, "What, if Anything, Is Mahāyāna Buddhism?", 355–405.
3 此人是新罗僧人慧超。见《往五天竺国传笺释》（北京：中华书局，2000），159页。
4 李昉：《太平御览》卷125，604页引《十六国春秋》；Trombert, *Les manuscrits chinois de Koutcha*, 11.

的首次。

401年，在后秦统治者姚兴（394—416年在位）的命令下，鸠摩罗什第二次被掳走，并被送到了今天的西安。姚兴希望鸠摩罗什能够有自己的"法种"，便让他在寺院旁边建立家庭，跟几个小妾同住。后来鸠摩罗什又主动讨要了一名女子，第三次破戒，并和她生了一对双胞胎。[1]因为高僧传记受既定模式的影响很大，鸠摩罗什的不同传记之间的记载有出入，学者们并不确定这三件事是否真正发生过。尽管如此，这些不同记载在一点上是相同的，即，公元400年左右，僧人破色戒并不会让在家人感到非常吃惊。[2]

鸠摩罗什破戒丝毫不影响他作为佛教法师的成就。401年，鸠摩罗什来到长安，受姚兴委托主持译场，一直干到413年去世。他译的佛经直到今天都是一笔宝贵的财富。[3]鸠摩罗什的译本中最有名的要数《妙法莲华经》。这是一部大乘经，里面贬斥了小乘教法，并向信徒保证，即使只听到此经的一偈也能成佛。[4]

尽管之前也有人翻译过此经，但是因为经里面有太多佛教用语，只有很少学过梵语的中国人才能看懂。大多数早期佛经都是由印度来的佛僧一边背诵一边口头解释，由弟子笔录形成译本。这种翻译方式造成很多错误，因为师父读不懂弟子们的翻译，弟子们也不确定是不是真正明白了师父的意思。[5]

让翻译难上加难的是，梵语和汉语分属两个不同的语系。梵语属于印欧语系，与其他古代印欧语系语言一样，梵语的曲折变化特别丰富。

---

1 Yang Lu, "Narrative and Historicity," 23–31.
2 John Kieschnick, *The Eminent Monk: Buddhist Ideals in Medieval Chinese Hagiography* (Honolulu: University of Hawai'i Press, 1997), 19; Bernard Faure, *The Red Thread: Buddhist Approaches to Sexuality* (Princeton, NJ: Princeton University Press, 1998), 26–27.
3 E.Zürcher, "Perspectives in the Study of Chinese Buddhism," *Journal of the Royal Asiatic Society* 2 (1982): 161–176.
4 *The Essential Lotus: Selections from the Lotus Sutra*, trans.Burton Watson (New York: Columbia University Press, 2002).
5 Daniel Boucher, *Bodhisattvas of the Forest and the Formation of the Mahāyāna: A Study and Translation of the Rāṣṭrapālaparipācchā-sūtra* (Honolulu: University of Hawai'i Press, 2008).

动词和名词根据其在句子中的功能可以有很多形式。汉语属于汉藏语系，语法上要简单得多，动词和名词没有形式变化，词序决定句义，因此经常产生歧义。公元400年的语言学习者最想要的就是一个双语文本，里面每句话都有两种语言对照。

鸠摩罗什最大的发明是创立了译场，里面的译员可以对照印度原文核对译本，翻译的功劳都归在鸠摩罗什名下。这些译本以其可读性著称，即使完全不懂梵语也能读懂。鸠摩罗什行文优美流畅，以至于读者们都更爱他的译本而不是后来更精准的译本。

鸠摩罗什和其他译师成功地让汉语读者读到了数以千计的佛教作品。他们还发明了一个一直沿用至今的系统，即用汉字音译外语单词音节。这是今天中国拼音拼写系统的基础，用这一系统可以把Coca Cola译成"Kekou kele"，把McDonald's译成"Maidanglao"。鸠摩罗什的发音为kuw-ma-la-dzhip。[1] 因为汉语许多世纪以来的语音变化，今天他的名字用拼音写做Jiumoluoshi。[2]

这种用汉字音译梵语的做法也让汉语本身发生了变化。据宾州大学汉学家梅维恒教授估算，汉语大概因此增加了35000个新词。不仅是般若（智慧）这种佛教术语，还包括"刹那"这种日常词汇。与梵语的接触还让中国人更好地了解到自己语言的语音结构。举例来说，中国人之前并没有意识到自己的语言是有声调的。这可是学汉语的学生第一天就会学到的。直到这时中国人才开始系统地了解自己语言中声调的性质。[3]

鸠摩罗什及其同僚在长安译经的同时，整个中亚的其他译师也在进行这项把梵语佛经翻译为本地语言的长期事业。其中最重要的一种本地

---

1 Edwin G. Pulleyblank, *Lexicon of Reconstructed Pronunciation in Early Middle Chinese, Late Middle Chinese and Early Mandarin* (Vancouver: University of British Columbia Press, 1991), 160, 203, 217, 283.

2 Victor H. Mair, "India and China: Observations on Cultural Borrowing," *Journal of the Asiatic Society* (Calcutta) 31, nos.3-4 (1989): 61-94.

3 Victor H. Mair and Tsu-Lin Mei, "The Sanskrit Origins of Recent Style Prosody," *Harvard Journal of Asiatic Studies* 51, no.2 (1991): 375-470, 特别是392页; Victor Mair, 私下交流, 2011年9月7日。

语言是龟兹语。该语言在一些重要的方面与距离不远的焉耆的语言有区别。与研究丝路的很多课题一样,解读这门语言的过程充满了挫折、弯路和争论。全世界的学者花了近一个世纪的工夫才最终明白这两种语言之间的关系。

1892年,已经失传的龟兹语尚存于世的迹象首次出现。那一年,俄国驻喀什领事买了一件用梵语学者熟悉的婆罗米文书写的文书,但文书的语言肯定不是梵语。这件文书困扰了学者们很多年。首先,虽然随后发现了很多同种语言的文书,但能用来研究的材料还是少之又少。存留至今的绝大多数文书都是来自不同文本的散页,或者是写在木头上的商贸或者行政文书。此外,几乎所有这些文书都没有纪年。[1]

1908年,埃米尔·西格(Emil Sieg)和威廉·西格灵(Wilhelm Siegling)两位德国学者用一件双语文书破解了这门未知的语言。他们所用的双语文书是一份学校作业,上面用梵文逐字标注了作业中的未知语言。西格和西格灵并不知道哪件出土文书中有这种语言的名字,因此他们基于一篇很短的后记(colophon)给这种语言取了个名字。(后记中一般记有作品标题、章节标题、作者,有时还有抄写者。此外还可能有抄写日期以及雇人抄经的出资人。)

这篇后记是《弥勒会见记》(Maitreyasamiti)的回鹘语译本的后记。回鹘语是一种突厥语,是生活在今天蒙古地区的回鹘人的语言,九世纪中叶回鹘人西迁,进入了塔里木盆地。[2]后记中说这件作品先从"印度语言"译为"Twghry"语,又从"Twghry"语译为回鹘语。[3]西格和西格灵判断这一定是回鹘语中那门未知语言的名字。因为《弥勒会见记》只

---

[1] Douglas Q.Adams, *Tocharian Historical Phonology and Morphology* (New Haven, CT: American Oriental Society, 1988), 1.

[2] Denis Sinor, "The Uighur Empire of Mongolia," in *Studies in Medieval Inner Asia* (Brookfield, VT: Ashgate, 1997), 1–5.

[3] 在Twghry一词中,笔者用了/gh/,有些学者用希腊字母伽马(γ)。Adams, *Tocharian*, 2页,引用了整段。Le Coq, *Buried Treasures*, 84页提到了这个发现。1974年又有44叶同一文本的文书发现于焉耆,见Ji Xianlin, trans., *Fragments of the Tocharian A Maitreyasamiti-Nataka of the Xinjiang Museum, China* (New York: Mouton de Gruyter, 1998)。

有回鹘语和未知语言两个版本存世，这个判断可以说是非常合理的。

西格和西格灵进而认为 Twghry 是回鹘语对吐火罗一词的翻译。吐火罗人是古希腊人记载过的一支古代民族，他们生活在阿富汗的巴克特利亚地区，即今阿富汗北部马扎里沙里夫周边。此外，他们还认为吐火罗人就是创立了贵霜王朝的月氏人。西格和西格灵接受中文古籍中的记载，即公元前 200 年左右，月氏人分为两部，即在甘肃的小月氏，以及在费尔干纳的大月氏。然而西格和西格灵并不能解释为什么所谓的吐火罗语文书是在西域北道发现的，这里离推定的月氏人的故乡甘肃很远，离月氏人后来定居的费尔干纳谷地（在今乌兹别克斯坦）也很远。[1]

后来的研究者把正史中月氏人迁徙的记载和近来的发现调和起来。有人说，月氏人的家园并非如正史所说局限于敦煌地区，而是扩展到整个新疆和甘肃。[2] 另有人说，月氏人离开甘肃时讲的是吐火罗语，但到了阿富汗就改讲属于伊朗语族的大夏语。[3] 此外，当月氏人的后代来到尼雅时，他们讲另一种语言，即健陀罗语，这是一种印度系语言而非伊朗语。所有这些假设都让人更加怀疑传统史书中记载的月氏人迁徙以及吐火罗语这一命名的准确性。

1938 年，W.B. 亨宁（Henning）为 Twghry 提出了一个更有说服力的解释。他发现，有"四 Twghry"（有时没有末尾的 y）这样一个词组出现在九世纪早期的粟特语、中古波斯语和回鹘语的一些记载中。[4] "四 Twghry"指北庭（回鹘语名字是别失八里，今新疆吉木萨尔县）、吐鲁番、焉耆之间的区域，并不包括龟兹。亨宁提出 Twghry 语本来通行于塔克拉

1　Adams, *Tocharian*, 3.
2　最近 François Thierry 重新研究了所有关于月氏的材料并将其再次译为法语。他给出了几个敦煌和祁连的异读，并提出了一种可能：在匈奴将月氏赶走的公元前 175 年之前，月氏人的活动范围可能已经布遍布祁连山和天山之间的整个区域（今甘肃大部和新疆全境），而不是史书中所讲仅是敦煌附近的祁连山地区。Thierry, "Yuezhi et Kouchans," in *Afghanistan: Ancien carrefour*, 421–539.
3　Christopher I. Beckwith, *Empires of the Silk Road: A History of Central Eurasia from the Bronze Age to the Present* (Princeton, NJ: Princeton University Press, 2009), 380–383.
4　见于粟特语、汉语、古突厥语的三语碑铭《九姓回鹘可汗碑》，立于回鹘都城、今蒙古国境内鄂尔浑河谷的哈喇巴喇哈逊遗址。

玛干北缘，东起吐鲁番和北庭，西至焉耆，但是这种语言先在吐鲁番和北庭消亡，继而在焉耆也消亡了，并被直到今天仍通行于新疆的维吾尔语所取代。[1]亨宁的说法并未被广泛接受，但其优势是解释了Twghry语文书的地理分布。

实际上我们知道，月氏人的官方语言是大夏语（Bactrian），这是一种用希腊字母写的伊朗语。[2]因此，吐火罗语是个误称。没有现存证据显示阿富汗吐火罗斯坦地区的人操库车文书中的那种"吐火罗语"。尽管西格和西格灵把Twghry语和阿富汗的吐火罗人联系起来是错误的，但"吐火罗语"这个名字却一直沿用至今。

西格和西格灵把文书中的语言分为方言A和方言B，这两种方言现在被认为是两种不同的语言，分别被称做吐火罗语A和吐火罗语B。这两种语言同属印欧语系，与梵语一样有复杂的屈折变化，动词和名词根据其语法功能有词尾变化。吐火罗语A和吐火罗语B有很多相同的词汇，这表明二者来自一个共同的源头。

二十世纪美国杰出的语言学家雷恩（George Sherman Lane）认为这两种语言之间的差别巨大，二者一定彼此独立发展了很久，即使没有一千年，最少也有五百年。[3]吐火罗语A和吐火罗语B实际上差别较大，类似于今天的法语和西班牙语，因此二者之间不能互通。[4]

考虑到这两种语言通行于塔克拉玛干北道，很容易认为它们与印欧

---

1 W.B.Henning, "Argi and the 'Tokharians'", *Bulletin of the School of Oriental Studies* 9, no.3(1938): 545-571.Larry Clark 讨论了"四 Twghry"的几次出现，提出了与 Hennning 不同的看法，认为这四个地区包括龟兹."The Conversion of Bügü Khan to Manichaeism", in *Studia Manichaica: IV.Internationaler Kongress zum Manichäismus, Berlin, 14.-18.Juli, 1997*, ed.Ronald E.Emmerick, Werner Sundermann, and Peter Zieme（Berlin: Akademie Verlag, 2000）, 83—84 页注 1。

2 Nicholas Sims-Williams, *New Light on Ancient Afghanistan: The Decipherment of Bactrian; An Inaugural Lecture Delivered on 1 February 1996*（London: School of Oriental and African Studies, University of London, 1997）, 1-25.

3 George Sherman Lane, "On the Interrelationship of the Tocharian Dialects", in *Studies in Historical Linguistics in Honor of George Sherman Lane*, ed.Walter W.Arndt et al.（Chapel Hill: University of North Carolina Press, 1967）, 129.

4 Stanley Insler, 私下交流, 1999 年 4 月 22 日；Lane, "Tocharian Dialects," 129。

语系的印度—伊朗语族有很多共同点，因为后者通行于邻近的印度和伊朗。但是，相较于伊朗诸语言或者梵语一系的诸语言，两种吐火罗语却与德语、希腊语、拉丁语和凯尔特语更接近。爱达荷大学的英语系教授亚当斯（Douglas Q. Adams）认为，"根据其与日耳曼语、希腊语等等的关系，可以通过某种方式把吐火罗人'放置在'晚期原始印欧人的世界中，比如在（北边的？）日耳曼和（南边的？）希腊之间"。[1] 亚当斯的谨慎措辞表明，在久远的过去，也许在公元前3000年到2000年之间，之后会发展为吐火罗语A和吐火罗语B的原始吐火罗语从原始印欧语中分离出去了，当时操原始日耳曼语和原始希腊语的人也正在从原始印欧人中分离出去。我们对于古代迁徙实在知之甚少，用语言证据来重构迁徙危险重重，我们无法指明古代吐火罗语使用者在进入塔里木盆地之前的所在地。也许在中亚曾出现过跟吐火罗语很相近的语言，但没有材料留下来。

但有一条是确定的：中亚的民族总在迁徙，某地通行的语言也经常因此而改变。中文史料记载了公元前二世纪由匈奴扩张导致的各民族接连迁徙、六世纪时突厥的兴起，以及九世纪时回鹘人迁入新疆。[2] 突厥是今天土耳其人的远祖，回鹘人讲的语言是突厥语的一种。类似的部落迁徙在没有史料记载的远古也很容易发生。中亚的常态是语言的变动而不是延续。

从西格和西格灵起，语言学家们逐渐弄清了吐火罗语A（焉耆语）与吐火罗语B（龟兹语）之间的关系。2007年维也纳科学院的玛勒赞（Melanie Malzahn）教授统计了现存的所有焉耆语写本。整页和残片加

---

1 Douglas Q. Adams, "The Position of Tocharian among the Other Indo-European Languages", *Journal of the American Oriental Society* 104（July–September 1984）：400.
2 说突厥系语言的不同民族并不以突厥指称自己。随着操突厥语民族与穆斯林接触的增加，这一提法被越来越广泛地使用。见 P.B.Golden, *Ethnicity and State Formation in Pre-Čingisid Turkic Eurasia*（Bloomington：Department of Central Eurasian Studies, Indiana University, 2001）； Golden, *An Introduction to the History of the Turkic Peoples：Ethnogenesis and State-Formation in Medieval and Early Modern Eurasia and the Middle East*（Wiesbaden, Germany：O.Harrassowitz, 1992）。

在一起总计1150片。¹其中整页的写本不到50件。²

383件焉耆写本来自舒尔楚克（Shorchuk）的一个抄经房，这个地方位于从焉耆到库尔勒的大路西南。³现存文书中从未提及语言本身的名字，但因为几乎所有文书都发现于焉耆附近，而焉耆的梵语名字是Agni，所以学者们便把这门语言称做焉耆语（Agnean）。⁴在下文中我们也用这个名字。现存写本表明，在公元后的头几个世纪焉耆语曾通行于焉耆和吐鲁番地区，那时西方的伊朗人首次把佛教引入当地。

焉耆语最长的写本有25叶，与大多数残存的单叶相比，这件写本前后连贯，没有大的阙文。这是一个本生故事，情节和葛蓓莉娅（Coppélia）*的故事差不多。主角是位名叫Punyavan的王子，这是个梵文名字，意为"有福"。他和他的四个兄弟争夺王位。四个兄弟分别叫有力、有巧、有貌、有智。焉耆语版本的故事跟梵语原版以及后来的中文版、藏文版都不同，五王子争位的情节只占了十七叶中的两叶，剩下的篇幅都是五王子长篇大论地描述自己的特长。

王子有智讲的故事是这样的：一名工匠制作了一个机械玩偶，并把玩偶放在了一个年轻画师的房间里一夜。年轻的画师爱上了玩偶，可当他伸手去摸时，玩偶碎了。画师因此用墙上的一条绳子上吊自杀了。当工匠发现画师自杀时，他便招呼邻居和官员过来。等人到了，他准备把挂着尸体的绳子剪断。就在这时，画师从墙后走了出来，对工匠说："画师不是画，画不是画师。"画师以假乱真的自画像是他对机械玩偶的回应，毕竟玩偶没有智慧。⁵这个令人难忘的故事体现了智慧的优势。故事的听

---

1 Melanie Malzahn, "Tocharian Texts and Where to Find Them", in *Instrumenta Tocharica*, ed.Melanie Malzahn（Heidelberg, Germany：Universitätsverlag Winter, 2007），79.
2 Georges-Jean Pinault，私下交流，2010年4月3日。
3 Georges-Jean Pinault, "Introduction au tokharien," *LALIES* 7（1989）：11. 另见Pinault最近发表的 *Chrestomathie tokharienne：Textes et grammaire*（Leuven, Belgium：Peeters, 2008）。
4 Adams, *Tocharian*, 7页注8。
* 一出由圣·莱翁编导、列奥·德里勃作曲的芭蕾舞剧，首演于1870年。
5 Georges-Jean Pinault分析了这个故事，并对其中的片段进行了逐字翻译和整段翻译。见氏著"Introduction au tokharien", 163—194页。文书的转写和翻译见Pinault的 *Chrestomathie tokharienne*, 251—268页，所引部分见262页。

众很有可能是寺院里的学僧。

德国人在吐鲁番附近的胜金口（Sängim）发现的一件写本很清楚地展示了两种吐火罗语的不同用途。写本的正文是焉耆语，附有十九条龟兹语和两条回鹘语的注解。对此雷恩解释道："这件文本很明显是一个新来的人在注解吐火罗语A［焉耆语］，至少其经堂语是吐火罗语B［龟兹语］。此人并不熟悉当地旧经堂语。此人的母语也许是突厥语［回鹘语］。"[1] 在六、七、八世纪，焉耆语仅有僧人使用，且只用于书面。现存的焉耆语文本中没有方言差别，这意味着该语言在当时已经基本僵化。在寺院以外，焉耆和吐鲁番地区的人要么讲汉语要么讲回鹘语。

龟兹语与焉耆语有一些很重要的差别。龟兹语中有方言差别，这是语言在不同地方长时间发展的产物。龟兹语按时间还可分为如下几个阶段：早期龟兹语、正统龟兹语、晚期龟兹语，以及俗龟兹语。[2] 1989年，龟兹语研究的领军人物法国学者乔治-让·皮诺统计了龟兹语文书，总共3120件。[3] 加上近年才能看到的柏林残片后，他已经把这个数字增加到了6060。然而，完整的纸叶总数不超过两百。[4]

二十世纪初，伯希和收集了两千件左右的龟兹语残片，大多出土于距库车以南20公里的都勒都尔·阿乎尔（Duldul Aqur）遗址的一座寺庙周围。[5] 与焉耆语文书不同，这些文书中出现了其所使用语言的名称，即龟兹语。[6] 龟兹语的使用范围较广，包括塔克拉玛干的整个北缘，其核心是龟兹，最东至吐鲁番，也包括焉耆语的核心焉耆地区。

---

1 Lane, "Tocharian Dialects", 125页讨论了西格和西格灵所编吐火罗语A文书目录中的394号文书。
2 Michaël Peyrot, *Variation and Change in Tocharian B*（Amsterdam: Rodopi, 2008）。
3 Pinault, "Introduction au tokharien", 11; Emil Sieg, "Geschäftliche Aufzeichnungen in Tocharisch B aus der Berliner Sammlung", *Miscellanea Academica Berolinensia* 2, no.2（1950）: 208-223.
4 "目前各地所藏文书数目大致为柏林藏3480件、伦敦藏1500件、巴黎藏1000件（约1000件小残片不算在内）、圣彼得堡藏180件、日本藏30件、中国藏50件（题记和石刻不算在内），共计6060个号码。"Pinault, 私下交流, 2010年4月3日。
5 今天该遗址的名称为玉其吐尔，法语拼写为Douldour-âqour。对该遗址的详细描述见 *Madeleine Hallade et al., Douldour-âqour et Soubachi, Mission Paul Pelliot IV*（Paris: Centre de recherché sur l'Asie centrale et la Haute-Asie, Instituts d'Asie, Collège de France, 1982）, 31-38。
6 kuśiññe一词意为"龟兹语"，见Pinault, "Introduction au tokharien", 20。

根据伯希和的笔记,很多汉语和龟兹语的材料都来自同一座书房,由于书房的一堵墙塌了,从而保存下很多文书,但后来的大火又将其严重损坏。伯希和在不止一个地方发现有文书尚存。宗教文书来自寺院的佛殿和佛塔,行政文书则肯定来自寺院的角落。[1]

五世纪末,龟兹人已经在使用龟兹语。此时的中亚进入了一个极其混乱的时期,不同的部落联盟在争夺主要商路的控制权,其中包括柔然(中文又作芮芮、蠕蠕,在欧洲则称为阿瓦尔人)和嚈哒。柔然征服了龟兹和焉耆之后瓦解,于552年被突厥取代。突厥人建立了一个强大的部落联盟,征服了龟兹和焉耆,并让当地统治者继续掌权。552年之后,突厥部落联盟建立者的弟弟领军向西征伐,征服了新疆的一部分以及一直延伸到黑海的广大土地。兄弟二人最终建立了一个有东西两部的汗国,哥哥掌管东部,弟弟掌管西部,从属于哥哥。时过境迁之后,这样的关系仅仅流于形式。580年之前,独立的东西两汗国逐渐形成。[2] 龟兹王以西突厥可汗为宗主,向其进贡,必要时还提供军队。

中文史书记载道,六到八世纪期间龟兹一直由白氏掌权。史书的编纂者经常照抄前朝史料,他们都说龟兹很富庶,送来过昂贵的贡品。《魏书》编纂于551到554年,其中首次记载龟兹人以银币纳税:"俗性多淫,置女市,收男子钱入官。"同书还记载龟兹有一种罕见的自然资源:"其国西北大山中有如膏者流出成川,行数里入地,如饧䬧,甚臭,服之发齿已落者能令更生,病人服之皆愈。"这种神秘的物质是石油。[3] 今天的库尔勒正是中国最重要的油田之一。

---

1 Éric Trombert, *Les manuscrits chinois de Koutcha*,25-27. 伯希和收集到的汉语和龟兹语文书现藏于法国国立图书馆。"一战"前活跃于中亚的日本大谷考察队也在库车买到了文书,很可能来自同一遗址。另见 Georges-Jean Pinault, "Economic and Administrative Documents in Tocharian B from the Berezovsky and Petrovsky Collections", *Manuscripta Orientalia* 4, no.4(1998): 3–20。

2 Édouard Chavannes, *Documents sur les Tou-kiue(Turcs)occidenteaux*(Paris: Adrien-Masonneuve, 1941); Christopher I.Beckwith, *The Tibetan Empire in Central Asia: A History of the Struggle for Great Power among Tibetans, Turks, Arabs, and Chinese during the Early Middle Ages*(Princeton, NJ: Princeton University Press, 1987)。

3 《魏书》(北京:中华书局,1974)卷102,2266页;余太山:《西域传》,448页,449页注136。

大约于一个世纪之后成书的《北史》记载道，耕地者以粮食纳税，其他人则纳银币，还列出了龟兹的特产：细毡、烧铜、铁、铅、麖皮（用来制靴）、氍毹、铙沙（冶炼以及染布时用的重要物质）、盐绿、雌黄、胡粉（化妆用）、安息香、良马、犛牛等。[1] 629年玄奘经过这里时说这里的人使用金币、银币以及小铜币。[2]

尽管所有史料都说龟兹用银币，但目前只有铜币出土，大概后来找到银币的人都把银币化掉自己用了。伯希和找到一个有1300枚钱币的陶罐，其中1105枚都收藏在巴黎国立图书馆币章部，包括汉朝及三世纪的几个朝代的钱币，但没有唐代钱币。负责这部分收藏的馆员提耶利（François Thierry）把这组钱币的年代定在三到七世纪之间，并认为六、七世纪的可能性最大。[3] 钱范以及两间铸铜厂遗迹的发现表明龟兹的白氏王朝完全有能力自己铸造铜币。

另外，龟兹还出土过一些龟兹语的账目，其中记录了寺院的支出、进账和结余，显示寺庙用铜币付账。[4] 这些账目中还列出了给在仪式上表演的乐师的糖酒用量。寺院也买进必需品，比如仪式上要用的油，去磨坊磨谷子也要付钱给磨坊主。

寺院也常收到实物。有些施主会捐献食物供给僧人及替寺庙种地的依附民。村民们会把羊送给寺庙，有时是为了抵债。龟兹语跟羊有关的词汇很丰富，无论公母，比如羊羔、成年羊、老羊（这个龟兹语词的字面意思是"大牙"，因为成年动物会长出终生不脱落的中央门

---

1 《北史》（北京：中华书局，1974）卷97，3217—3218页；余太山：《西域传》，636页。
2 François Thierry, "Entre Iran et Chine: La circulation monétaire en Sérinde de 1er au IXe siècle", in Drège, *La Serinde, terre d'échanges*, 121-147, 特别是126页。原文见玄奘《大唐西域记校注》，54页。这段文字的不同版本提到了金币或金子，没有提到银币和铜币。
3 Thierry, "La circulation monétaire en Sérinde", 129-135.
4 龟兹语钱币一词为 cāne，借自汉语"钱"，翻译和讨论见 Georges-Jean Pinault, "Aspects de bouddhisme pratiqué au nord de désert du Taklamakan, d'après les documents tokhariens", in *Bouddhisme et cultures locales: Quelques cas de réciproques adaptations*; *Actes du colloque franco-japonais de septembre 1991*, ed. Fukui Fumimasa and Gérard Fussman（Paris: École Française d'Extrême-Orient, 1994），85-113; Pinault, "Economic and Administrative Documents". 原始文献保存在法国国立图书馆，编号为 Pelliot Kouchéen Bois, série C, 1。

齿）。¹在一笔交易中，寺院长老们用两只山羊换得230斤大麦，用一只绵羊换得180斤小麦。大麦和小麦被用做货币，而没有提及任何一种钱币。这些寺院的账目只提到了绿洲本身出产的物品，让人觉得寺院基本上自给自足，并未进行任何长途贸易。

六到八世纪时龟兹语显然还是活语言，寺庙的僧官会用其记账，国王用其下令，历史学家用其写书，旅行者用其题字，信徒用其标注他们给寺庙的供品。此外，还有说书人用龟兹语讲佛教故事。如同之后的汉语变文，这些故事在散体和韵体之间变换。韵体部分前标有曲调名，告诉说书人应该唱哪个调子。²在著名的佛传故事中出现了三个词，"此处"，"随后"，"重新"。同样三个词也作为画的标题出现在克孜尔110窟和库木吐拉34窟中故事画下方的格子里。佛传故事讲的是佛陀降生、奢华童年、出宫、见人间四苦，以及最终悟道。当说书人讲解画中故事时，会指着一处说"此处乃……"。³焉耆语消亡之后，龟兹语还有人讲。不过在公元800年后，龟兹语就没人再用了。⁴

有些龟兹语文书的内容并非与佛教相关，而是有关更世俗的贸易。皮诺发表了伯希和发现的一组精彩的龟兹语文书。这组文书描述了进出龟兹的商队。1907年1月，某个当地居民给伯希和带来了从盐水关不远处的佛教遗迹中发现的六块木板，上面写有婆罗米字母。⁵伯希和随即前

---

1 Pinault, "Economic and Administrative Documents", 12.
2 Georges-Jean Pinault, "Narration dramatisée et narration en peinture dans la région de Kucha", in Drège, *La Serinde, terre d'échanges*, 149–167; Werner Winter, "Some Aspects of 'Tocharian' Drama: Form and Techniques," *Journal of the American Oriental Society* 75（1955）: 26–35.
3 Klaus T. Schmidt, "Interdisciplinary Research on Central Asia: The Decipherment of the West Tocharian Captions of a Cycle of Mural Paintings of the Life of the Buddha in Cave 110 in Qizil", *Die Sprache* 40, no.1（1998）: 72–81.
4 Peyrot, *Variation and Change*, 206.
5 伯希和把这个山口称做Tchalderang，现在的拼法是Shaldïrang。关于这些过所最详细的研究见Georges-Jean Pinault, "Épigraphie koutchéenne: I. Laisser-passer de caravanes; II. Graffites et inscriptions", in Chao Huashan et al., *Sites divers de la région de Koutcha*（Paris: Collège de France, 1987），59—196页，特别是67页注4引用伯希和1907年1月致Émile Senart的信件。庆昭蓉目前正在皮诺教授的指导下完成关于库车发现的世俗文书的博士论文。笔者的讨论完全基于皮诺的叙述：埋在雪里的过所（67页），对文书的描述（69—71页），过所使用的套语（72—74页），正式数字的使用（79页），结束用语和日期（84—85页），信息列表（78页）。

往夏德朗附近的一个还在使用的征税站。夏德朗是库车北山里的一个小地方,扼守着通往拜城的山口。在山顶一座古堡20厘米厚的积雪下面,伯希和发现了130件过所。

这些过所是龟兹官员清点商队人畜数量之后给商队颁发的通行文书,其中并未记录商队运送的货物。在每一个关卡,商队要上交旧过所领得新过所,伯希和在盐水沟找到的一百多根木简就是商队交上来的旧过所。

尽管龟兹地区广泛地使用纸,寺院账目和信件也是写在纸上的,这些过所是用更便宜的杨木制作的。过所大小不一,平均10厘米长,5厘米宽。(见本章开头的照片。)与尼雅发现的佉卢文材料类似,这些龟兹语文书由两部分拼合合成。一根或几根木简插在一个木盒子里,这样一来从外面就看不到里面的内容,只能看到驿站长官的名字。[1]

尽管这些过所大小不一,但其内容都遵循一个固定的格式:颁发过所的官员姓名、接收过所的官员姓名和地址、介绍性的问候、过所持有人的姓名。接下来是商队成员,先是男人,再是女人,然后是驴、马和牛。数字用非简写的形式,表明这是正式的行政文件。过所以祈使句结尾:"准许通过。如果其人马数多于此处所列,则不准通过。"最后写出年月日(以龟兹王在位年纪年)以及保人证词。其年代为641年到644年间,这是最后一位龟兹王苏伐叠(624—646年在位)在位的最后几年。这些过所记录了政府对商队的严密管控,商队只能按照指定路线前行。

皮诺做了一个很有用的表格,列出了每支商队的人数和牲口数。十三支有明确人数的商队中,九支少于10人,另外四支分别有10人、20人、32人和40人。牲口最多有17匹马,由8个人带着。因为80号过所残损,我们不知道这一队40人带了多少牲口。驴是重要的交通工具,在现今的新疆也是如此。有些商队只有人和驴。两件过所列出了随行儿童,另外

---

[1] 没有一件木盒子或者过所被完整地保存下来。现存文书的照片见 Pinault, "Laisser-passer de caravans",彩图 40–52。

两件列有侍从僧，这些人被允许帮其他僧人做一些佛教戒律禁止的事情。[1] 有一支商队（64号过所）全由女人组成，只有领队是男人。女人（以及驴）的数量已经漫漶不清，无法识读。可以想象，这些女人正前往龟兹的女奴市场，并在那里被卖掉。正史中也提到过这个女奴市场。尽管过所中并未指明商队携有何种货品，但这些过所说明龟兹王对进出龟兹的商队密切监控，确保他们在既定路线上行进。

文书编号	男	女	驴	马	牛
表2.1 龟兹商队的构成，641—644年					
1	20	—	3	1	—
2	—	—	—	—	4
3	2	—	—	—	—
5	10	—	—	5	1
12	—	—	—	3	—
15	—	—	—	3	—
16	4	—	—	—	2
21	3	—	15	—	—
25	5	1	—	—	—
30	6	10	4	—	—
31	—	—	—	—	5
33	32	—	—	7	—
35	3	—	12	—	—
37	2	—	2	—	—
44	3	—	—	4	—
50	8	—	—	17	—
64	—	X	X	3	—
79	—	—	—	—	2
80	40	—	—	—	—
95	—	—	—	10	—

资料来源：Georges-Jean Pinault, "Épigraphie koutchéenne: I.Laisser-passer de caravanes; II. Graffites et inscriptions", in *Mission Paul Pelliot VIII.Sites divers de la région de Koutcha*（Paris: Collège de France, 1987），78页。

---

1 Pinault, "Aspects de bouddhisme", 100–101.

这些文书很重要，因为很少有史料具体讲到商队的大小。《周书》讲的是北周（557—581年）的历史，成书于629年，里面讲到一个前往凉州（甘肃武威）的商队有"商胡二百四十人，驼骡六百头，杂彩丝绢以万计"。[1]这是在隋统一中国之前，当时旅行还很困难，商人们必须结成大队人马才能出行，还要经常雇佣保镖以保障安全。龟兹过所显示，七世纪时商队旅行已经常规化。因为道路安全，小型商队也能出行。

中文正史、钱币以及龟兹语文书这三类史料都描绘了当地繁荣的经济状况，其中既有货币经济也有自然经济。648年，唐朝军队攻下龟兹。龟兹王白氏从西突厥臣属变为唐朝子民。龟兹是安西都护府的治所，管辖安西四镇。龟兹是四镇之一，另外三镇分别为于阗（今和田）、疏勒（今喀什）、焉耆（679年到719年之间，碎叶取代焉耆成为四镇之一）。[2]在之后近一个世纪的时间里，唐朝断断续续地控制着西域。和之前的汉朝一样，唐朝也在西域驻军。但唐朝在西域推行跟中原一样的行政系统，龟兹都督府的结构跟内地的州一样。都督府下设州，州下设县，县下再分为乡（农村地区）或坊（城镇地区）。

研究唐朝统治时期龟兹的最佳材料是伯希和在库车南边的都勒都尔·阿护尔佛寺遗址发现的一批文书，共有214件汉文残片，很多被火烧过，非常残破。其中最早的一批年代为690至700年，此时唐朝占领龟兹已有50年之久，政治局势动荡不安。七世纪末，青藏高原的吐蕃人建立帝国并不断扩张，670年开始跟唐朝争夺西域，直到692年唐朝才重新控制了龟兹。[3]唐朝稳定统治五十年之后，粟特突厥混血的安禄山起兵，差点推翻唐朝。唐朝直到763年靠回纥军队才打败了叛军。

尽管唐朝大大削弱，唐军也从西域撤回，唐朝的军事据点在安西都护府的领导下一直驻在龟兹。从766年到至少781年，郭昕一直是安西都护府的最高领导人，其驻地在龟兹，但是他与朝廷的联系被切

---

1 《周书》（北京：中华书局，1971）卷50，9123页。
2 陈国灿：《唐安西四镇中"镇"的变化》，《西域研究》2008年第4期，16—22页。
3 Beckwith, *Tibetan Empire in Central Asia*, 197–202.

断了。[1] 781年，郭昕派出使者与朝廷重建联系并继续统治。790年，吐蕃征服这一地区，但在考古材料中几乎见不到吐蕃人的身影。九世纪初，回鹘人攻下龟兹并一直掌权到十三世纪蒙古兴起。[2]

都勒都尔·阿护尔遗址出土的汉语文书年代从唐朝强盛的七世纪九十年代开始，一直延续到792年，这一年唐朝最终失去了对龟兹的控制。[3]与龟兹语宗教文献和寺院账目不同，汉语材料也包括世俗内容。这些文书出自驻扎在龟兹的唐朝士兵之手，有家信，也有颂扬死者英勇的三则讣告。一位忏悔的信徒列出了当兵期间违反过的佛教戒条：饮酒、吃肉、破斋、毁寺以及伤害众生。[4]这些材料所涉及的内容多种多样：僧人在寺院中诵经、女子写信、农田大小、道教仪式中用了多少面幡子，以及一位官员的政绩考课。[5]这些文书显示，此处有一个独立的唐人聚落，很可能居住着士兵及其家眷。[6]

与龟兹语的过所一样，这些材料也记录了商队的活动。有些寄信人利用商队寄信。有位寄信人明显在赶路，他的信中有很多重复内容，写得非常仓促，为的是及时把信交给回龟兹的一队人马。[7]

这些文书中的主要交易物品是马。唐人从龟兹以北的游牧民手里用1200斤铁或者约1000尺布买马。有一件文书记载了买马时付给马政官

---

1 对于这些复杂政治事件的一个非常好的概括见 François Thierry, "On the Tang Coins Collected by Pelliot in Chinese Turkestan（1906–09）", in *Studies in Silk Road Coins and Culture*: *Papers in Honour of Professor Ikuo Hirayama on His 65th Birthday*, ed. Joe Cribb, Katsumi Tanabe, and Helen Wang（Kamakura, Japan: Institute of Silk Road Studies, 1997）, 149—179页，特别是158—159页。

2 Moriyasu Takao, "Qui des Ouighours ou des Tibétains ont gagné en 789-92 à Beš-Balïq", *Journal Asiatique* 269（1981）: 193-205; Beckwith, *Tibetan Empire in Central Asia*, 166-168.

3 池田温是日本的汉语文书专家，张广达是中国的唐史专家，Éric Trombert 在上述两位学者的协助下发表了这些文书的最终版本。带纪年文书的列表见 Trombert, *Les manuscrits chinois de Koutcha*, 141。

4 Trombert, *Les manuscrits chinois de Koutcha*, 28-30号、5号。

5 Trombert, *Les manuscrits chinois de Koutcha*, 21号（诵经）、6号（女子写信）、19号（农田大小）、125号（道教经幡）、117号（官员考课）。

6 Trombert, *Les manuscrits chinois de Koutcha*, 35号。

7 Trombert, *Les manuscrits chinois de Koutcha*, 121号、131号。

员的粮食种类（与大豆、麦麸或大麦混合的小麦粉）及数量。[1]驻军和征伐需要用马，驿站和邮政也需要。[2]有一封马贩的信写道有一匹马痊愈了。从其他材料可知，粟特人，无论是撒马尔罕地区来的还是其子孙，在供给唐军马匹这件事上扮演了重要的角色，而都勒都尔·阿护尔残片中包含一些粟特人的微弱痕迹。[3]与楼兰戍堡的文书一样，这些文书表明当地有贸易存在，但是这些贸易仅仅是唐朝官员购买自己所需，绝大部分是马。这些文书非常残破且难以解读，它们主要证明了当地有政府管控下的贸易存在。

与政府管控下的贸易相一致的是，都勒都尔·阿护尔文书中经常提到钱币，证明当地有货币经济。个人可以在交易中使用钱币。一名白丁为了免除徭役支付了1000文，另一名付了1500文。一份清单列出了举债人的名字和债务：4800文、4000文（可能更多）和2500文。[4]考古学家在库车的其他遗址发现了11份中文契约，保存最完好的是三份借据，里面讲每位举债人都借了1000文，之后一次200文分期偿还。[5]

是谁为了什么铸造了这些钱币？有些罗马史学者指出国家最有可能是钱币的制造者，因为国家要用钱币支付士兵军饷。其他人指出，如果当地没有市场，士兵也用不着钱币。[6]唐朝征税有三种形式：货币、粮食、布匹（经常是固定长度的丝绸）。国家发放的大量军饷让龟兹全境有充足的货币。

---

1 Trombert, *Les manuscrits chinois de Koutcha*，114号（铁）、129号（布；"一千尺布"的读法把握不大）、108号（支付给官员的物品）。

2 Trombert, *Les manuscrits chinois de Koutcha*，41号。Trombert认为（35页）"行客"指的是附属于行进中的军事单位的人（行营客），而不是敦煌吐鲁番文献中的"远行商客"，即长途贸易商人。

3 Trombert, *Les manuscrits chinois de Koutcha*，121号、220号、77号（可能）、112号。

4 Trombert, *Les manuscrits chinois de Koutcha*，20号、93号（免除劳役）、24号（债主列表）。

5 Helen Wang, *Money on the Silk Road*，85—87页分析了这些文书。87页的表中列出了译文中的日期和钱币数量，非常好用。Yamamoto Tatsuro and Ikeda On, *Tunhuang and Turfan Documents Concerning Social and Economic History*, vol.3, *Contracts*（Tokyo: Tokyo Bunko, 1987），74—76页中有契约的录文。

6 对这些问题进行学术讨论的学术参考文献见 Hansen, "Place of Coins and their Alternatives"。

755年安史之乱爆发，唐朝从龟兹撤军，流入当地的钱币也戛然而止。龟兹官员因此开始自己铸币，这种货币劣于唐朝货币。他们用开元通宝做出钱范，把"开元"二字换成新的年号，比如大历（766—779年）、建中（780—783年）。这些新字比较粗糙，有时还有错误。龟兹铸造的钱币还有其他一些特点别于中央政府所铸钱币。因为钱范没摆正，钱孔有时不是方的而是八边形的。铸钱用的铜也比中原用的更红。新疆发现了1000枚这样的钱币，其中八百枚来自库车地区。中原地区只发现了两枚。[1] 很显然，这些钱币基本上只在西域流通。尽管龟兹与唐的联络被切断，当地统治者依然需要钱币给士兵发饷。

诚然，都勒都尔·阿护尔遗址发现的汉语材料非常有限，一共只有208件，其中很多只有几个字而已，但这些文书涉及的范围非常广泛。童丕（Éric Trombert）把这些文书译成了法语，他总结道："由大谷光瑞、伯希和收集的都勒都尔·阿护尔汉语文书的另外一个特点是其中没有商业文书。没有商品清单，没有盐水沟附近驿站发现的那种商队用的过所。只有很少几件契约，而且看上去都是农民之间的交易。"[2] 尽管这些文书种类各异，但是里面没有提到任何传统观念中丝绸之路上该有的东西，没有带着大宗商品千里跋涉的商人。童丕认为龟兹是个商贸中心，但是经过这里的商人住在城里或者绿洲之外，总之不在都勒都尔·阿护尔，因为这里没有出土过商业文书。

丝路上有些遗址出土了丰富得多的文书，但和都勒都尔·阿护尔一样，都没有反映长途贸易。本章的焦点，即库车出土的焉耆语、龟兹语和汉语文书，肯定是本书讨论的所有出土文书中最零散、残损最严重的。库车地区出土的汉语和龟兹语文书全部加在一起不过一万片，其中只有几百件保存较好，可以解读。龟兹有贸易，正如过所所示，政府官员紧密监督着贸易，也如都勒都尔·阿护尔遗址出土的唐朝军营汉语文书所

---

1 Thierry, "Tang Coins Collected by Pelliot", 151.
2 Trombert, *Les manuscrits chinois de Koutcha*, 35.

示，唐朝军队对马的需求是贸易的重要部分。即便在军事冲突不断的八世纪末，当地统治者还在铸钱，这表明贸易和军队驻扎有着非常紧密的联系。

库车出土的材料尽管不全面，但其所表现出来的却与想象中那种带有传奇色彩的丝路贸易不同。这些文书中没有民间商人进行的长途贸易，却表明中国军队对丝路贸易有很大贡献。当中国军队在西域驻扎时，钱币、粮食、布匹三种形式的货币就会流入该地区。中国军队撤走之后，由当地旅行者和小贩维持的小额贸易便重新开始。

乔治－让·皮诺慷慨地为本章提供了很多详细的评论，庆昭蓉非常友善地为本章初稿提出了修改意见。

第三章

高 昌
胡汉交融之所

吐鲁番地处塔克拉玛干沙漠北道，连接着汉文化圈与伊朗文化圈。直到今天，吐鲁番还保持着一些国际化都市的感觉。在城市的每个角落都有卖馕的小贩。这是中亚和北印度的一种发酵饼。上世纪90年代中期有一次我在吐鲁番开会，一位研究伊朗语言的挪威教授早餐时兴高采烈地告诉大家，他早上又被驴叫吵醒了，上次发生这样的事情还是在伊朗，那时伊朗1979年的伊斯兰革命还没发生。在市区，总能看到很多汉族和维族的面孔。巴扎——甚至汉人也说"巴扎"而不说"市场"——的店主供应各式毯子、镶宝石的亮晶晶的小刀，并给所有的潜在顾客都端上一杯茶。

吐鲁番在历史上一直是一座多民族的城市。来自中国和撒马尔罕周边粟特地区的移民构成了最大的聚落。公元220年东汉灭亡之后，大量汉人迁入西北。高昌（今吐鲁番）和龟兹（今库车）是塔克拉玛干北道最大的两个绿洲。高昌的汉人无论男女都会合着伊朗音乐跳胡旋舞。这是一种旋转非常剧烈的舞蹈。（见彩图14）对于粟特人来说这里非常汉化，以至于他们把高昌径直称做汉城。[1]

粟特人和汉人遮蔽了本地居民，其中一些本来讲龟兹语。高昌人在公元273年时就已经用汉字了。这是该绿洲出土的最古老文书的年代。吐鲁番出土的材料格外重要，因为当地人把有字的纸重复利用，做成鞋、腰带、帽子和衣服用来陪葬。如此这般偶然保存下来的未经剪裁的记载，

---

[1] Yoshida Yutaka, "Appendix: Translation of the Contract for the Purchase of a Slave Girl Found at Turfan and Dated 639", *T'oung Pao* 89（2003）: 159–161.

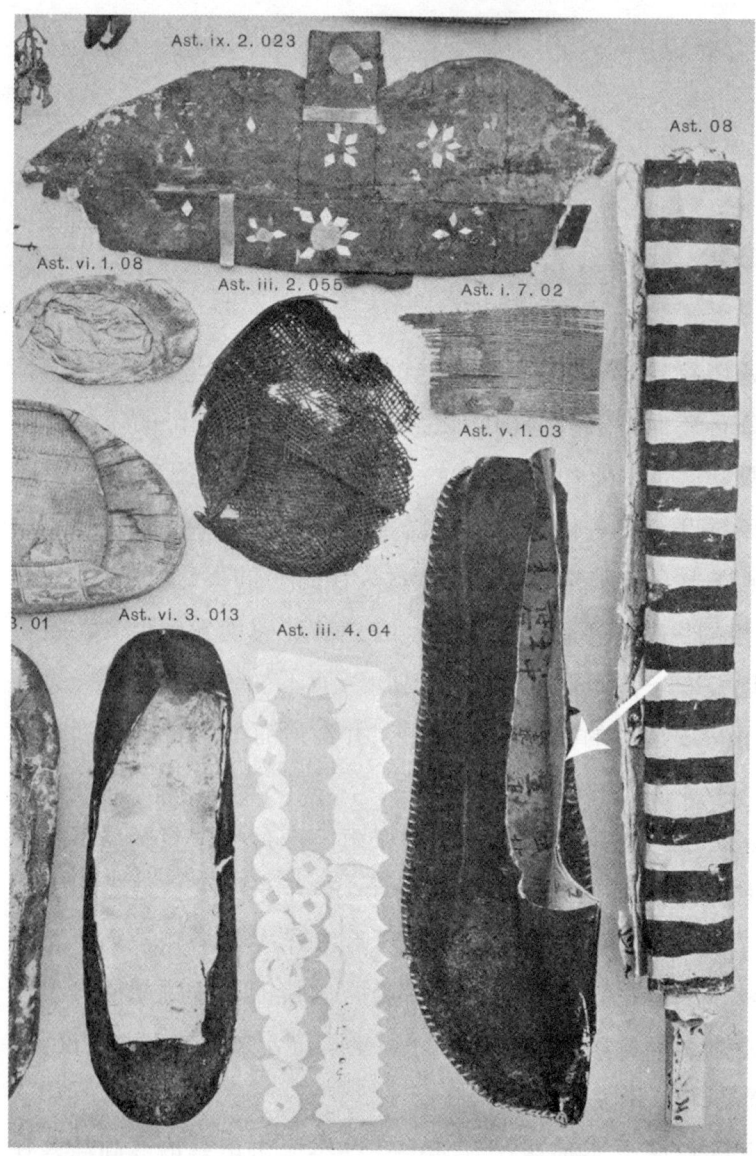

阿斯塔纳墓地出土的废纸制品

　　为节省考古报告的篇幅,斯坦因把同一遗址发现的类似物件摆在一起拍照并置于同一页中。图中照片即是他在吐鲁番阿斯塔纳墓地中发现的纸制品:花帽、卷起来的旗子、一串钱,还有最典型的纸鞋。工匠把文书裁成鞋底和鞋面,将二者缝起来再把外面涂黑。顺箭头方向可以看到鞋子里的字。考古学家把这些物品拆开并重新拼回原始文书以了解丝路上人们的生活。

使我们得以一窥巅峰时期丝绸之路上人们的生活。

公元500年之后，丝路南道逐渐被弃用。很多旅行者选择经高昌走丝路北道，玄奘（约596—664年）就是其中之一。629年，玄奘决定去印度研读佛经的梵语原文，因为这些佛经的中文译本根本读不通。[1]但他选择的出行时机实在差得不能再差了，当时唐朝刚建立，明令禁止出境。

玄奘回国以后，于649年向弟子慧立（615—约675年）详细讲述了自己的艰苦旅程。慧立把玄奘的口述记录了下来，这样我们才得以了解玄奘的印度之行。[2] 据慧立记载，玄奘生于河南洛阳附近，十几岁时出家，618年隋朝崩溃时离开了洛阳。玄奘先在长安，后在四川读了十一年佛经。为了准备上路他学了梵语。这是佛教的经堂语言，也在寺院中使用。[3]

高昌距敦煌550公里，今天坐一夜火车或者一天汽车就能到达。然而如今旅行的便捷会让我们看不清过去旅途中实实在在的危险。玄奘的第一站是凉州，即今甘肃武威。这里"襟带西蕃、葱右*诸国，商侣往来，无有停绝"。[4]凉州是这一路上唐朝境内最后一个大城市，从这里可以加

---

[1] 尽管历史学家对于玄奘的出发日期是627年还是629年有争论，Etienne de la Vaissière 支持629年说的文章很有说服力，见氏著 "Note sur la chronologie du voyage de Xuanzang"，*Journal Asiatique* 298, no.1（2010）: 157-168。另见玄奘最详细的现代传记桑山正进、袴谷宪昭：《玄奘》（东京：大藏出版，1981），58—82页。

[2] 慧立写了前五章，写到649年玄奘归国受到唐太宗接见。当年的出境禁令就是唐太宗颁发的。彦悰写了后五章，一直写到664年玄奘去世。见慧立、彦悰：《大唐慈恩寺三藏法师传》（北京：中华书局，2000），11页。该书有两个英语译本。Beal的译本有些古老但带有详尽注释，Li的现代译本没有注释。Samuel Beal, trans., *Life of Hiuen-Tsiang, by the Shaman Hwui Li*（London: K.Paul, Trench, Trübner, 1911）; Li Rongxi, trans., *A Biography of the Tripiṭaka Master of the Great Ci'en Monastery of the Great Tang Dynasty*（Berkeley, CA: Numata Center for Buddhist Translation and Research, 1995）.

学者们尚无法确定玄奘和慧立的生年。Alexander Leonhard Mayer 比较了相互矛盾的各种史料，接受了道宣在《续高僧传》的说法，认定玄奘的生年为600年（其他可能的年份是596年至602年）。见 Alexander Leonhard Mayer and Klaus Röhrborn, eds., *Xuanzangs Leben und Werk*, vol.1（Wiesbaden, Germany: Harrassowitz, 1991），34页（关于慧立），61页（关于玄奘）。感谢 Friederike Assandri 为笔者指出这件参考文献。

[3] 只有《佛道论衡》中一部简短的玄奘传记明确提到了玄奘学习梵语。桑山正进、袴谷宪昭：《玄奘》，43—44页。

* 葱指葱岭，即今帕米尔地区。葱右指葱岭以西。

[4] 笔者关于玄奘旅程的叙述及之后的引文均来自《大唐慈恩寺三藏法师传》，11—29页。

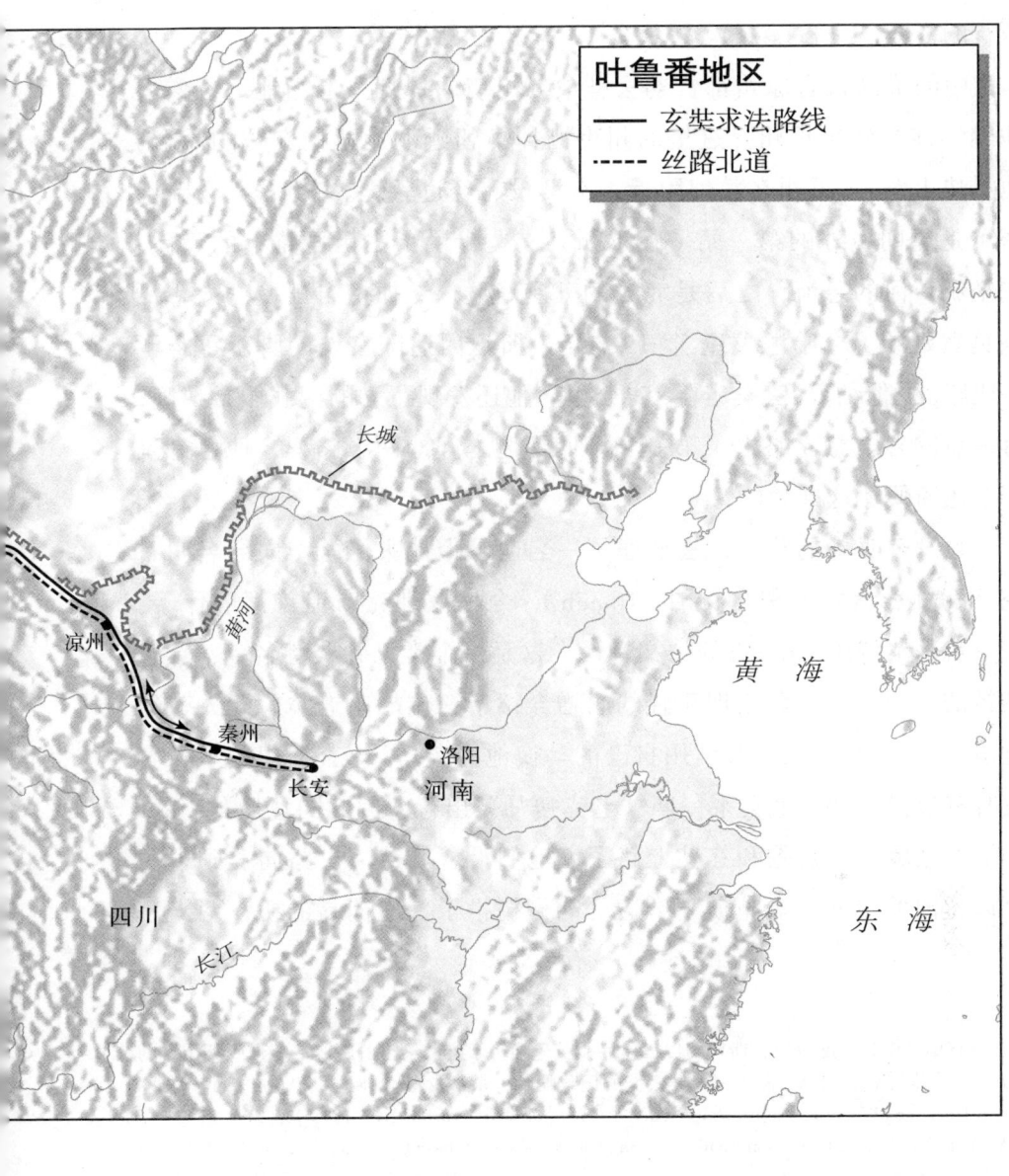

入西行的商队。

城中的最高长官凉州都督劝玄奘放弃出境的计划。但当地一位僧人帮他继续前行到了瓜州。这里的州吏撕掉了朝廷下达逮捕玄奘的命令，劝他尽快上路。（瓜州在敦煌附近，玄奘没有经过敦煌。）伊吾（今新疆哈密）是唐朝境外的第一站。在瓜州，玄奘听说了去伊吾路上的障碍：首先是瓠芦河的急流，之后是北方的五座烽燧，专抓擅自出境的人，最后是莫贺延碛（今哈顺戈壁）。1907年，斯坦因追随玄奘的脚步重走了这一段路。据他估算，玄奘走了351公里。[1] 他还发现慧立的记载非常精确，只有一点除外。慧立略去了第一和第四烽燧之间的两天路程，他也许是为了叙述简便才这样做的。

因为没有明确的路标，玄奘雇了一名向导带他去伊吾。向导名叫石盘陀。石姓表示此人来自石国（Chach），今乌兹别克斯坦首都塔什干。盘陀一名是粟特语Vandak的中文音译。这是一个常见的粟特名字，意思是某神的"仆人"。[2] 盘陀把年轻的唐僧介绍给一位胡人老翁，此人曾经去过伊吾十五次[*]，他劝玄奘用自己的马换他的老马[**]。玄奘想起从长安出发时有位占卜师说他会乘一匹"老赤瘦马"出行，因此同意换马。

午夜之后[***]，盘陀和玄奘上路了。他们沿着瓠芦河一路向北到了一处可以过河的浅滩。盘陀砍下旁边的胡椒树搭了一座简易的桥，两人过

---

1 玄奘一直用里作为长度单位，斯坦因以五里为一英里换算了玄奘给出的距离。从瓜州到伊吾的351公里玄奘共走了11天。斯坦因根据玄奘的记载画了一张路线图（268页）。Aurel Stein, "The Desert Crossing of Hsüan-Tsang, 630 A.D.", *Geographical Journal* 54（1919）：265–277.

2 见 Yoshida Yutaka and Kageyama Etsuko, "Sogdian Names in Chinese Characters", in *Les Sogdiens en Chine*, ed.Étienne de la Vaissière and Éric Trombert（Paris: École Française d'Extrême-Orient, 2005），305—306页的表格。

[*] 《法师传》作"此翁极谙西路，来去伊吾三十余返。"实际上，走过十五个来回的是老翁的那匹老马，老翁的经验比他的马更丰富。

[**] 《法师传》作"师必去，可乘我马。此马往返伊吾已有十五度，健而知道。师马少，不堪远涉。"实际上，胡翁的老马识路，玄奘的马较年轻，不能走远路，因此胡翁主动提出跟玄奘换马来帮他。

[***] 《法师传》作"于是装束，与少胡夜发。三更许到河。"因此是午夜之后到河边，而不是午夜之后才出发。

河之后下马休息。半夜，玄奘觉得他看到盘陀持刀向自己走来——这是噩梦吗？——他诵经向观音菩萨求救，度过了危机。

第二天一早盘陀说他决定回去："弟子将前途险远又无水草，唯五烽下有水，必须夜到偷水而过，但一处被觉，即是死人。"玄奘送给盘陀一匹马，之后便和他分道扬镳，只身一人走入沙漠。

慧立很生动地描绘了他师父独自旅行时的恐惧。玄奘在沙碛中前行，沿途的标识只有马粪和以前路人的白骨，他产生了幻觉，看到远处有不断变幻形状的数百军队的幻象。当他到达第一烽时在沙沟里躲到夜幕降临。当他在水源处喝水并用皮囊盛水时，忽然几支箭呼啸而过差点射中他的膝盖。他站起身来喊道："我是僧，从京师来，汝莫射我。"烽上的守卫开了门，校尉邀请他入内过夜。校尉跟他说他的一个亲戚在第四烽会帮忙。在那里也有箭射向玄奘，他只得再次亮明身份，守卫便放行了。烽官让他直接去50公里之外的野马泉，那里是最近的水源。

玄奘孤身一人徒步前行，走了很久也没找到野马泉。他停下喝水却没拿稳水囊，把水全洒了。他灰心失望开始东返，后又决定："宁可就西而死，岂归东而生！"玄奘在沙漠里走了五天四夜并再度向观音菩萨祷告，最后他的马终于把他带到了沙漠里的一处甘泉。玄奘喝水恢复体力之后，继续前行至伊吾。在那里，三名汉僧在一座寺庙中接待了他。他已成功越境。

慧立创作这部圣徒传的主要目的是记录玄奘经历的种种奇迹。其中玄奘从长安到高昌的旅程只占了不到一章的篇幅。和所有的圣徒传作者一样，慧立夸大了旅程的危险以显示法师的虔诚。但现代读者还是禁不住去琢磨一些细节。会有中国官员在他应该逮捕的人面前把逮捕令撕掉吗？玄奘为什么会送马给向导？此人之前拿刀威胁过他，之后又临阵脱逃，留下玄奘一人走最艰苦的一段路。无人随行的玄奘怎么可能走得完沙漠里的那段路？两个不同烽燧的长官都会对逃犯（即便逃犯是个僧人）放行吗？玄奘在沙漠里五天四夜没有水是怎么活下来的？（不过赫定在

1896年确实曾经在没有水的情况下在沙漠里坚持了六天五夜。)[1]

尽管玄奘肯定从一开始就打定主意要直接去见唐朝在西域的最主要对手西突厥可汗,在慧立的讲述中玄奘变成了忠诚的唐朝子民,离开唐朝国土之后才决定去见可汗。[2]

无论玄奘出境时的情况如何,他的经历跟北道上的普通旅人有着显著差别。从瓜州到高昌的那一段路,玄奘是一个人走的,但是其他所有人几乎都是跟商队一起走的。还没有出境禁令的时候,商队会在边境申请一个旅行许可,由向导带着走过沙漠里难找的路。如果他们躲过了路边白骨遭遇的种种灾难,就能走完全程。玄奘的路线突显了高昌在丝路上的重要性。这里和龟兹一样,是当时西域最大的城市之一。

正如慧立所讲,玄奘一离开唐境,运势就变了。在丝路北道上,伊吾之后的绿洲便是高昌,当时是高昌国的国都。高昌国王麴文泰派人去迎接玄奘。僧人和他的向导在晚上赶路,到达王宫时已经是午夜,国王及其随从打着火把出来迎接。国王和玄奘一直谈话谈了一整夜。第二天一早,玄奘还在睡觉,国王夫妇就在他门口等着,这样可以早上第一个问候玄奘以表示自己的虔诚。玄奘搬进了一座寺院,住了十天,然后决定继续上路。

高昌王想劝他留下:

> 自承法师名,身心欢喜,手舞足蹈,拟师至止,受弟子供养以终一身。令一国人皆为师弟子,望师讲授,僧徒虽少,亦有数千,并使执经充师听众。

玄奘不同意,二人便开始争吵。高昌王威胁要把玄奘遣送回国。玄奘

---

[1] 斯坦因认为这段路程的长度可信,因为玄奘的五天四夜相当于二十世纪初的五"站"路。他估计玄奘找到水源之前走了171公里。斯坦因还说他的马可以在无水的情况下走四天,并因此认为马在无水的情况下坚持更久也是非常可能的。见氏著,"The Desert Crossing",276—277页。
[2] 桑山正进、袴谷宪昭:《玄奘》,48—49页。

第三章　高昌：胡汉交融之所　　115

高昌故城遗址
　　吐鲁番附近高昌故城夯土墙是中国境内为数不多的地上古迹之一。游客可以看到当地人在地下挖土造屋（这种屋子夏天很凉爽），并用挖出的土垒起高墙。图中两座土塔高于高昌其他建筑，629 年玄奘结束绝食抗议之后很可能登上过其中一座讲法。（作者摄）

坚持要走，国王就把玄奘锁在宫里，并每天亲自给他送饭。玄奘开始绝食，连续三天水米不进。第四天，国王终于让步，二人达成了妥协：玄奘在高昌再待一个月，讲《仁王经》。国王则为玄奘之后的旅行准备礼物。

　　一个月之后，国王派了四名新度沙弥和二十五名随从与玄奘同行，并给他们提供面罩、手套和靴袜。他还给了玄奘很多绸缎和金钱，足以支持他游历二十年：黄金一百两，银钱三万，绫及绢等五百匹。七世纪的丝路上，金银币和丝绸都是通货。比这些更重要的是二十四封国书，一封给西突厥可汗，二十三封给沿路的其他国王，他们和高昌王一样，都是可汗的同盟。[1]

　　玄奘的路线让他可以尽量处在西突厥及其同盟的控制区内。高昌王

---

[1] 高昌王和西突厥可汗有姻亲关系。614 到 619 年义和政变期间高昌王麴伯雅很可能就待在西突厥那里。吴震：《麴氏高昌国史索隐》，《文物》1981 年第 1 期，38—46 页。

给可汗的礼物是五百匹绫绢,两车水果(可能是干果)。可汗的牙帐建于碎叶,位于伊塞克湖的西北角,今吉尔吉斯斯坦托克马克西南阿克·贝希姆遗址。虽然高昌王有冰屋让他可以在冬天享受水果,但不可能把新鲜水果一路送到可汗的大帐中。玄奘于冬季从高昌启程,其时很可能是629年12月。[1]

高昌麴氏家族从502年开始掌权。[2]虽然麴氏也许并非汉人,但他们完全汉化了。《后汉书》记载吐鲁番的原住民车师人"庐帐居,逐水草,颇田作"。[3]车师王的墓葬证实了他们的游牧生活,其中有人殉的方形墓坑和葬马的圆形墓坑。[4]公元前60年匈奴衰落时,有位车师王向汉朝称臣,汉朝随即在交河城驻军。之后的几个朝代基本一直控制着这里直到公元450年。交河城地处两河交会之处,地势非常险要。经过联合国教科文组织整修,今天游客可以沿着石板路走在交河故城里,参观一个个有标识的古代建筑。[5]

在汉人统治的几个世纪里,很多汉人迁移至此,很多当地人也学会了汉语。与尼雅和龟兹一样,三四世纪时,这里流通的货币很少,当地人以丝绢为通货。吐鲁番出土的最早汉文契约年代为273年,记载了一件以20匹练换一口棺材的交易。[6]契约中的练是指煮过的丝绢,这样可以去掉丝线最外面的一层物质,使之更易上色。几个世纪以来吐鲁番

---

1 最近,荒川正晴把慧立记载中玄奘护卫的名字与出土文书中的一个类似名字联系了起来,该文书列出了赶车人的劳役。荒川正晴提出,玄奘在十二月坐着其中一辆车离开了高昌。"Sogdians and the Royal House of Ch'ü in the Kao-ch'ang Kingdom", *Acta Asiatica* 94(2008):67—93。
2 从502年到640年高昌灭亡共有十位高昌王,高昌王表见 Valerie Hansen, "Introduction: Turfan as a Silk Road Community", *Asia Major*, 3rd ser., 11, no.2(1998):1—12,王表在第8页。至于502年之前各王朝的详细讨论见王素:《高昌史稿:统治篇》(北京:文物出版社,1998),265—307页。
3 《后汉书》卷88,2928—2929页,译文见 Zhang Guangda and Rong Xinjiang, "A Concise History of the Turfan Oasis and Its Exploration", *Asia Major*, 3rd ser., 11, no.2(1998):14。有关吐鲁番历史的英文文章中,张广达与荣新江合撰的这篇是最可靠的。中文可参见王素《高昌史稿》中的年表。
4 Wang Binghua, "New Finds in Turfan Archaeology", *Orientations* 30, no.4(April 1999):58—64.
5 Zhang and Rong, "Concise History of the Turfan Oasis", 14—17.
6 Yamamoto and Ikeda, Tun-huang and Turfan Documents, 3A:3.

人一直偏好练绢，同时也用毯子和定量的粮食作为交换媒介。

麴氏家族于502年开始掌权，完全接受了汉人文化。和很多汉人统治者一样，他们也扶持佛教。他们模仿中原的官僚体系，以汉语为行政语言，城门也都有标准的汉语名字。学生在学校里学习汉文经典、正史，但他们也将其翻译为本地语言，可能是龟兹语或粟特语。[1]

640年唐朝军队灭掉高昌国之后，这里变得更加汉化了。曾经款待过玄奘的麴文泰（623—640在位）是第十任也最后一任高昌王。他在唐朝进攻时忧惧而亡，其子投降。唐朝在这里设西州，建立了直接统治，交河成为西州治所。唐朝还在此处设安西都护府，总管西域事物。[2]

唐朝的三百多个州都实行同样的制度，因此西州的官员也要按照均田制的规定授田。授田的依据是籍帐，即户口簿。籍帐中会列出户主、所有家庭成员、其他同住的人，及各人应纳的税。所有男丁都要纳三种税：租（粮食）、庸（劳役）、调（布匹）。籍帐中还包括老者、幼儿、残疾人以及女性，这些人的税赋得到减免。按规定，籍帐每三年都要重新制作。

每个以男丁为户主的家庭都可以得到20亩永业田（死后可以传给后代）和80亩口分田（死后交还政府）。[3] 官方鼓励在永业田上进行长期投资，比如种桑以养蚕。每三年就重新分配的口分田则用来种庄稼。

640年，西州为每个家庭制作籍帐，共得8000户，37700口。[4]（100年后户数增加至11647。[5]）因为西州耕地稀少，籍帐中列出实授田（一般五亩左右）和未授田。尽管官方明白这里没有足够的耕地，永远也不可能把未授田授满，但纸面上的这种做法显示了对唐代律令的遵守。基

---

1 《周书》卷50，915页；余太山：《西域传》，510—511页。
2 Zhang Guangda, "An Outline of the Local Administration in Turfan", 网上可见：http://eastasianstudies.research.yale.edu/turfan/government.html.
3 Valerie Hansen, *Negotiating Daily Life in Traditional China: How Ordinary People Used Contracts*, 600–1400 (New Haven, CT: Yale University Press, 1995), 29–31.
4 《旧唐书》（北京：中华书局，1975）卷198，5295页。
5 李吉甫：《元和郡县图志》（北京：中华书局，1983）卷40，1030页。

层的灵活性使得唐朝法律很成功。官员可以因地制宜地实行各项规定。

我们之所以能知道唐朝西州官员记载了未授田是因为西州人有用废纸给死者做衣服、鞋帽和腰带的葬仪。似乎其他地方的唐朝人也用纸给死者做冥衣，不过这些衣服没有保存下来。[1]也许生者相信纸有一种能升入阴间的性质。之所以说升是因为佛教徒认为天国在人世上方某处。有一件吐鲁番出土的鞋样年代为五世纪早期，鞋底用蓝墨水写着一个"升"字。[2]

因为纸很贵，所以吐鲁番人用废纸做冥衣，其中有些是没用了的官文书。据中文正史记载，高昌国的官员处理完一件事务之后会把所有文书都处理掉，只有籍帐不会被扔掉。640年唐朝灭高昌，所有高昌国的文书都作废了。此外，为了减少文书所占空间，唐朝规定所有文书只保留三年。[3]有时也用民间材料做冥衣，包括信件、契约、诗、药方、学校作业等。吐鲁番文书的迷人之处就在于冥衣的内容包罗万象。

吐鲁番的干燥气候有助于保存纸张织物等。吐鲁番绿洲是一处海拔极低的盆地，形成于几百万年前，那时印度板块和欧亚板块碰撞挤压形成了喜马拉雅山脉。吐鲁番的最低点在艾丁湖干涸的湖底，低于海平面154米。这是地球上海拔第二低的地方，仅次于死海。吐鲁番异常炎热且干燥，因此有时被称做"火州"。夏天的温度经常能达到40多度，没有空调的话人会非常难受（当地的半地下房屋可以保持凉爽），但对于吐鲁番著名的甜瓜和葡萄来说这个温度却非常合适。除文书之外，吐鲁番干燥的气候还保存了绢花以及100具以上的干尸。（见彩图1）

1915年1月18日，当斯坦因来到高昌古城外不远处的阿斯塔纳墓时，

---

1 考古学家在敦煌北区洞窟中发现了一些冥衣：一只纸鞋（B48窟）和一件纸衣。彭金章、王建军：《敦煌莫高窟北区石窟》（北京：文物出版社，2000—2004）第1卷，151—152页，177页；第3卷，337页。
2 唐长孺编：《吐鲁番出土文书》（北京：文物出版社，1992—1996）卷1，10页；陈国灿，私下交流，2006年4月10日。本注释所引吐鲁番文书和照片来自四卷本，这一版比之前的十卷本更准确。
3 王素：《长沙走马楼三国吴简研究的回顾与展望》，《中国历史文物》2004年第1期，18—34页，特别是25页；《周书》卷50，915页；余太山：《西域传》，510—511页。

墓葬已经被彻底盗挖过一遍了。一位名叫马希克的当地盗墓者告诉斯坦因，自己和父亲已经亲自检查过遗址中的每一座墓。

> 我们的特别墓地助手马希克由于长期的实践，在给死人搜身方面已经毫无顾忌，他把骷髅的颌骨敲碎，从口腔中取出了一枚薄薄的金币。……马希克宣称他是第一批从经验中学会要在死人嘴里找金币银币的人，但他的搜索很少得到回报。[1]

在阿斯塔纳和喀喇和卓的墓葬中，斯坦因发现了许多物品，包括马希克从死人口中撬出来的钱币。但他和之后的其他发掘者都没有意识到这座墓葬群中到底有多少文书。

今天的阿斯塔纳墓向游客开放。游客可以顺楼梯进入两座墓葬观看墓中的壁画。只有考虑到以下两点才能认识到这座遗址的可观之处。第一，遗址非常大，东西长2.4公里，最宽处可达1.2公里；第二，历史学家从在里面发现的文书中得到了海量的历史信息。

当地的考古学家认识到阿斯塔纳墓群虽然已经被严重盗挖，可还有很多文物。直到1958年，从没有人系统发掘过这里。这一年中国开始"大跃进"，试图以高强度的群众运动把中国经济拉到英国的水平。所有农场、工厂和单位都要提高产量以达到指标。这些指标很多都非常高，不可能达到。在很多地区，强制的集体化以及对农业的忽视造成了严重的饥荒，饿死很多人。[2]

新疆的考古学家们也有指标：上千件的文物。[3]他们在几个不同的地方都挖了探坑，其中收获最大的都在阿斯塔纳。考古学家没有经费雇人挖掘，当地政府同意让他们在修路和挖水渠的工作队旁边挖掘，这样

---

[1] Stein, *Innermost Asia*, 2:646.
[2] Frank Dikötter, *Mao's Great Famine: The History of China's Most Devastating Catastrophe, 1958-1962* (New York: Walker, 2010), x.
[3] 这段叙述基于笔者2006年3月29日与不久前去世的新疆博物馆吴震先生的谈话。

可以省去雇工的费用。考古学家发现了非常多的墓葬。今天，当吐鲁番当地的考古学家讲述当时一卡车一卡车的文物被运往乌鲁木齐的博物馆时，其语调就好像其他人讲述二十世纪早期欧洲探险家用一队一队的骆驼运走文物时一样。考古学家们完成了指标，对遗址的发掘一直持续到1975年。这些年中中国经历了各种政治运动，特别是1966年到1976年的"文化大革命"。发掘的重点总是在于文物的数量，因此考古报告的水平常常不高。[1]有时不能通过这些匆忙发掘之后的考古报告确定某件文物来自哪座墓葬。

遗址中出土文书的待遇则要好得多。武汉大学历史系的唐长孺教授高瞻远瞩。在他的领导下，政府组织了一群学者在北京会面，分析遗址中的文书。有时一件文书被分成几块，分别用在不同的衣物上。学者把这些部分摘下来，拼出文书的本来面目。所有修复的文书都发表了，每一件都有清楚的照片及录文。1959年以来，考古学家在阿斯塔纳和喀喇和卓共发掘墓葬465座，其中205座有文书出土。[2]截至目前，发现了大概2000件文书，其中有超过300件的契约。[3]

这些文书给我们提供了难得的机会，可以一窥273到768年之间丝路上普通人的生活。这两个年份分别为最早和最晚的汉文文书的年代。在高昌国建立之前，吐鲁番的统治者与尼雅和龟兹的统治者一样也进行互派使者的活动。有一件477年的文书列出了招待来自如下几个国家使节的花销：中亚的柔然（欧洲人称之为阿瓦尔人）、塔里木盆地南缘的子合国（今叶城）、定都于建康的刘宋（420—479年）、北印度的乌苌国，

---

1 新疆博物馆发表了几次简报，见《文物》1960第6期，13—21页；1972年第1期，8—29页；1972年第2期，7—12页；1973年第10期，7—27页；1975年第7期，8—26页；1978年第6期，1—14页。阿斯塔纳墓地更完整的发掘报告见《新疆文物》2000年第3、4期的专号。
2 Hansen, "Turfan as a Silk Road Community", 1.
3 唐长孺：《新出吐鲁番文书简介》，《東方学报》54（1982）：83—100页。大多数吐鲁番文书都发表于唐长孺的四卷本《吐鲁番出土文书》。另见陈国灿：《斯坦因所获吐鲁番文书研究》（武汉：武汉大学出版社，1995）；陈国灿：《日本宁乐美术馆藏吐鲁番文书》（北京：文物出版社，1997）；柳洪亮：《新出吐鲁番文书及其研究》（乌鲁木齐：新疆人民出版社，1997）；荣新江、李肖、孟宪实：《新获吐鲁番出土文献》（北京：中华书局，2008）。

以及很可能指南印度的"婆罗门国"。[1]

从这一连串的使节可见高昌统治者当时与哪些国家维持着外交关系，但看不出高昌最重要的贸易伙伴是谁。吐鲁番出土的其他钱币和文书明白无误地一致表明，伊朗世界，特别是撒马尔罕附近的东伊朗世界，而非罗马，才是高昌最重要的贸易伙伴。640年唐朝征服这里之后也是如此。

早在公元300年，高昌人就开始使用伊朗西部萨珊王朝打造的银币。萨珊银币以其85%到90%的高纯度著称，且有着鲜明的特点。[2]每枚银币的正面都是在位国王的侧面像。每位国王都有独特的王冠，可以以此来分辨不同的国王。此外还刻有中古伊朗文的王名。银币反面的图案是有两名护卫的火坛，表现萨珊王朝的国教祆教。（见彩图4B）中国境内发现的最古老的萨珊钱币年代为四世纪，发现于高昌故城的窖藏中。由于流通不广，很多这些早期钱币都没什么磨损。[3]吐鲁番出土的四世纪文书中记载当地用绢帛付账，与钱币流通不广的印象相符。

最早提到银币的文书是一件衣物疏，即记载死者随葬物品名称和数量的文书，其年代为543年。其中列出了100枚银币、100枚金币以及100009000丈（一丈约合3米）"攀天糸"[4]。尽管衣物疏中没有说明银币来自哪里，但此时中国的钱币是铸造的铜币，所以这些银币肯定来自萨珊。织物和钱币夸张的数量显示放在墓中的是替代品而不是实物。

最早提到真正银币的文书是一件584年的租约，其中记载用五枚银币租一亩地。类似的契约一直持续到677年。人们用银币租地、租树、

---

1 荣新江：《阚氏高昌王国与柔然、西域的关系》，《历史研究》2007年第2期，4—14页；荣新江等：《新获吐鲁番出土文献》卷1，163页。
2 Jonathan Karam Skaff, "Sasanian and Arab-Sasanian Silver Coins from Turfan: Their Relationship to International Trade and the Local Economy", *Asia Major*, 3rd ser., 11, no.2(1998): 67-115, 特别是68页。
3 大部分高昌城发现的钱币都出自包含10枚、20枚和100枚钱币的三处窖藏，见"Sasanian and Arab-Sasanian Silver Coins", 71-72。
4 唐长孺：《吐鲁番出土文书》卷1，143页；讨论见Hansen, "The Path of Buddhism into China: The View from Turfan", *Asia Major*, 3rd ser., 11, no.2 (1998): 37-66, 特别是51—52页。

租牛车、租房子、买地、雇人替自己去烽燧站岗、借债以及交税。[1]阿斯塔纳的一件粟特语契约记载了639年一桩以120枚"高纯"银币购买一名女奴的交易。这与汉文契约中银币使用的情况相符。[2]

文书显示吐鲁番人在六世纪末到七世纪末使用银币。发现的钱币也证实了这一点。考古学家在高昌故城发现了130枚萨珊银币，在阿斯塔纳墓群发现了30枚，其中很多都是斯坦因的助手马希克从死人口中撬出来的。[3]萨珊银币在640年唐朝征服之后依然在流通。甚至在651年萨珊王朝灭于伊斯兰军队之后也是如此。阿拉伯征服者改用阿拉伯总督打造的阿拉伯—萨珊银币。与萨珊银币一样，这种银币重约4克，只不过银币正面的萨珊国王肖像换成了阿拉伯总督的肖像，还加了一段阿拉伯语铭文。[4]

在中国总共出土了大概1300枚萨珊钱币。其中大多数发现于新疆。[5]在吐鲁番以西很远，喀什以西，今乌恰县（维语名为Ulugart）深山中的一条小路旁，考古学家发现了中国境内最大的银币窖藏。1959年，一个修路队用炸药拓宽路面时在石缝中发现了13根金条和947枚银币，其中很多都锈在了一起。发现银币的这座山在高昌通往西突厥牙帐（今吉尔吉斯斯坦伊塞克湖西北）的大路旁。发现地点是高山底部的一个大石墩，非常偏僻。肯定是什么人（也许是商人？使节？强盗？）把钱藏在此处，之后没能回来取走。[6]这947枚银币包括萨珊银币以及阿拉伯—萨珊银币。阿拉伯—萨珊银币的出现可以把整个窖藏的年代定在651年萨珊王朝亡于哈里发的军队之后。四分之一的银币是萨珊银币的中国仿制品，这说

---

1 Skaff，"Sasanian and Arab-Sasanian Silver Coins"，108—109页的图表很有帮助。
2 Yoshida，"Appendix: Translation of the Contract"，159-161。
3 Helen Wang, *Money on the Silk Road*, 34-36.
4 Skaff，"Sasanian and Arab-Sasanian Silver Coins"，68。
5 Helen Wang, *Money on the Silk Road*, 35。
6 王炳华，私下交流，2009年6月25日；李遇春：《新疆乌恰县发现金条和大批波斯银币》，《考古》1959年第9期，482—483页。

明银币对于西域人来说一直很有吸引力。[1]

七世纪晚期947枚银币的购买力如何？吐鲁番发现的一组文书给我们提供了一些线索。这组文书出土于一位死于673年放贷人左氏的墓中。其中有一封折好的信，来自死者的一名仆人。他在信中说自己对于六年前（即667年）500枚银币的失窃不负任何责任。和许多汉人一样，这名仆人也相信阴曹地府的判官既会向死人也会向活人施以惩罚。该信显示当地富人手上随时都可能有多达500枚的银币。

放贷人左氏墓中还埋有15件完好的契约，记录此人常放小额贷款。金额在10到40枚银币之间或3到30匹帛练之间。政府规定大宗交易比如奴隶或牲口要用丝绢结算，价低的物品用钱币，可能是因为钱币经常供应不足。左氏按规定在661年用6匹练买了一名女奴，668年用450枚银币买了90束草。15件契约中，8件为贷练契或贷银钱契，五件为租地契，其中至少一件是租给曾经向他借过钱的某人。和其他的吐鲁番文书不同，这些契约都被完好地放置在墓中，可能因为左氏生前没有要回贷款想死后继续追缴。[2]

此人墓中的借贷契约中收取的利率基本一致，为每月10%到15%。这利率对于当时的人来说也是非常高的。唐律规定月利率不能超过6%。[3] 因为各种原因欠债的普通人会到放贷人那里借钱以度过难关。我们有时并不知道借钱人到底出了什么事，但是他们肯定没有还钱。因为如果他们还了，放贷人在结清最后一笔款时会按照习惯把他的那份借据撕掉。

在高昌人使用银币的同时，中原人在公元前二世纪以来就一直在用五铢钱。高昌及高昌以西地区用银币、内地用铜币这种通货上的差别，在640年唐朝征服之后仍然存在。公元700年左右西州人才慢慢改用铜币。

---

[1] 2006年Stephen Album检视了新疆博物馆收藏的100枚乌恰钱币。他估计其中四分之一以上是萨珊银币的"同时代仿制品"或"嚈哒人所造卑路斯风格钱币"，见Stephen Album，2006年12月6日上海博物馆举办的"古代钱币和丝绸之路文化国际研讨会"会议论文。乌恰所有银币的照片见 Silk Roadology 19（2003）：51–330。

[2] Valerie Hansen, "Why Bury Contracts in Tombs?" Cahiers d'Extrême-Asie 8（1995）：59–66。

[3] Hansen, Negotiating Daily Life, 35, 43.

他们常把1000枚铜币串起来,称为一贯。提到银币的阿斯塔纳文书中,年代最晚的为692年的一件税单,里面特别提到铜钱和银币的汇率:2枚银币等价于64枚铜币。[1]

六、七世纪银币在吐鲁番的流通再一次说明在丝路贸易的鼎盛期,即当唐朝在西北大量驻军时,中国的主要贸易伙伴是伊朗世界而非罗马。我们知道,在中国境内到目前为止从未发现过罗马共和国(公元前509—前27年)和之后的罗马帝国(公元前27—公元395年)发行的钱币。宁夏自治区的首席考古学家罗丰在彻底调查之后得出结论,中国出土的拜占庭苏勒德斯币*中,年代最早的(二枚)来自狄奥多西二世(Theodosius II,408—450年在位)时期,埋藏于六世纪早期,而最晚的则在八世纪中叶。[2]

这些拜占庭钱币的时期与萨珊银币的时期有所重叠,二者常常同时被发现。中国出土的金币比银币少得多,新疆出土了11枚,中原出土了37枚,一共48枚。银币共出土了1300多枚。[3] 所有这些金币都是苏勒德斯币。这种金币由君士坦丁大帝(306—337年在位)首先发行,每枚含金量为1/72罗马磅,合4.55克。正面为拜占庭皇帝像,背面为十字架或耶稣像。[4] 穆斯林军队灭掉萨珊之后,又征服了拜占庭帝国的一大块土地。与把祆教元素从银币上去掉一样,伊斯兰造币厂把苏勒德斯币上所有的基督教元素都去掉了。

仔细检查之后会发现很多拜占庭金币都是赝品。[5] 有时重量轻于真币的标准重量,或者皇帝肖像的细节不对,或者铭文的字母不对。[6] 很多上

---

1 唐长孺:《吐鲁番出土文书》卷3,517页。
* solidus,一种金币形制。
2 罗丰:《胡汉之间——"丝绸之路"与西北历史考古》(北京:文物出版社,2004),147页。
3 罗丰:《胡汉之间》,117—120页;François Thierry and Cecile Morrisson, "Sur les monnaies byzantines trouvées en Chine", *Revue Numismatique* 36(1994):109—145。
4 Helen Wang, *Money on the Silk Road*, 34.
5 《胡汉之间》146页的表格列出了中国境内发现的32枚真币和15枚仿币。关于这些金币的汉语参考文献太多,不胜枚举,详见罗丰的注释。
6 林英、迈特里希(Michael Metlich):《洛阳发现的利奥一世金币考释》,《中国钱币》2005年第3期,70—72页。

面还打了孔,显示金币曾被缝在衣服上,很可能是当护身符用。(彩图4A 中即有一枚有孔的。)

中国境内单次发现的金币最多为五枚,更多时候发现的是单个金币。[1] 考古学家没有发现任何跟乌恰或者吐鲁番银币窖藏类似的金币窖藏。这也说明拜占庭的金币仅有仪式上的用途,在吐鲁番或者中原并没有作为真正的货币流通。[2] 阿斯塔纳文书中没有一件交易是用金币完成的。从墓中发掘出的金币常常是护身符。乌恰窖藏的947枚银币和13根金条更证实了这条基本规律:白银以钱币的形式流通,黄金则铸为金条使用。

银币的广泛使用说明吐鲁番处在伊朗文化圈与汉文化圈之间。丝路贸易期间,吐鲁番吸纳了很多外来移民,其中来自撒马尔罕的粟特人最多。在四至六世纪,粟特人陆续来到吐鲁番定居,其迁移速度在651年萨珊灭亡以及712年伊斯兰征服撒马尔罕之后明显加快。

尽管粟特人以经商闻名,生活在吐鲁番的粟特人则从事很多种职业,包括农民、佣兵、客栈老板、画师、皮匠、铁器商人等。[3] 当高昌国或者唐朝地方官制作籍帐时,并不标出谁是粟特人。因此,现代学者必须通过分析人名来判断谁是粟特人。尽管汉人一般把粟特人称做"昭武九姓",绝大多数粟特人都用以下七种汉姓:康(撒马尔罕)、安(布哈拉)、曹(劫布呾那[Kabudhan],泽拉夫善河以北)、何(屈霜你迦[Kushaniyah],撒马尔罕和布哈拉之间)、米(泽拉夫善河东南,一说在片治肯特[Panjikent])、史(羯霜那[Kesh],今沙赫里萨布兹)、石(赭时[Chach],今塔什干)。[4]

两位研究粟特语的日本学者吉田丰和影山悦子最近重构出45个粟特

---

[1] 五枚发现于北周田弘墓;罗丰:《胡汉之间》,118页,21-24号物品。
[2] 罗丰:《胡汉之间》,96页。
[3] Wu Zhen, "'Hu' Non-Chinese as They Appear in the Materials from the Astana Graveyard at Turfan", *Sino-Platonic Papers* 119 (Summer 2002): 7.
[4] Yoshida Yutaka, "On the Origin of the Sogdian Surname Zhaowu and Related Problems", *Journal Asiatique* 291, nos.1-2 (2003): 35-67.

人使用的汉语名字的粟特语形式。[1]很多来吐鲁番的第一代粟特移民都用这种名字，而在中国已经生活了好几代的粟特人则倾向于给自己的孩子起传统的中文名，这情形类似于来美国的第一代移民常常给自己的孩子起非常美国化的名字。

除了姓名之外，来到吐鲁番的粟特人也逐渐改变了自己的葬俗，按照汉人的习俗下葬。[2]因为祆教徒相信尸体会污染土壤，按传统他们会把死者尸体曝露在外，让食腐动物把肉吃光，再把洗干净的骨头收殓在纳骨器中埋葬。吐鲁番出土了两件纳骨器。[3]祆教徒会杀牲献祭，祭祀祆教主要神祇，包括树神、石神、山神、风神以及至高神阿胡拉·马兹达。[4]主持这些仪式的人很可能是粟特聚落中被称为萨宝的政治宗教领袖。[5]

很多在吐鲁番生活的粟特人采用了汉式葬俗，比如陪葬品中有木主，代表在阴间服侍死者的仆人。[6]最近在高昌故城东北的巴达木村发掘的一座墓葬群中发现了八十多座粟特墓葬。根据汉语墓志中记载的墓主姓氏可以看出墓主均为粟特人。[7]粟特人名的规律可以让我们判断在记载了每位家庭成员姓名的籍帐或其他文书中出现的人名里哪些是粟特人。[8]

公元600年左右，48位商人缴纳了一种名为"称价钱"的税，高昌

1　Yoshida Yutaka and Kageyama Etsuko, "Appendix I: Sogdian Names in Chinese Characters, Pinyin, Reconstructed Sogdian Pronunciation, and English Meanings", in Vaissière and Trombert, *Les Sogdiens en Chine*, 305–306.
2　六、七世纪高昌的粟特人大多是祆教徒而不是摩尼教徒。见 Valerie Hansen, "The Impact of the Silk Road Trade on a Local Community: The Turfan Oasis, 500–800", in Vaissière and Trombert, *Les Sogdiens en Chine*, 283–310, esp.299.
3　影山悦子：《東トルキスタン出土のオッスアリ（ゾロアスター教徒の納骨器）について》，*Oriento* 40, no.1（1997）：73–89。
4　Zhang Guangda, "Iranian Religious Evidence in Turfan Chinese Texts", *China Archaeology and Art Digest* 4, no.1（2000）：193–206.
5　萨宝是汉语对粟特语 s'rtp'w 一词的音译，该词可能（借由大夏语）来自梵语 sārthavāha，意为"商队首领"，见吉田丰：《ソグド語雑録II》，*Oriento* 31, no.2（1988）：168–171。
6　Hansen, "Impact of the Silk Road Trade", 297–298.
7　吐鲁番地区文物局：《新疆吐鲁番地区巴达木墓地发掘简报》，《考古》2006年第12期，47—72页。
8　Jonathan Karam Skaff, "Documenting Sogdian Society at Turfan in the Seventh and Eighth Centuries: Tang Dynasty Census Records as a Window on Cultural Distinction and Change", in Vaissière and Trombert, *Les Sogdiens en Chine*, 311–341.

国的官员记下了这些商人的名字，以及他们互相交易的货品。[1]货品称重后，以银币为单位算出应缴税额。这组被深入研究的文书被发现的时候是十张鞋样，是从《称价钱账》的四个部分中裁出来的，其中记录了七世纪早期某年一整年的一系列交易。关于丝路商贸中所交易的商品，这组文书提供的信息最丰富。阿斯塔纳墓出土文书给人带来的喜悦和遗憾在这组文书中得到了充分体现。它们一方面提供了比其他任何材料都要多的信息，另一方面又因为被剪成了鞋样，因此很不完整，缺失了很多部分。

即便如此，这些记载显示出了粟特人在丝路贸易中所占的统治地位。买家和卖家加在一起共有48人，其中41人为粟特人。[2]从称价钱的记录上看，交易并不频繁，每星期只有几件而已，还有好几个星期没有收上来任何税款。[3]

官员们记录每天的交易，每月两次清点收上来的银币。每两斤白银收两枚银币（8克），税率不到1%。学者们并不知道公元600年的一斤有多重，要么是旧制的200克，要么是新制的600克，前者的可能性更高。由于实际重量不能确定，下页表使用原始的重量单位斤两（十六两为一斤）。[4]

《称价钱账》记录了在一年多的时间里进行的37次交易。鍮石（即黄铜）、药、铜、郁金根、石蜜只交易了一次，其他货物则多次出现：金、银、丝、香（香的范围很广，包括焚香、香料和药材）以及硇砂。账上唯一比较少见的一件物品是硇砂，这是一种染布、鞣革时使用的材料，也用做降低金属熔点的助焊剂。硇砂一共出现六次，重11至251斤不等。与此类似，香的交易额也大小不一，低至33斤，高可达800斤，这是账上

---

1 这些文书没有纪年，但其中一个人名曾在另外一件619年的文书中出现，此人名为车不六（吕）多，不六多或不吕多即粟特语Parwēkht的音译。见Skaff，"Sasanian and Arab-Sasanian Silver Coins，"90页注71。
2 Skaff，"Sasanian and Arab-Sasanian Silver Coins，"93-95.
3 八处记录表明之前半个月没有收税，也就是说当年共有四个月没有收税。
4 高昌国时期斤的重量不明，因为从未出土那时的秤砣。晋用旧制，高昌国采用了很多晋制，因此这些文书中的一斤相当于200克左右。陈国灿，私下交流，2006年5月18日。

所记最大单笔交易量。与预期一致，黄金的量都很小，从四两到半斤多不等。银的量最大不超过8斤。文书中没有提及绢，多少有点令人吃惊，其实这是因为绢按尺寸计价，不属于按重量交税的物品。[1]

商品	重量	卖家姓氏（及可能族属）	买家姓氏（及可能族属）	日期	税额
表3.1 高昌某地全年称价钱账，600年前后					
银	2斤	曹（粟特）	何（粟特）	正月一日	2文
银	2斤5两	曹（粟特）	康（粟特）	正月一日	2文
金	9两5	翟（高车）	缺	正月二日	缺
银	5斤2两	何（粟特）	安（粟特）	正月三日	5文
香	572斤	翟（高车）	缺	正月三日	缺
鍮石	30余斤	缺	缺	正月三日	缺
药	144斤	康（粟特）	宁（汉）	正月五日	缺
丝	50斤	缺	康（粟特）	缺	7文5
金	10两	缺	康（粟特）	缺	
缺	5斤	缺	缺	缺	70文
缺	缺	缺	缺	缺	42文
硇砂	172斤	安（粟特）	康（粟特）	正月十五	缺
香	252斤	康（粟特）	康、何（粟特）	缺	缺
硇砂	50斤	曹（粟特）	安（粟特）	正月廿二	缺
铜	41斤	曹、何（粟特）	安（粟特）	正月廿二	缺
银	8斤1两	翟（高车）	何（粟特）	缺	缺
金	8两5	[何]（粟特）	供勤大官（突厥）	缺	2[文]
缺	缺	缺	安（粟特）	缺	14文
缺	71斤	缺	何（粟特）	[三月]	缺
郁金根	87斤	康（粟特）	车（车师）	[三月]	1文
金	9两	曹（粟特）	何（粟特）	三月廿四	2文
香	362斤	射蜜畔陁（Zhêmat Vandak，粟特）	康（粟特）	三月廿四	15文
硇砂	241斤	射蜜畔陁（Zhêmat Vandak，粟特）	康（粟特）	三月廿四	

（接下页）

1 Skaff, "Sasanian and Arab-Sasanian Silver Coins", 93.

（接上页）

硇砂	11斤	白（龟兹）	康（粟特）	三月廿五	缺
银	2斤1两	康（粟特）	何（粟特）	四月五日	缺
丝	10斤	康（粟特）	康（粟特）	四月五日	1文
缺	缺	缺	缺	缺	17文
缺	缺	缺	缺	缺	1文
银	2斤	缺	何（粟特）	［四月］	2文
香	800斤	缺	缺	［四月］	缺
石蜜	31斤	缺	缺	［四月］	22文
丝	80斤	何（粟特）	缺	［四月］	8文
丝	60斤	车（车师）	白（龟兹）	五月二日	3文
丝	缺	车（车师）	缺	五月十二	1文5
硇砂	251斤	康（粟特）	石（粟特）	六月五日	6文
香	172斤	缺	何（粟特）	缺	4文
缺	缺	康（粟特）	缺	七月十六	缺
缺	缺	曹（粟特）	缺	七月廿二	缺
缺	缺	缺	缺	缺	8文
缺	缺	安（粟特）	缺	七月廿五	缺
金	4两	康（粟特）	车（车师）	八月四日	［半文］
香	92斤	缺	康（粟特）	八月四日	2文
缺	缺	曹（粟特）	缺	九月五日	缺
金	缺	康（粟特）	曹（粟特）	十月十九	4文
香	650余斤	康（粟特）	康（粟特）	十二月廿七	21文
硇砂	210斤	缺	缺	缺	
香	52斤	缺	缺	缺	1文
香	33斤	安（粟特）	安（粟特）	缺	8文

资料来源：《高昌内藏奏得称价钱帐》73 TAM514：2/1~2/4，见唐长孺等编：《吐鲁番出土文书》卷1，450—453页。

《称价钱账》中并未列出某位商人的全部货品，只有单笔销售的记录。其中最大的交易额为800斤，只需几头牲口就可以运走。[1]在本书开头提到的一位汉商与其贸易伙伴的弟弟打官司所留下的一系列双方辩词的记

---

1 Ronald M.Nowak, *Walker's Mammals of the World*, 5th ed.（Baltimore：Johns Hopkins University Press，1991），2:1357.

录中，我们能看到同样的小额贸易。[1]原告名叫曹禄山，从名字看此人明显是粟特人。曹是昭武九姓之一，禄山是粟特语Rokhshan的音译，意为"光明"，与来自波斯语的英语人名Roxanne同源。

670年前后，曹禄山来到衙门状告一位汉商，要他偿清未还债务。他说被告违反了唐朝的契约法，该法在640年灭高昌起开始生效。作为他哥哥的继承人，他理应得到275匹绢。曹禄山把官司打到西州，此处在670到692年间也是安西都护府的所在地。

与当时的很多商人一样，曹禄山的哥哥和被告的汉商都把家安在长安，做生意的时候远涉西域。曹禄山的哥哥在弓月城（今新疆阿力麻里古城，接近哈萨克斯坦边境）遇到那名汉商，并借给他275匹绢。几头牲口就驮得走这些绢。因为两人没有共通语言，他们通过一名传译交流。

这件案子表明，素绢，即未染色的平纹丝绸，在唐朝和铜钱一样用做货币。相比铜钱，丝绢有很多优势。铜钱的价值波动很大，丝绢的价格相对稳定。在三到十世纪的中国，一匹绢的尺寸也极为稳定，宽一尺八寸（56厘米），长4丈（12米）。[2]绢也比铜钱轻很多，一千枚铜钱穿成的一贯钱重达9斤（4千克）。[3]

放贷之后，曹禄山的哥哥带着两匹骆驼、四头牛和一头驴向南前往龟兹。这七头牲口驮着他的货物，包括丝绢、弓箭、碗和马鞍。他没能走到龟兹。官司中有证人推测他可能被劫匪谋财害命了。尽管曹禄山没有原始借据，但他找到了两名借据签署时的见证人，都是粟特人。根据唐律，人证足以代替协议原件。唐朝官府做出了有利于曹禄山而不利于

---

[1] 更完整的讨论见 Valerie Hansen, "How Business Was Conducted on the Chinese Silk Road during the Tang Dynasty, 618-907", in *Origins of Value: The Financial Innovations That Created Modern Capital Markets*, ed.William N.Goetzmann and K.Geert Rouwenhorst（New York: Oxford University Press, 2005）, 43-64; Arakawa Masaharu, "Sogdian Merchants and Chinese Han Merchants during the Tang Dynasty", in Vaissière and Trombert, *Les Sogdiens en Chine*, 231-242.

[2] Éric Trombert, "Textiles et tissus sur la route de la soie: Eléments pour une géographie de la production et des échanges", in Drège, *La Serinde, terre d'échanges*, 107-120, 特别见108页.

[3] Trombert, "Textiles et tissus"; Michel Cartier, "Sapèques et tissus à l'époque des T'ang（618-906）", *Journal of the Economic and Social History of the Orient* 19, no.3（1976）: 323-344.

汉商的判决，要求汉商还债。

曹禄山的哥哥带了七头牲口拉货。从吐鲁番出土的12件过所中可以得知，其他商队的规模也差不多。与尼雅和库车出土的类似文书一样，这些过所记录了商队的组成，包括人员和牲口，出发地、目的地以及一路上允许经过的所有地方。每位旅人都要在上路之前申请过所，上面会列出他的最终目的地、途经各站，以及随行的人员和牲口。此外，每入一州境，都要取得验明随行人员和牲口的文件。

在每处关卡，有的在州中，有的在州与州之间，当地官员都要查验随行的所有人，分为亲戚、作人（即仆人）和奴隶，并要确认所有牲口都合法地属于过所持有人。唐律禁止把债务人充当奴隶还债，唯一合法的奴隶必须父母都是奴隶，或者经由登记在册的卖身契购得，且奴隶主必须持有相应的市券*。[1] 唐律对于牲口也同样严格。对于买来的牲口，旅人必须持有市券才能把驴、马、骆驼或者牛带过关卡。与龟兹的官员一样，吐鲁番的官员并未记录商队带了什么货物。但是过所确实给出了商队的规模，一般有四、五个人和十头左右的牲口。[2]

在许多文书中都出现了一位名叫石染典（粟特语Zhemat-yan，意为"Zhemat神的宠儿"）的商人，因而我们可以得知此人在732到733年间的种种活动，并了解政府监管的强度。石染典及其家人是正式在籍的西州百姓，他有一份从瓜州经敦煌至伊州再向西前往龟兹的过所，其路线与玄奘类似。文书中保存了从瓜州到敦煌途中四名官员四次勘验商队的记录，三月十九日两次、二十日一次、二十一日一次。[3] 石染典来的时候带了两名作人一名奴隶十匹马，回去的时候又买了一匹马（18匹绢）和

---

* 市券是由官府发给、有人作保、证明交易合法的文件。唐律规定，凡买卖奴婢及牛马等大牲畜，必须立"市券"，以证明交易合法。

1 Hansen, *Negotiating Daily Life*, 51–52.
2 Arakawa Masaharu, "The Transit Permit System of the Tang Empire and the Passage of Merchants", *Memoirs of the Research Department of the Toyo Bunko* 59（2001）: 1–21；程喜霖：《唐代过所研究》，239—245页。
3 Arakawa, "Transit Permit System"中有过所全译（8—10页）和路线图（11页）。

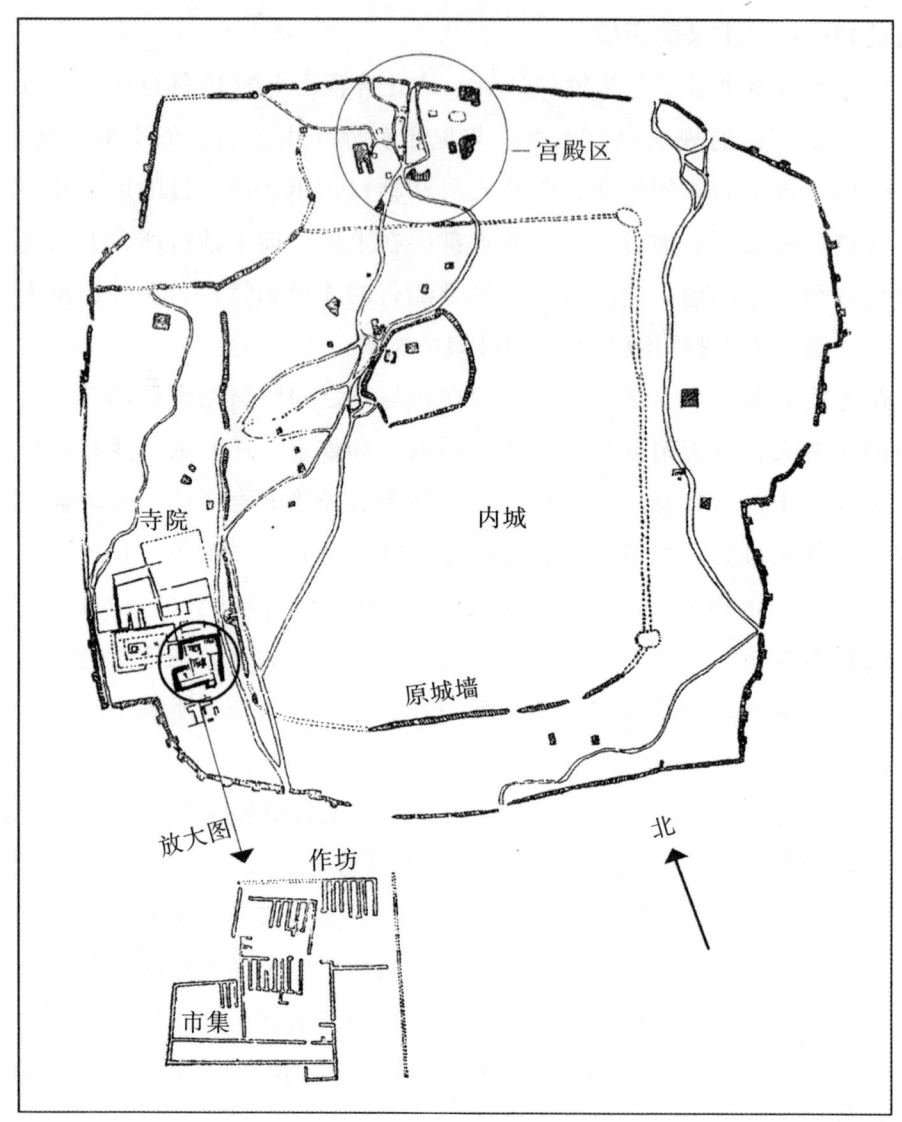

高昌城地图

　　考古学家仔细考察了高昌故城中的道路和建筑，发现唐代高昌城与内地城市一样分为坊，这些城坊一直沿用至回鹘统治时期。城西南的商业区中设有作坊，工匠在那里制作手工艺品并于当地市场贩卖。官府按贩卖货物不同将商贩分组，每组在市场中都有自己的一条商行。官员定期视察商行并记录价格。

一头骡子。[1]因为他带着证明交易合法的市券,所以被允许通过。石染典做的是小额贸易,他用十匹马拉货,不时买卖个别牲口以增加收入。

官员会拦下文件不合要求的商队。733年,长安人王奉仙在安西(即今库车)服役后返京。有人欠了他三千文钱,他为追债偏离了既定路线,并为此申请了一件新过所。此人后来于一座不在既定路线上的城镇被当地官员拘捕。他解释说他之前因为患病无法赶路,且有人作证,最终得以放行。[2]吐鲁番出土的过所与尼雅、库车出土的一样,都表明旅人处在官府严密的管控之下,没有官方许可不能偏离既定路线。

每当商队经过关卡进入一个新市镇,就有旅店可以存货,有医生可以治病,还有妓女,与今天一样,极少有关于她们活动的文献材料。[3]商队会去他们经过的每个城镇的市场。唐律要求管理市场的官员监市每十天检视一次市场,并记录下所有在售商品的高中低三种价格。[4]由121块残片组成的《唐天宝二年(743年)交河郡市估案》便是这样一份西州交河郡的市场物价表,其中一部分的日期为某月十四日,另外一部分为二十八日,这说明官员分两次收集了这些信息。[5]唐朝的市场分行排列,同类商品在同一行贩卖。《交河郡市估案》列举了十多行中的350多种商品。

这份物价表尽管内容丰富,但并不能反映出市场的所有情况。有些高中低三种价格显得太规律了,比如总是6/5/4。表中的所有牲口无论牙口和健康状况如何,价格都一样。表中也没有某种在售商品的总量,或

---

1 Skaff, "Sasanian and Arab-Sasanian Silver Coins", 97–98.
2 唐长孺:《吐鲁番出土文书》卷4,281—297页。
3 Hansen, "Impact of the Silk Road Trade".
4 Wallace Johnson, trans., *The T'ang Code*, vol.2, *Specific Articles*(Princeton, NJ: Princeton University Press, 1997), 482; Denis Twitchett, "The T'ang Market System", *Asia Major* 12(1963): 245. 下文所引《交河郡市估案》中记录了相距两个星期的两组价格。
5 池田温整理并转录了这些文书,见氏著《中国古代籍帐研究》(东京:东京大学出版会,1979), 447—462页。Éric Trombert 和 Étienne de la Vaissière 做了法语全译并进行了大量注释,见氏著"Le prix de denrées sur le marché de Turfan en 743", in *Études de Dunhuang et Turfan*, ed.Jean-Pierre Drège(Geneva, Switzerland: Droz, 2007), 1–52页。

者共有多少家商铺出售某种商品。

和今天中国的市场一样,西州的市场出售各种面粉和粮食以及洋葱、大葱等蔬菜,也出售锅碗瓢盆等日用品以及马、骆驼、牛等牲口,甚至可以花25/22/20文钱买到一车粪肥。

市场中还出售很多来自伊朗世界的商品,其中很多也在《称价钱账》中出现过:硇砂、香料、糖、鍮石。《交河郡市估案》中列出了七十多种药材。因为要经陆路运来,进口商品大多都很轻便。但也有个别较重的商品,比如鍮石挂耳镔铁横刀价格为2500/2000/1800文,而本地生产的刀则要便宜得多,只有90/80/70文。来自西方的最大商品是牲口:突厥骟马、波斯骆驼。这些牲口可能是被赶着来到西州的。马价为20/18/16匹绢,骆驼价格为33/30/27匹绢[1],应该很容易就能在驻扎于此的唐朝军官中找到买家。绢帛行中出售产自四川、河南和其他内地省份的丝绢,这些恰恰就是拨给士兵的税绢。

《交河郡市估案》中的市场是由做小额贸易的商人供给的,这些商人带着由十到二十头牲口组成的小型商队流动,这种商业规模与《称价钱账》以及过所中的记载一致。与人们通常对丝路贸易的想象不同,中亚经济的主要动力来自唐朝。从七世纪三十年代讨伐西突厥开始,唐朝向西域注入了大量军费。为了打仗,唐朝把从内地征收的丝绢运到凉州和秦州(今甘肃天水),之后继续向西转运到离前线更近的地方。[2]新疆发现了二十件以上这种来自内地的税绢。[3]

640年唐朝征服高昌建立西州,紧接着便在此驻军,人数可能有几千。我们虽然讲唐军,但很多士兵并非汉人而是当地人。[4]在670到692年之间,包括龟兹的西域大部陷入吐蕃之手,其结果是八世纪不断增长的军事开

---

[1] 20之后的数字缺失,肯定是7。

[2] Arakawa,"Transit Permit System",13.

[3] 王炳华:《吐鲁番出土唐代庸调布研究》,《文物》1981年第1期,56—62页。Helen Wang非常友善地给笔者看了她尚未发表的此文翻译。

[4] Jonathan Karam Skaff, "Straddling Steppe and Sown: Tang China's Relations with the Nomads of Inner Asia(640–756)"(Ph.D.diss., University of Michigan, 1998).

支。《通典》是第一部全面关于典制的百科全书。据其作者杜佑（735—812年）估计，713年的边防支出为200万贯，741年为1000万贯，755年为1400~1500万贯。唐朝官员把铜钱的贯、粮食的石，以及丝绢的匹合为一个总计单位。因为保存下来的数字之间相互矛盾，无法弄清其具体价值。[1]

无论如何解读这些数字，唐朝政府的支出都大得令人难以置信。随便一笔支出都让吐鲁番文书中记载的那些交易相形见绌。在八世纪三四十年代，中央政府每年向西域的军事重镇输送90万匹绢[*]。在742年以前，大约有5000名唐朝士兵驻守在西州，然而来自当地居民的税收只够支付军事开销的9%。[2] 唐朝政府的军饷以绢的形式向丝路绿洲的本土经济注入了海量的资金。

这些唐朝中央政府的巨大支出在安史之乱后戛然而止。叛乱迫使唐朝撤出中亚，差点使其垮台。叛乱的首领是安禄山，其父是粟特人，其母是突厥人。他从为唐军买马的牙郎一路做到了三镇节度使。[3]（安禄山的名字是粟特语Rokhshan的汉语译音。）玄宗（712—756年在位）绞死了谣传与安禄山私通的杨贵妃，他的儿子肃宗（756—762年在位）不久宣布继位。因为中原大部都在叛军的控制之下，唐朝的税收在755年之后一落千丈，西北的唐军也不再给士兵发军饷。[4] 唐朝皇帝没办法，只能雇回鹘兵平叛。直到763年已经极度衰弱的唐朝终于成功平息了叛乱。

在唐军平叛的过程中，回鹘军队于762年占领了洛阳。回纥人的领袖在这里遇到了一位粟特摩尼师，此人向他介绍了摩尼教的基本教义。

---

[1] Skaff, "Straddling Steppe and Sown", 224, 82n147, chart on 86；杜佑：《通典》（北京：中华书局，1988）卷6，111页。Skaff的文章是英语中最新、最下功夫的作品，其中有详细的中日文参考资料。另见荒川正晴：《オアシス国家とキャラバン交易》（东京：山川出版社，2003）。

[*] 原文为："伊西北庭四十万，安西五十万"。

[2] Skaff, "Straddling Steppe and Sown", 86, 244; D.C.Twitchett, *Financial Administration under the T'ang Dynasty*, 2nd ed.（Cambridge, UK: Cambridge University Press, 1970）, 86.

[3] Jonathan Karam Skaff, "Barbarians at the Gates? The Tang Frontier Military and the An Lushan Rebellion", *War and Society* 18, no.2（2000）: 23-35, esp.28, 33.

[4] Twitchett, *Financial Administration*, 97–123.

这次命运的相会对五十年之后归入回鹘人治下的吐鲁番产生了深远的影响。[1] 摩尼教是由先知摩尼（约210—276年）在伊朗创立的宗教。其教义认为，光明与黑暗的力量一直在为控制宇宙而永恒争斗。回鹘可汗将摩尼教立为国教，并把他的决定以三语语言（粟特、回鹘、汉语）刻在一通石碑上*。[2] 在世界历史上，这是第一次也是唯一一次有国家把摩尼教立为国教。

唐朝由于叛乱而衰弱，吐蕃帝国趁机扩张自己的势力。八世纪八十年代，吐蕃军队进入甘肃，786年征服了西州以北不远的北庭都护府（别失八里），792年又攻下了西州。803年，回鹘从吐蕃手里夺得了对吐鲁番的控制权。840年，蒙古高原的回鹘人被黠戛斯人攻破。回鹘的一部逃至西州，并于866至872年之间某年在此建立了一个新的回鹘汗国，以西州为首都。[3] 另有一个回鹘汗国于东方的甘州（甘肃张掖）建立。

在回鹘人治下，吐鲁番的当地人继续以契约记录土地、奴婢和牲口的买卖，但他们使用回鹘语而不是汉语作为书面语言。[4] 十三四世纪吐鲁番的回鹘语契约显示当地经济回到了物物交换，人们用牲口和土地交换粮食或者布匹，一般是棉布。棉布已经代替丝绸成为了通货。

回鹘语文书也深刻展现了当地的宗教生活。在唐朝治下，西州有佛教、道教、祆教以及当地民间宗教。在回鹘治下，这里出现了两种新宗教：基督教和摩尼教。

---

1 Larry Clark 指出，要确定可汗皈依的确切年份很难，可能的年份包括755—756年、761年、763年。见氏著 "The Conversion of Bügü Khan to Manichaeism," in Emmerick, *Studia Manichaica*, 83-123。

* 这里的三语石碑指的是位于回鹘都城今蒙古哈喇巴喇哈逊的《九姓回鹘可汗碑》，学界一般认为此碑是回鹘保义可汗于九世纪所立，其中记述了回鹘牟羽可汗皈依摩尼教的过程。

2 Hans-J.Klimkeit, "Manichaean Kingship: Gnosis at Home in the World", *Numen* 29, no.1 (1982): 17-32.

3 Michael R.Drompp, *Tang China and the Collapse of the Uighur Empire: A Documentary History* (Leiden, The Netherlands: Brill, 2005), 36-38; Zhang and Rong, "Concise History of the Turfan Oasis", 20-21; Moriyasu Takao, "Qui des Ouighours ou des Tibetains," 193-205.

4 Moriyasu Takao, "Notes on Uighur Documents", *Memoirs of the Research Department of the Toyo Bunko* 53 (1995): 67-108.

基督教的证据于二十世纪早期由来到此地的德国第二次吐鲁番探险队发现。在高昌故城东墙外，考古学家们发现了一个基督教小教堂，他们从中抢救出一幅壁画，上面画着棕枝主日[*]的场景。他们在吐鲁番以北的葡萄沟（Bulayik）遗址发掘出多种语言的基督教手稿，包括叙利亚语、粟特语、中古波斯语、新波斯语和回鹘语。有一件手稿甚至在一首《诗篇》的粟特语译文之前给出了一行希腊语。叙利亚语是主要的宗教语言，但有些赞美诗的集子中有粟特语的标题。这些粟特语的标题表明葡萄沟的基督徒大部分都讲粟特语。突厥名字以及粟特语中出现的突厥语特点表明，他们正逐渐放弃粟特语改讲回鹘语。这些文书的年代不确定，最可能是九、十世纪，那时吐鲁番是西州回鹘汗国的首都。[1]

与中亚绝大多数基督徒一样，吐鲁番的基督徒属于基督教东方教会。教会的根据地在美索不达米亚，礼拜时用叙利亚语，这是一种阿拉米语方言。东方教会的教义认为耶稣基督有两性，即神性和人性，进而认为玛利亚是作为人的耶稣的母亲，而不是作为神的基督的母亲。他们的对手有时把他们称做聂斯脱里派，把他们和428到431年君士坦丁堡的叙利亚大主教、后来被逐出教会的聂斯脱里联系在一起。但是东方教会的成员并不这样指称自己。[2]

可汗改宗摩尼教之后，摩尼教就是回鹘汗国的国教。有一份125行长的章程，年代很可能为九世纪。不太清楚是吐鲁番的回鹘政府还是摩

---

[*] 棕枝主日（Palm Sunday）指的是复活节前的礼拜日，标志着圣周的开始。据《福音书》记载，耶稣基督于此日骑驴进入耶路撒冷，受到民众欢迎。在罗马时代，棕榈树枝是胜利的象征，此处代表基督荣入圣城。

1　Nicholas Sims-Williams, "Sogdian and Turkish Christians in the Turfan and Tun-huang Manuscripts", in *Turfan and Tun-huang, the Texts: Encounter of Civilizations on the Silk Route*, ed.Alfredo Cadonna（Florence, Italy: Leo S.Olschki Editore, 1992）, 43-61; Nicholas Sims-Williams, "Christianity, iii.In Central Asia and Chinese Turkestan", in *Encyclopædia Iranica*, Online Edition, October 18, 2011, 网址：http://www.iranicaonline.org/articles/christianity-iii; Sims-Williams, "Bulayïq", in *Encyclopædia Iranica*, Online Edition, December 15, 1989, 网址：http://www.iranicaonline.org/articles/bulayq-town-in-eastern-turkestan.

2　S.P.Brock, "The 'Nestorian' Church: A Lamentable Misnomer", *Bulletin of the John Rylands University Library of Manchester* 78, no.3（1996）: 23-35.

柏孜克里克摩尼教壁画

　　图为柏孜克里克 38 窟壁画，高 1.5 米，宽 2.4 米，是现存最大的摩尼教艺术作品。画中大树有三根树干，结满果实，树下写着供养人寻求守护神庇护的回鹘语题记。女性供养人戴着一副少见的鸟形头饰跪在树右，两位守护神站在她身后，另外三人跪在她身旁。壁画的另一侧是女子丈夫，未完整保存下来。他也带着类似头饰。此图临摹于 1931 年，那时壁画已经严重损毁。

尼寺院自己的领导颁发了这件章程。该章程具体规定了应该如何运行一座摩尼寺院，并让寺院的不同官员分别掌管耕地、葡萄园和寺院仓库。有些称号，比如"选民"，是摩尼教特有的。但寺院的结构却与佛教寺院非常相似。依附于寺院的劳工种地，并给寺院的僧侣提供衣食。神职人员举办宴会，并负责教众的精神生活。教众的主要义务则是为他们提供素食，这样神职人员吃了可以增加自己体内的光明因子[*]。[1]

---

[*] 更准确地说是为了让神职人员能够通过其身体解救蔬菜瓜果中被囚禁的光明因子，并将其送返光明王国。

[1] 全文翻译见 Hans-Joachim Klimkeit, *Gnosis on the Silk Road: Gnostic Texts from Central Asia* (San Francisco: Harper San Francisco, 1993), 353–356.

在库车非常活跃的德国发掘者阿尔伯特·冯·勒柯克在两个埋藏于地下的回鹘时期寺院书库中发现了一些最有趣的摩尼教文书。很多摩尼教的赞美诗保存了下来,其中有些用帕提亚语写成,这是摩尼教的礼拜用语,还有些用回鹘语写成,这是公元1000年以前吐鲁番的当地语言。这些赞美诗经常歌颂光明力量对黑暗力量的胜利。

> 所有光明的众生,所有忍受了巨大痛苦的正义[选民]和听者,将与圣父一同欢乐。
> 因为他们曾与他并肩战斗,因为他们克服并消灭了那曾经夸下海口的黑暗者。[1]

类似的赞美诗使学者可以重构出摩尼教的主要信条。吐鲁番的摩尼教文书是不可或缺的,因为世上现存的摩尼教文书非常少。

勒柯克找到的文书有些有精美的插画,但是被水严重损毁,很多纸页连在一起无法分开。"二战"轰炸后尚存的四次德国吐鲁番探险队收集的材料都藏在柏林的印度艺术博物馆中,其中就有一件这样的残片。这件小插图描绘了庇麻节(Bema)的场景,这是摩尼教徒一年中最重要的节日。在这一天神职人员或称选民吟唱赞美诗,朗读摩尼的教法,并吃一餐。(见彩图11A)[2]

尽管摩尼教是回鹘汗国的国教,吐鲁番却鲜有摩尼教艺术保存下来。柏孜克里克的石窟壁画中只有一幅被学者们一致认为是摩尼教的。[3] 138页所示该壁画的摹本做于1931年。自那以来,壁画受到了非常严重的损毁,遗址的管理者也很少让人参观该窟。

为什么吐鲁番及其周边的石窟中摩尼教艺术保存得这么少呢?公元

---

[1] Klimkeit, *Gnosis on the Silk Road*, 40–41.
[2] Zsuzsanna Gulacsi, *Manichaean Art in Berlin Collections*(Turnhout, Belgium: Brepols, 2001), 70–75.
[3] 森安孝夫:《ウイグル゠マニ教史の研究》(大阪:大阪大学文学部,1991),18—27页,彩图1。

1000年左右，回鹘汗国的统治者转而支持佛教而不是摩尼教。[1] 吐鲁番保存下来的一些石窟，包括柏孜克里克38窟，见证了这一转变：仔细观察窟壁可以发现石窟有两层，佛教层的下面常常还有摩尼教的一层（有时不可见）。回鹘王庭转而支持佛教的决定显然开创了一个只允许有一种宗教的新时代。

1209年蒙古人打败高昌回鹘汗国，但让回鹘国王继续统治[*]。1275年回鹘人站在了忽必烈汗一边，后被忽必烈的对手之一[**]打败，回鹘王室于1283年逃至甘肃。尽管在14世纪，农民起义推翻了蒙古人在中国的统治并建立了明朝，吐鲁番仍处在明朝版图之外，先处于蒙古治下，之后属于蒙古一系的察合台汗国。1383年，本身是穆斯林的黑的儿火者（Khidir Khoja，1389—1399年在位）征服了吐鲁番，并强迫当地居民改宗伊斯兰。直到今天，伊斯兰依然是该地区的主要宗教。[2] 吐鲁番地区直至1756年清军入侵前一直独立于中原。[3]

吐鲁番的历史可分为三个阶段，640年唐朝征服之前，唐朝统治时期（640—755年），以及803年回鹘汗国在此建立统治之后。在唐朝统治时期之前和之后，此地的经济大体上自给自足。记载中在陆路往来的大多数是使节或者难民。丝路贸易的高峰与唐朝驻军的时期相吻合，因为正是唐朝的驻军给丝路贸易带来了繁荣。唐朝政府向当地经济注入了海量的钱币和丝绢，导致贫农借债也要付高额利息。但是当755年唐朝军队撤走以后，当地经济就回到了以自然经济为基础的模式。之后的几

---

1 Werner Sundermann, "Completion and Correction of Archaeological Work by Philological Means: The Case of the Turfan Texts", in *Histoire et cultes de l'Asie centrale préislamique*, ed. Paul Bernard and Frantz Grenet (Paris: Éditions du Centre National de la Recherche Scientifique, 1991), 283-289.

[*] 不确切。1209年，高昌回鹘的统治者巴而术·阿儿忒·的斤袭杀西辽派来的少监，投降成吉思汗，使高昌回鹘成为第一个和平并入蒙古的定居国家。

[**] 即察合台汗国大汗都哇（1306年卒）。

2 Zhang and Rong, "Concise History of the Turfan Oasis", 20-21; Morris Rossabi, "Ming China and Turfan, 1406-1517", *Central Asiatic Journal* 16 (1972): 206-225.

3 Perdue, *China Marches West*.

章也会讲到，其他绿洲（特别是敦煌）中也保存了大量关于唐朝政府支出规律的信息，其整体的规律性非常明显。丝路贸易在很大程度上是唐朝政府支出的副产品，并非如人们通常以为的那样，是民间商人长途贸易的结果。

感谢1995至1998年间"丝绸之路项目：重聚高昌宝藏"的各位成员，他们从那时起一直为笔者提供各种信息和指导。该项目的成果发表于 *Asia Major* 11，no.2（1998）、*Orientations* 30，no.4（1999）、以及《敦煌吐鲁番研究》第4卷（1999）。笔者的文章"The Place of Coins and Their Alternatives in the Silk Road Trade"也讨论了吐鲁番。

第四章

撒马尔罕

粟特胡商的故乡

寄往撒马尔罕的信

图为八封粟特古信札之一。该信写于纸上,发现时叠好装在被遗弃的丝质邮包中,邮包上标有"寄往撒马尔罕"字样。这些信札年代为 313 或 314 年,是现存关于丝路贸易最重要的文书,因为它们并非出自官员,而是出自商人之手。(大英图书馆供图)

630年,玄奘离开高昌,沿着最常见的路继续西行。他在龟兹短暂停留后翻越天山,在热海(伊塞克湖,今吉尔吉斯斯坦境内)西北拜访了西突厥可汗,然后继续前行至撒马尔罕(今乌兹别克斯坦境内)。从撒马尔罕可以向西行至叙利亚,可以向东返至塔克拉玛干诸绿洲,还可以像玄奘一样向南行至印度。撒马尔罕当时是粟特人的主要城市。粟特人属伊朗族,在丝路上扮演了重要的角色,并在唐朝建立了最大最有影响力的外族聚落。[1] 粟特人操粟特语,这是一种中古伊朗语。在偏远的雅格诺布谷地(今塔吉克斯坦境内)还有人讲粟特语的后代语言。(粟特语文献的样本见对页。)

在撒马尔罕,玄奘进入了伊朗文化圈。这里的语言、宗教和习俗虽然同样源远流长,但是与汉文化截然不同。今人如果跟随玄奘脚步,会跨越另一种边界,即中国与前苏联的边界,边界两边的差别同样显著。这条险峻的高速公路被中国人戏称为"钢路",因为路边净是倾倒的卡车和金属废弃物,它们来自苏联时代的工厂,被拆卸运至中国。

七世纪时此路着实危险。玄奘在龟兹停留了两个月,等雪化了才向天山进发。龟兹王给玄奘配了马匹、骆驼和护卫,可玄奘走了两天就遇到了两千名骑马的突厥劫匪。他的弟子及传主慧立解释道,由于正忙于分赃无暇他顾,他们并没有抢劫玄奘,之后玄奘抵达天山,凌山给他留下了深刻的印象:

---

[1] Shiratori, "Study on Su-t'ê", 81–145.

> 其山险峭峻极于天。自开辟已来冰雪所聚。积而为凌。春夏不解。凝沍污漫与云连属。仰之皑然莫睹其际。其凌峰摧落横路侧者。或高百尺。或广数丈。

行程极为艰险，慧立继续写道：

> 由是蹊径崎岖登涉艰阻。加以风雪杂飞。虽复屦重裘不免寒战。将欲眠食复无燥处可停。唯知悬釜而炊席冰而寝。

七天之后玄奘一行中的幸存者才终于走出山去。玄奘一行中十有三四死于饥寒，马匹和牲畜的损失则更大。[1]

死亡率高得罕见。有人怀疑玄奘等人在途中遇到了传记中未载的雪崩。[2] 由于气候极度干燥，只有在远高于林线的天山山顶才有冰雪，冰雪下面紧接着沙土带。当一大块冰雪剥落，会带下来大量沙土，形成特别可怕的雪崩。无论是否有雪崩，翻越天山都是玄奘前往印度的整个旅程中最危险的一段路。[3]

翻过天山之后，玄奘一行抵达伊塞克湖（今吉尔吉斯斯坦境内）。伊塞克是突厥语"热湖"的音译，因为湖水来自温泉，永不上冻。该湖古称"热海"。[4] 碎叶即今托克马克镇附近的阿克贝希姆遗址，此地距伊塞克湖的西岸不远。玄奘在这里拜访了西突厥可汗。可汗身着绿色绫袍，用一丈多长的帛练裹住额头，把长发垂在脑后。[5]

---

1 慧立、彦悰：《三藏法师传》，27页。
2 Arthur Waley, *The Real Tripitaka and Other Pieces*（London: George Allen & Unwin, 1952），21。
3 学者们尚不能确定玄奘翻越天山的路线。他可能走的是别迭里山口，那里不算太高。更可能是从库车直接向北进入西突厥的腹心地带，即北疆小洪那海地区，从那向西前往伊塞克湖。见向达：《热海道小考》，《文物》1962年第7—8期，35页。
4 Beal, *Life of Hiuen-tsiang*, 25页注80。
5 玄奘遇到的是统叶护可汗的儿子肆叶护可汗。统叶护可汗于628年或629年被弑身亡之后，肆叶护可汗继之成为西突厥的统治者。见 Étienne de la Vaissière, "Oncles et frères: Les qaghans Ashinas et le vocabulaire turc de la parenté", *Turcica* 42（2010）: 267–278。

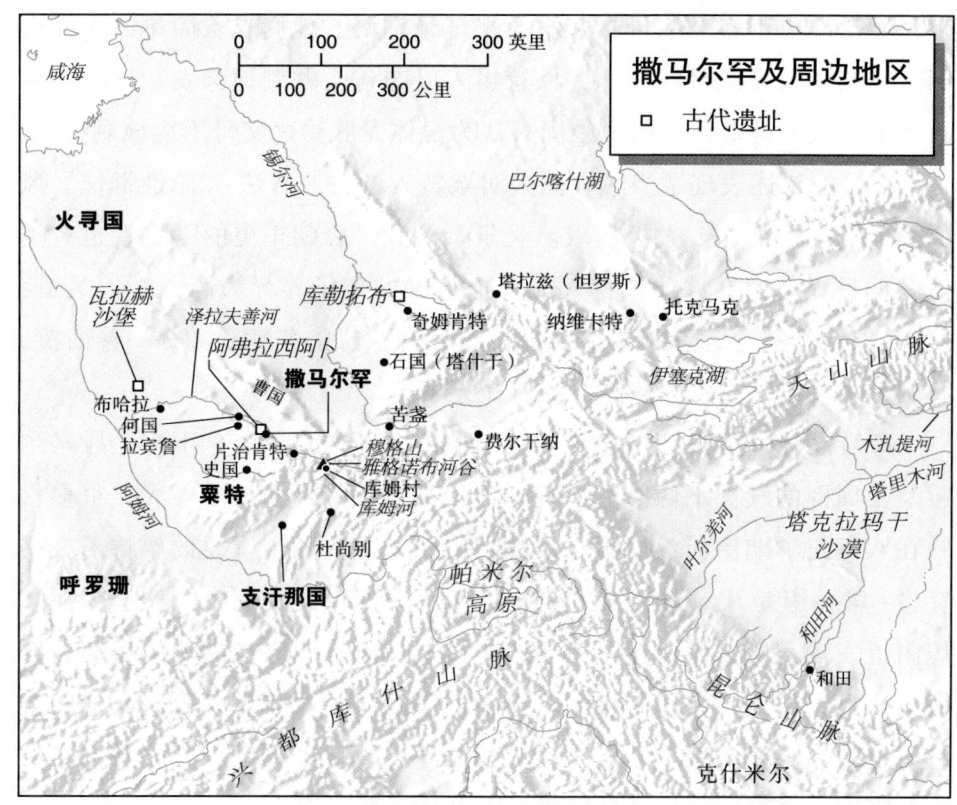

　　时值630年，可汗统辖的西突厥汗国控制了从高昌到波斯的广大地区。他并不直接统治，而是让高昌、龟兹和撒马尔罕等地的王继续做王，只要他们按时进贡，在需要时提供军队，并服从他的命令就可以。跟高昌王一样，可汗花了几天时间劝玄奘留在碎叶不要再前往印度。玄奘不同意。最后可汗做了让步，并给了玄奘五十匹绢作为盘缠。他还为玄奘配了一名通译以及写给尊西突厥可汗为宗主的不同统治者的国书数封。玄奘一行从碎叶向西，穿过美丽的山地牧场，越过贫瘠的克孜勒库姆沙漠，抵达了撒马尔罕。

　　在《大唐西域记》中，玄奘记载了粟特人的基本特征。[1] 他们不写汉

---

[1] 中文里粟特有好几种写法，见季羡林等在《大唐西域记校注》73—74页中所做渊博的注释。

字，而是用二十多个字母相互组合来记录词语。他们衣着简单，多为皮制或毡制。与突厥可汗一样，粟特男人以布包头并剃掉额发。这一习俗会让中国人觉得奇怪，因为中国人认为身体发肤受之父母不应该剃掉。

玄奘的描述表现了当时中国人对粟特人的普遍看法："志性恇怯。风俗浇讹。多行诡诈。大抵贪求。父子计利。"[1]唐朝正史的编纂者也有类似的偏见，他们在讲述粟特人如何把自己的孩子养育为商人时记载道："生儿以石蜜啖之，置胶於掌，欲长而甘言，持缶若粘云。……善商贾，好利，丈夫年二十，去傍国，利所在无不至。"[2]

可惜没有可用来修正这些刻板印象的粟特语材料流传下来。撒马尔罕及其周围的气候不像塔克拉玛干沙漠那么干燥，土壤酸性大，很多材料在八世纪早期伊斯兰征服之后都被毁了。只有两组重要的粟特语文书存世：第一组是八封粟特文古信札，年代为四世纪早期，由斯坦因在敦煌附近发现。第二组有差不多100件文书，出自一座被围攻的堡垒，年代为八世纪早期，在二十世纪三十年代发现于撒马尔罕郊外。其他的粟特语材料仅限于银碗或者丝织品上的文字、壁画的榜题、吐鲁番出土的大量宗教文书等。这些材料与粟特历史并不直接相关。[3]

在考古记录中粟特人的最初痕迹来自撒马尔罕最古老的定居层，年代为公元前七世纪。在亚历山大征服几个世纪以后，亚历山大的传记作者记载了马兰坎达（撒马尔罕的希腊语名字）居民激烈的抵抗。最终，他们还是屈服于亚历山大。亚历山大死后，不同的王朝掌握了权力。在很长时间里，一个以今塔什干为中心的联盟控制了撒马尔罕。[4]

直到最近，学者们一致认为斯坦因1907年在敦煌附近找到的粟特古信札是现存最古老的粟特语材料。1996到2006年间，在哈萨克斯坦南

---

[1] 玄奘：《大唐西域记》，72页；Beal, *Life of Hiuen-tsiang*, 27。
[2] 《旧唐书》卷198下，5310页；《新唐书》（北京：中华书局，1975）卷221下，6243—6244页。
[3] Klimkeit, *Gnosis on the Silk Road*; Nicholas Sims-Williams, "Sogdian and Turkish Christians in the Turfan and Tun-huang Manuscripts", in Cadonna, *Turfan and Tun-huang*, 43-61.
[4] Frantz Grenet, "Old Samarkand: Nexus of the Ancient World", *Archaeology Odyssey* 6, no.5(2003)：26-37.

部齐姆肯特附近的库勒拓布（Kultobe）工作的考古学家找到了十块带有粟特字母的烧砖饰版。中亚伊朗语言权威尼古拉斯·西姆斯-威廉姆斯在仔细检视这些材料之后确定其年代早于粟特古信札。在这堵墙建造时至少存在四个粟特城邦国家。但是上面的文字太残破了，难以读出很多信息。[1]

斯坦因找到的八封古信札基本完整，其信息量要大得多。斯坦因在敦煌西北90公里处一个废弃的邮包中发现了这些信件。其中一封是发往撒马尔罕的，这也许表明信件遗落时信使正在前往撒马尔罕的路上。这些信札是1907年斯坦因调查长城烽燧时找到的。长城烽燧是中国各朝代为警卫边境而修筑的。烽燧之间相隔3.2公里，每个烽燧高六米或以上，旁边常常附带戍卒住的小房间。[2]斯坦因在勘查一座编号为T.XII.A（T表示Tun-huang，敦煌的威妥玛拼音）的烽燧时没发现什么异常。他派人留下清理过道，自己则去调查另一座烽燧。当他傍晚回来的时候，工人为他展示他们发现的东西：一些染色的丝线、一个木盒子、公元一世纪的汉语文书、一件公元400年以前写有佉卢文的丝织品，以及"一卷又一卷精心折起来的纸，上有明显是西方的文字"。[3]这文字很像阿拉米文，斯坦因记得他之前在楼兰发现过类似的东西。直到后来这种文字才被确认为粟特文。

尽管很难破译，很多词还含义不明，这八张纸被证明含有极为丰富的信息。世界上能读懂粟特语的少数几名学者还在继续争论每句话的意思，甚至有时能解释出一个困扰了大家一百年的短语。五封完整信札中的四封已经被译成英文。[4]斯坦因的发掘方法在当时算是先进的，但并不

---

1 Nicholas Sims-Williams and Frantz Grenet, "The Sogdian Inscriptions of Kultobe", *Shygys* 2006, no.1: 95–111.

2 房间和烽燧遗址的照片见 M.Aurel Stein, *Ruins of Desert Cathay: Personal Narrative of Explorations in Central Asia and Westernmost China*（London: Macmillan, 1912; repr., New York: Dover, 1987），图177。

3 Aurel Stein, *Ruins of Desert Cathay*, 2:113.

4 关于这次发现的周边环境，见 Stein, *Serindia*, 669—677 页及地图74。关于这些信札的基本概况，见 Vaissière, *Sogdian Traders*, 43–70. 原书于2002年以法文发表，笔者为读者（接下页）

完美。他的工人并没有记下在倒塌烽燧的哪一层中找到了哪些物品,因此无法给这些信件断代。

其中一封信的内容为断代提供了关键线索:"还有,先生,之前的皇帝据说因为饥荒逃离了洛阳,有人放火烧了他的宫殿和城市。宫殿烧了,城市毁了。洛阳没有了。邺城也没有了!"[1] 洛阳分别在190年、311年和535年受到过攻击。大多数粟特语学者都认为这封信写于313或者314年,讲的是311年的事。[2] 信的作者称侵略者为"匈人"。他们的首领石勒(274—333年)确实属于匈奴部落联盟中的一支。这是把匈奴和四世纪末期侵略欧洲的中亚匈人联系起来的主要证据之一。[3]

这八封信并不是在信封里,而是"被折成漂亮的小块",9到13厘米长,2.5到3厘米宽。尽管这些信来自不同的中国城市,可信纸都差不多大小。大约39到42厘米长,24到25厘米宽。这表明早在那时纸张大小

(接上页) 　方便起见引用英文版。另见 Nicholas Sims-Williams and Frantz Grenet, "The Historical Context of the Sogdian Ancient Letters", in *Transition Periods in Iranian History*, *Actes du symposium de Fribourg-en-Brisgau*(22-24 Mai 1985)(Leuven, Belgium: E.Peeters, 1987), 101-122。

　　Nicholas Sims-Williams 把1、2、3、5号信札的译文都发布到网上了: http://depts.washington.edu/silkroad/texts/sogdlet.html。

　　每封信札的最新翻译如下:

　　信札1号: Nicholas Sims-Williams, "Towards a New Edition of the Sogdian Ancient Letters: Ancient Letter 1", in Vaissière and Trombert, *Les Sogdiens en Chine*, 181-193.

　　信札2号: Nicholas Sims-Williams, "The Sogdian Ancient Letter II", in *Philologica et Linguistica: Historia, Pluralitas, Universitas; Festschrift für Helmut Humbach zum 80.Geburtstag am 4.Dezember 2001*, ed.Maria Gabriela Schmidt and Walter Bisang(Trier, Germany: Wissenschaftlicher Verlag Trier, 2001), 267-280; Nicholas Sims-Williams, "Sogdian Ancient Letter 2", in *Monks and Merchants: Silk Road Treasures from Northwest China*, ed.Annette L.Juliano and Judith A.Lerner(New York: Harry N.Abrams with the Asia Society, 2001), 47-49.

　　信札3号的概括见 Nicholas Sims-Williams, "A Fourth-Century Abandoned Wife", in Whitfield and Ursula Sims-Williams, *Silk Road*, 248-249.

　　信札5号: Frantz Grenet, Nicholas Sims-Williams, and Étienne de la Vaissière, "The Sogdian Ancient Letter V", *Bulletin of the Asia Institute* 12(1998): 91-104.

1　Nicholas Sims-Williams, "Sogdian Ancient Letter II", 261.
2　信札3号到5号于313年5月11日到314年4月21日或者313年6月到12月写成。见 Grenet et al., "Sogdian Ancient Letter V", 102; 另见 Vaissière, *Sogdian Traders*, 45页注5。
3　Etienne de la Vaissière, "Xiongnu", in *Encyclopædia Iranica* Online Edition, November 15, 2006, 网上可见: http://www.iranicaonline.org/articles/xiongnu。

已经标准化了。考虑到公元三世纪纸张才在中国广泛使用,这是相当快的发展。三封信分别装在单独的丝质袋子里。第四封,即信札2号(本章开头的插图),被装在一个外覆亚麻封套的丝质袋子里,上面写着"寄往撒马尔罕",但没有寄信人地址。其他几封信都没写地址,送信人应该知道这些信是写给谁的。第1号和第3号出自一位敦煌的女性,寄给在楼兰的母亲和丈夫,第5号则寄自武威。

这些信件表明,早在四世纪早期,洛阳、长安、武威、酒泉和敦煌就存在粟特聚落。第二封信提到一个四十人的粟特定居点,在另一个地方有一百个来自撒马尔罕的"自由人"(两处地名都缺失了),洛阳的定居点里既有粟特人也有印度人。当粟特聚落达到一定规模(也许40人)的时候就会建一座火庙。萨宝负责宗教仪式,即看护火坛、主持祆教节庆、判案等等。

在伊朗,祆教以阿胡拉·马兹达为主神朝着一神教不断进化。但是在粟特地区,祆教徒崇拜包括阿胡拉·马兹达在内的很多神祇。[1]祆教禁止中国的土葬也禁止佛教的火葬,因为二者都会造成污染。土葬会污染土,火葬会污染火。因此祆教徒会先曝露尸体,让食腐动物把肉吃净,再把骨头收集在陶瓮里下葬。这种陶瓮被称做纳骨器。

写了第1号和第3号信札的敦煌女子名叫米娜。她被丈夫遗弃还背了一大笔债,因此她向许多人寻求帮助。从她所求助的这些人中,我们可以看到一个流落他乡的粟特人群体的缩影。米娜先找了一位负责收税的官员,又找了一位她丈夫的亲戚,然后又找了第三个人,明显是她丈夫的生意伙伴。这些人都拒绝帮助她,因为这不是他们的义务,而是她丈夫的。最后她去找了一位"庙祝",此人答应给她一头骆驼和一名男护卫。

米娜在信中对她丈夫大发其火:"我没有听我母亲和兄弟们的话,而

---

[1] Pénélope Riboud, "Réflexions sur les pratiques religieuses designees sous le nom de *xian*", in Vaissière and Trombert, *Les Sogdiens en Chine*, 73–91.

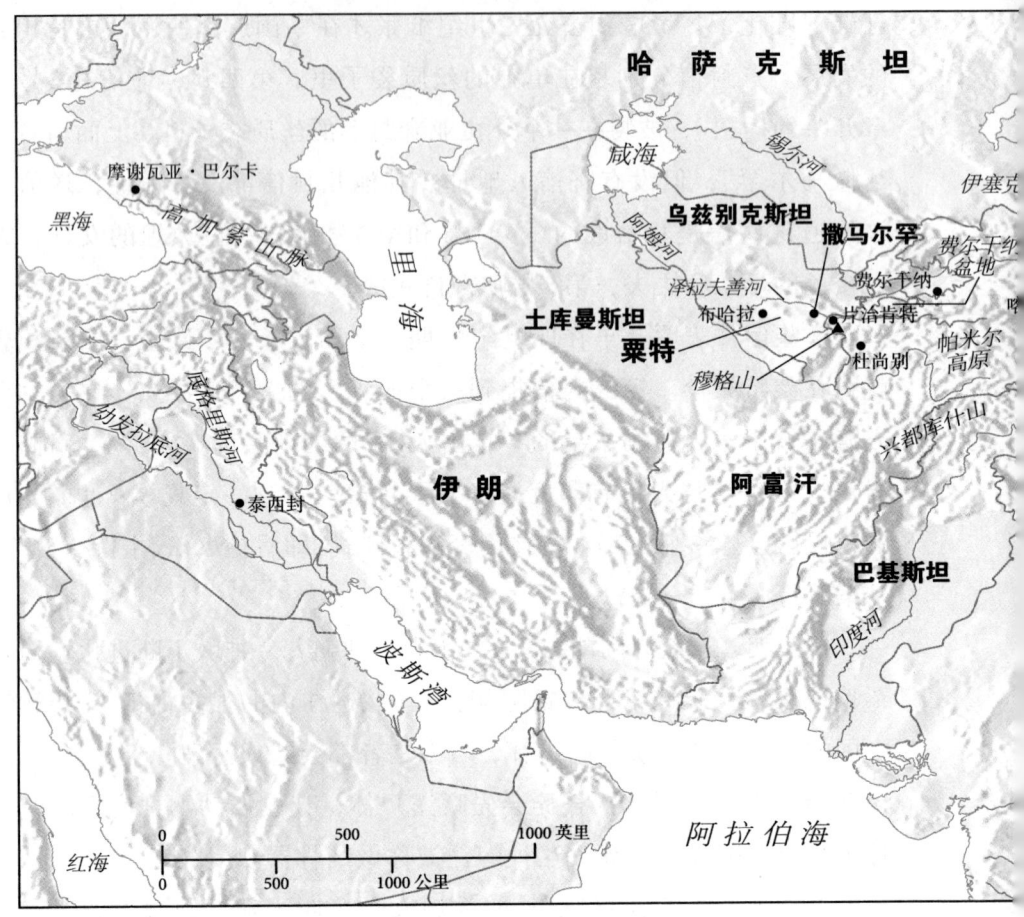

地图来源：Étienne de la Vaissière, *Histoire des Marchands Sogdiens*
(Paris: Collège de France, Institut des Hautes Études Chinoises, 2002), Map 3.

是按你说的来了敦煌。我按你说的做的那天肯定惹恼了神灵！我嫁猪嫁狗也比嫁你强！"[1] 信尾她女儿写道，母女二人已经贫困到要帮人放羊了。米娜困在敦煌的三年中有五次机会可以跟着商队离开，可她付不起20个斯塔特*的路费。

学者们不能确定一个斯塔特有多重。12克？当时流通的一种斯塔

---

[1] Nicholas Sims-Williams, "Fourth-Century Abandoned Wife", 249.

* stater，一种金币

粟特古信札
粗体地名为信札中提到的城市

特就这么重。或者0.6克？这是当时在撒马尔罕流通的一种银币的重量。这只是丝路研究者面对的众多难题之一。

讲到洛阳惨状的那位生意人比米娜要有钱多了。他在撒马尔罕有足够的资金，他指示负责帮他打理事务的商人"从那笔钱中拿出1000或者2000斯塔特"资助他抚养的孤儿。这位生意代理人在给他撒马尔罕老板的信中汇报了他在酒泉和武威雇佣的人。从他的信中可以看出公司有三个层级：老板（撒马尔罕的一对父子）；代理人（寄信人），他负责监管为他们工作的一个织工网络；织工们。

第2号信札还提到了一些当时交易的商品，即羊毛和亚麻织物。代理人汇报说他往敦煌寄了32个单位（具体价值不明）的麝香。麝香是从麝的腺体中提取出来的一种物质，用做香料或者入药。按照著名粟特历史专家魏义天的说法，这些麝香可能有800克重。对于纯麝香来说，这是很大的量。[1] 信札第2号也提到了羊毛织物和亚麻，但没提到数量。

信札第5号是寄给商队首领的，讲的是姑臧和敦煌之间的贸易。里面提到的金额也小得多：寄信人说别人欠他20个斯塔特，他只要回了四个半。他描述了商队从姑臧寄往其他地方（很有可能是1400公里之外的楼兰）的一些物品："白"（很有可能是铅白，一种化妆品）、胡椒、银子、"rysk"（这个词具体指什么尚不清楚）。有些物品跨越了很长的距离：胡椒（第5号信札）和樟脑（第6号信札）只在东南亚或者印度才能买到，麝香来自藏区与甘肃的边界。在只有部分保存下来的信札第6号中，寄信人让收信人买某种东西，可能是"来自蚕的"，即丝绸或者丝线。如果买不到，那就买樟脑。这是粟特古信札当中唯一一次提及丝绸。[2] 信札中提到的数量都不能完全确定，但是大多数学者认为这些数量都不大，可能在1.5公斤和40公斤之间。[3] 这个数量的物品用一头或者几头牲口就能运走。这意味着丝路贸易规模不大，有些学者称之为"不起眼"的贸易。[4]

粟特古信札之所以重要是因为这几乎是仅有的商人所写的丝路文书。其他文书都出自监管贸易并且抽税的官员之手。粟特古信札中描画了一群在异乡安宁地生活的粟特人，他们当中有商人、农民，甚至仆人。他们在中国改朝换代的混乱时期依然从事商业和长途贸易。

---

[1] 即一个单位重25克，见 Vaissière, *Sogdian Traders*, 53–55。关于重量单位的总体研究见 Б.И.Маршак и В.И.Распопова, Согдийские гири из Пенджикента（Санкт-Петербург: Издательство Государственного Эрмитажа, 2005）。
[2] Nicholas Sims-Williams, "Ancient Letter 1", 182.
[3] Grenet et al., "Sogdian Ancient Letter V", 100; Vaissière, *Sogdian Traders*, 53–54.
[4] Grenet et al., "Sogdian Ancient Letter V", 101.

彩图 1 吐鲁番阿斯塔纳墓出土绢花

  图中色彩鲜艳的绢花高 32 厘米,于 1972 年从墓中出土,从中可以看出新疆吐鲁番绿洲不寻常的保存条件。这里年降雨量低于 25 毫米,保存了中国其他地方无法保存的很多物品,其自然环境在全世界范围内也不多见。考古学家在绢花花茎上找到几缕头发,说明这束绢花本是头饰的一部分,由迎春的舞者佩戴,年代为七到八世纪。

彩图 2-3　最早的 1877 年丝路地图
　　德国地理学家李希霍芬发表这张地图时创造了"丝绸之路"一词。图中用加粗的橙线画出了丝绸之路。李希霍芬当时受命寻找中德两国间铁路的理想走向。他把古代的贸易路线想作一条直线。

Karte
von CENTRAL-ASIEN
zur Uebersicht der Verkehrsbeziehungen
von 128 v. Chr. bis 150 n. Chr.
von F. v. Richthofen
1876.

Die blaue Farbe bezeichnet Alles was chinesischen Quellen, insbesondere den Annalen der Han-Dynastie entnommen ist. (s. Text S. 448-475.)

Im Tarym-Becken sind nur die officiellen Strassen angegeben.

Die rothen Namen und Linien bezeichnen die Geographie des Landes Serica von Ptolemaeus und die Seidenstrasse des Marinus. (s. Text S. 429-500.)

Von Baktra westlich ist die Strasse nach Kiepert ergänzt.

Der frühere Lauf der jetzt im Sand sich verlierenden Flüsse im südlichen Tarym-Becken ist hypothetisch ergänzt.

Hochsteppe zum Theil sehr gebirgig, aber Steppencharakter vorherrschend

Oasen u. angebaute Thalebenen

Sandwüste

Kiessteppe

Karatau - oder Altai - System

Sinisches System

Hinterindisches System

Tafel 8.

彩图 4A　陪葬用罗马金币仿制品

人们常常以为汉朝与罗马通过丝路进行贸易。事实恰恰相反,中国境内发现最早的罗马钱币年代为六世纪,大大晚于君士坦丁大帝从罗马迁都拜占庭的 330 年。截至目前,中国全境只发现了不到五十枚罗马金币,其中多数为仿制品。图中金币直径 1.6 厘米,重 0.85 克,用金箔打造而成,正面凸起反面凹陷,像啤酒瓶盖一样。真正的苏勒德斯金币(Solidus)比这重五倍还多。汉人把这种金币用作护身符而不是货币。(大英博物馆供图)

彩图 4B　吐鲁番阿斯塔纳墓地出土的萨珊银币真品

从六世纪晚期起一直到七世纪初,西北人常常用伊朗萨珊王朝(224—651 年)打造的银币贷款、购物。图中银币直径 3.1 厘米,重 4.28 克,正面是萨珊皇帝库思老二世(Khusraw II,590—628 年在位),戴着他特有的带翼王冠,反面是祆教火坛,两边各有一名祭司。中国西北发现了超过一千枚类似钱币,证明这种钱币从萨珊首都泰西封(今巴格达附近)一直流通至中国首都长安。(大英博物馆供图)

彩图 5A 作为货币的绢

图中绢帛年代为三或四世纪，断成两截之前长 0.5 米，是楼兰戍堡中中国士兵的军饷。绢帛比等价的钱币要轻得多，便于运输。丝路上很多绢帛都用作通货而不是奢侈品，因此图中这匹绢采用平纹织法且没有图案。这是三四世纪通货用绢的唯一实物例证。（大英博物馆供图）

彩图 5B 米兰遗址罗马风格的有翼人像图

爱神厄洛斯在罗马被描绘成俊美的有翼年轻男子。在尼雅与楼兰之间的米兰遗址，斯坦因在一座佛教建筑中发现墙上绘有十六人，其中一人如图所示。无论这是远方工匠所画还是摹自图册，这种艺术主题在丝路上很容易传播。

彩图6　尼雅古佛塔

尼雅佛塔高七米，已经矗立了1700多年，是遗址的地标。由于风化严重，佛塔外层已剥落，露出了内层的砖石。1901年1月28日斯坦因到达时，盗墓者早已打开地宫拿走了存放于此的佛陀遗骨。该遗址其他部分埋藏在黄沙之下。斯坦因在这里发现了一百多座建筑、一千多件有字木简。

彩图 7　丝路合葬墓

这口尼雅出土的棺材长 230 厘米，男左女右葬有夫妻二人。男子颈部的刀伤可能是其死因。女子无外伤痕迹，她很可能是被勒死殉葬的。墓中出土三四世纪的精美织锦共三十七件，是出土织物最多的丝路遗址之一。锦上织有"王"、"侯"等字样，表明这是中原王朝赐给当地统治者的礼物。（王炳华供图）

彩图 8　丝路时尚

这件仕女俑制作于七世纪长安,其发型、妆容、包括眉心花钿都是典型的唐朝样式。俑人服装融合了胡、汉两方面的时尚元素:胡式联珠对鸟纹上衣,配汉式披巾,加薄纱裙罩条纹长裙。这件仕女俑在大都会博物馆展出时,馆员称之为"唐代芭比",因为该俑与芭比娃娃一样高(29.5厘米),也一样时髦。(新疆博物馆供图)

彩图9 柏孜克里克千佛洞

　　这里曾经是远离人世的佛教静修处，现在则是吐鲁番的热门旅游景点。柏孜克里克千佛洞与新疆其他佛教石窟一样，都开凿于临河的砂岩山壁之上。其中佛教洞窟（图中左侧）的很多壁画于二十世纪初被剥离，目前展出于柏林。尽管如此，原址上仍留有一幅极为珍贵的摩尼教壁画，目前不对游人开放，很少有人能看到。晾葡萄的晾房（图中下方中央）是吐鲁番乡间特有的景观。（作者摄）

彩图 10　斯文·赫定乘船横穿塔克拉玛干沙漠

　　如今塔克拉玛干沙漠中的绝大多数河床都已彻底干涸。但在 1899 年，瑞典探险家斯文·赫定乘着图中这艘 12 米长的船探索了这一地区的水路。他从叶尔羌以北出发，航行 82 天，里程达 1500 公里，最后由于河中有大块浮冰便在距库尔勒三天路程的地方结束了航程。赫定的水彩画显示他的船甲板上有帐篷、用作暗房的小木屋和做饭用的陶炉。

彩图 11A　发现失传的宗教

在发现吐鲁番文书以前，对于摩尼教的些微了解仅限于奥古斯丁《忏悔录》中对其批判性的描述。摩尼教是由先知摩尼（约 210—276 年）创立的伊朗宗教，其基本教义是光明与黑暗斗争的二元论。这幅鲜艳的插图来自吐鲁番出土的摩尼教书籍，年代为八九世纪，图中所绘是庇麻节的情景。这是摩尼教一年中最重要的仪式，体现了摩尼教教义的核心，即通过转化提炼解救光明。听者（不出家的摩尼教徒）奉上瓜果和日月形状的饼子，选民（出家的摩尼教徒）吃了之后可将其中的光明因子提炼并且解救出来。回纥可汗于 762 年改宗摩尼教并将其定为国教，这是摩尼教历史上唯一一次被尊为国教。（普鲁士视觉艺术文化遗产档案馆／纽约艺术资源［Bildarchiv Preussischer Kulturbesitz/ Art Resource, NY.］）

彩图 11B　撒马尔罕的使节队伍

图中壁画来自撒马尔罕阿弗拉西阿卜遗址，年代为七世纪中期。画中三名使节手捧送给当时粟特地区中心撒马尔罕统治者的礼物。这三名使臣来自邻近国家，都穿着图案精美的袍子。壁画中共有超过四十个人物，包括突厥人、汉人、高丽人和粟特人等。这些人物体现了粟特人所知世界的范围，也说明了丝路交往中使节的重要性。（欧里［François Ory］供图）

彩图 12　敦煌藏经洞中的希伯来语祷文

　　敦煌藏经洞文书共约四万件，其中绝大多数为汉语或藏语文书。梵语、粟特语、回鹘语、于阗语、希伯来语等其他语言的文书引起学者极大兴趣。因为若没有这些文书便无法得知敦煌有其他民族存在。这件藏经洞中唯一的希伯来语文书是一篇十八行的祷文，每句都引自《圣经·诗篇》。这件被多次折叠放入小袋子中的文书很可能是当做护身符被人从巴比伦带到中国来的。（法国国立图书馆供图）

彩图 13　和田出土的羊毛裤

这条当地织造的羊毛裤裤腿出土于和田城外的山普拉遗址，上面织有一名武士和希腊人马的图案。这些图案先随亚历山大大帝的军队传到今阿富汗北部及巴基斯坦，再从那里传到中国西北。人马的斗篷和武士领子上的花卉/钻石图案是原始图案在中亚的变体。这条裤腿的精确年代未知。山普拉遗址盗掘严重，其出土文物年代分布在公元前三世纪到公元四世纪之间。

彩图 14　西安安伽墓中的丝路舞会

　　粟特胡旋舞男女均可表演，常见于丝路各处。据当时人记载，这种舞蹈激烈而扣人心弦。图中彩绘石板出土于西安，是一名579年去世的粟特头人墓中围屏石榻上的十二块石板之一。这些石板浅浮雕以金色为背景，施以红、黑、白三色，刻画了死者在世时的种种场面，为了解粟特人在中国的生活提供了无与伦比的素材。（文物出版社）

彩图 15　安伽墓中的祆教艺术

　　粟特人是公元 500 到 800 年之间中国境内最大的外族聚落。图中这座粟特墓葬有汉式石墓门，石门之上是祆教彩绘，画着祆教火坛及两侧祭司。奇怪的是死者遗骨没有按当时习俗放在墓中棺床上，而是置于门外。（文物出版社）

彩图 16A
新疆首位穆斯林统治者的墓

第一位皈依伊斯兰教的喀喇汗国统治者是苏丹·萨图克·布格拉汗。其圣祠在新疆西部的阿图什，位于喀什东北45公里，接近吉尔吉斯斯坦边境，是新疆最受崇敬的麻扎圣墓之一。（安德鲁斯 [Mathew Andrews] 供图）

彩图 16B
在伊玛目穆萨·卡齐姆麻扎前祈祷的女性

在和田城外的伊玛目穆萨·卡齐姆麻扎前，一名女性正在跪着念经。麻扎的供品包括羊皮、彩旗和古兰经片段。喀喇汗国的穆斯林军队于1006年打败了于阗王。拜访者拜墓时常把填满稻草的动物尸体或绑有旗子的旗杆挂在死者墓前。（安德鲁斯供图）

在接下来的几个世纪里，粟特人继续讲着他们自己的语言，不过他们会改变自己的衣着发型以满足新的游牧征服者的要求。这些征服者包括匈人、寄多罗人、嚈哒人、突厥人。突厥人曾控制过撒马尔罕，他们还曾得到萨珊王朝（224—651年）的协助。萨珊王朝远在西方，都城在泰西封，今巴格达附近。509年，撒马尔罕落入嚈哒人之手。嚈哒人是一个伊朗人和突厥人组成的部落联盟，生活在阿富汗北部，有时也被称做白匈奴。[1] 560年,萨珊与刚兴起的突厥结盟打败了嚈哒。[2] 565年之后，撒马尔罕被西突厥控制。正因如此，玄奘在碎叶拜见西突厥可汗之后去了撒马尔罕。虽然突厥人在八世纪发明了自己的文字，但是他们经常使用粟特文，突厥人与粟特人之间的文化联系非常紧密。

在政治变动频繁的这几个世纪里，粟特人逐渐从撒马尔罕和布哈拉扩张了出去。从五世纪开始，粟特人在泽拉夫善河流域开拓新的居民点，建起了粟特式的建筑以及灌溉系统。经济增长在五世纪时加速，到六、七世纪时，粟特已经成为中亚最富庶的地方。考古学家在片治肯特发现的越来越大的房子和越来越精美的壁画便是明证。[3]

片治肯特在塔吉克斯坦境内，位于撒马尔罕以东60公里，是丝绸之路上最重要的考古遗址之一。从1947年起，来自圣彼得堡埃米塔什博物馆的考古学家每年夏天都来这里发掘。[4]这与大多数在中国的发掘不同，考古学家在这里并非发掘单个墓葬，而是不辞辛苦一间房子一间房子地发掘一整座小城。

---

1 Étienne de la Vaissière, "Is There a 'Nationality' of the Hephthalites?" *Bulletin of the Asia Institute* 17（2007）: 119–132.
2 Frantz Grenet, "Regional Interaction in Central Asia and Northwest India in the Kidarite and Hephthalite Periods", in *Indo-Iranian Languages and Peoples*: *Proceedings of the British Academy*, ed.Nicholas Sims-Williams（Oxford: Oxford University Press, 2002）, 220–221.
3 Vaissière, *Sogdian Traders*, 112–117.
4 关于这处遗址最重要的出版物是 Boris I.Marshak and Valentina Raspopova, "Wall Paintings from a House with a Granary, Panjikent, 1st Quarter of the 8th Century A.D.", *Silk Road Art and Archaeology* 1（1990）: 123–176, 特别是173页注3。目前主持发掘工作的是埃米塔什博物馆东方部的负责人 Pavel Lur'e。

目前，片治肯特已经发掘了6~7公顷的面积，大概是这座小城的一半。该城始建于五世纪，在七世纪时达到顶峰。722年，片治肯特落入阿拉伯军队之手，八世纪四十年代有过短暂复兴，最终在770到780年之间被彻底遗弃。[1]该城居民在五千到七千人之间，其城墙建于五世纪。城里有几条街、很多小巷、两个市场、两座庙，其中一座边上有火坛，另一座则有至少十位神祇的画像。[2]这座庙有一个另带入口的房间，里面有一尊手持三叉戟坐在一头牛上的印度湿婆像。他的三叉戟和挺立的男根与其印度原型相符，但他的靴子却是粟特式的。

商业谷仓和市场表明片治肯特有零售业。尽管考古学家们在整个粟特地区都没找到供商队住宿的永久建筑，即波斯语中的商队客栈（caravanserai），一些现代历史学家仍然相信商队客栈起源于此。阿拉伯地理学家伊本·豪盖勒（Ibn Hawqal）曾经描绘过一个巨大的古代建筑遗址，能为至多200名旅客及其牲口提供食宿。[3]有些片治肯特的院子大得足以装下一个商队。此外，粟特语中"旅店"一词为tym，借自汉语"店"。[4]

商队会经过片治肯特，因为它在撒马尔罕到中国的大道上，这条路还穿过天山中硇砂的主要产地，在今中国和塔吉克斯坦的交界处。[5]但是在片治肯特发现的物品中，能确定来自商队贸易的很少，只有一个七世纪的小玻璃瓶是个例外。当地直到八世纪中叶才开始生产玻璃。[6]

---

1 A.M.Belenitski and B.I.Marshak, "L'art de Piandjikent à la lumière des dernières fouilles（1958-1968）", *Arts Asiatiques* 23（1971）: 3–39.
2 Frantz Grenet and Étienne de la Vaissière, "The Last Days of Panjikent", *Silk Road Art and Archaeology* 8（2002）: 155–196, 特别见176页; Marshak and Raspopova, "Wall Paintings from a House with a Granary", 125.
3 Vaissière, *Sogdian Traders*, 190–194.
4 Vaissière, *Sogdian Traders*, 191.
5 Valentina Raspopova, "Gold Coins and Bracteates from Pendjikent", in *Coins, Art and Chronology: Essays on the Pre-Islamic History of the Indo-Iranian Borderlands*, ed.Michael Alram and Deborah E.Klimburg-Salter（Vienna: Österreichische Akademie der Wissenschaften, 1999）, 453–460.
6 Boris Marshak, 私下交流, 2002年2月7日。

更多的贸易证据来自城中发现的数以千计的铜钱,很多明显是市场上被扔掉的零钱。来自萨珊的银币在六世纪时也有少量流通。当地造的钱币最早出现在七世纪后半叶。显然,当地作坊铸币得到了中央的允许。在粟特与中国接触最为频繁的七世纪,片治肯特居民所用铜币为圆形方孔,与中国铜币相同,有的上面有汉字,有的没有。

与吐鲁番一样,当地人有时也用金币。1947到1995年间,考古学家找到了两枚正宗的拜占庭金币以及六枚极薄的仿制品,其中五枚发现于房屋中,说明这些金币以及仿制品曾作为货币流通。[1]

与此类似,仿制金币也用来随葬。有两枚金币(也许还有第三枚)在纳吾斯(naus)中被发现。这是一种粟特人的墓葬建筑,较小,方形,用泥砖制成,用来存放纳骨器,一般供同一个家族使用。[2]纳吾斯在祆教文书中从未出现过。这种建筑最早出现在四、五世纪之交的撒马尔罕地区,在伊朗中心地区并未出现。

一些纳骨器上的图案表现了阿胡拉·马兹达在审判日用遗骨重构死者的画面。[3]金币陪葬显示生者相信将金币或者冥币放在身边对死者有好处。这一做法似乎不仅限于富人。有一位有金币陪葬的死者生前是个陶匠。[4]

并非所有死者都被葬在祆教的纳骨器中。片治肯特一个墓园中有尸身完好的墓,明显是基督徒的葬俗。有一具尸体戴着一个铜制十字架。[5]还发现了一件叙利亚语的书写练习,很可能是一个学习东方基督教仪式

---

[1] Raspopova,"Gold Coins and Bracteates from Pendjikent",453-460.

[2] G.A.Pugachenkova,"The Form and Style of Sogdian Ossuaries",*Bulletin of the Asia Institute* 8(1994):227-243; L.A.Pavchinskaia,"Sogdian Ossuaries",*Bulletin of the Asia Institute* 8(1994):209-225; Frantz Grenet,"L'art zoroastrien en Sogdiane:Études d'iconographie funéraire",*Mesopotamia* 21(1986):97-131.

[3] Boris I.Marshak,"On the Iconography of Ossuaries from Biya-Naiman",*Silk Road Art and Archaeology* 4(1995-1996):299-321.

[4] Raspopova,"Gold Coins and Bracteates",453-460.

[5] Boris I.Marshak and Valentina Raspopova,"Cultes communautaires et cultes privés en Sogdiane",in Bernard and Grenet,*Histoire et cultes de l'Asie préislamique*,187-195,特别是192页。

撒马尔罕的祆教墓葬

图中陶制纳骨器发现于撒马尔罕城外的莫拉-库尔干村（Molla-Kurgan），其中存放着清洁过的死者遗骨。纳骨器盖上刻有两名身着透明袍子的女性舞者。撒马尔罕地区没有存在女性祭司的证据，因此她们可能是葬礼上的宾客，也可能是在阴间迎接死者的美丽姑娘。纳骨器下方刻有火坛，火坛两边各有一名祆教祭司。祭司戴着祆教仪式口罩（padam）和头罩，以免头发或体液污染圣火。（葛乐耐供图）

用语的粟特学生抄写的。[1]

目前发掘的房屋超过130座，有普通人的也有富人的。[2]大宅子中都有一个有火坛的屋子供家族做礼拜。客厅中有小一些的便携式的火坛、宗教图像以及供奉者（一般是家庭成员）的画像。城市中广泛存在的火坛表明大多数居民信奉祆教，但是粟特人对于其他信仰持开放态度。

粟特人都会在家中供奉一位神祇，将其画像挂在客厅的墙上。这些神有不同的形象特征，但有些还不能完全确定其身份。娜娜是源自两河流域的女神，有许多信奉者。[3]一位骑在骆驼上或者拿着骆驼小雕像的神受到很多旅行者的尊崇。[4]有人在宅邸中的一个独立房间里放了一张小佛

---

1 Boris A.Litvinskij, *La civilisation de l'Asie centrale antique*, trans.Louis Vaysse（Rahden, Germany: Verlag Marie Leidorf, 1998），182.

2 A.M.Belenitskii and B.I.Marshak, "The Paintings of Sogdiana", in *Sogdian Painting: The Pictorial Epic in Oriental Art*, by Guitty Azarpay（Berkeley: University of California Press, 1981），11—77，特别是20—23页。

3 Marshak and Raspopova, "Cultes communautaires et cultes privés", 187-193.

4 Vaissière, *Sogdian Traders*, 163; Marshak and Raspopova, "Wall Paintings from a House with a Granary", 140-142, 认为这是胜利之神，但葛乐耐认为这是幸运之神，见氏著 "Vaiśravaṇa in Sogdiana: About the Origins of Bishamon-Ten", *Silk Road Art and Archaeology* 4(1995-1996): 277-297, 特别见279页。

片治肯特街景

　　最富有的人住在带大厅的多层建筑中。大厅可容纳上百人,并有精美的壁画和雕刻(4)。富人的房子离商店、作坊(7)和铁匠铺(8)都很近。穷人住在小房子里,一般为两层,有些房间饰有小幅壁画(9)。这些人制作工艺品并在商铺中工作,富人则在其中购物。插图引自 Guitty Azarpay, *Sogdian Painting: The Pictorial Epic in Oriental Art*, University of California Press, 1981 © The Regents of the University of California。

像,虽然没有胜利之神或者娜娜女神的画像大,但这表明此人愿意接受非粟特的神。[1]

　　富人家里墙上的壁画有好几层,从天花板一直延伸到地面。在面对门的方向,最高一层壁画画的是神,其下是供养人即房子主人的画像。中间一层大概有一米高,画的是有名的各国民间故事,有伊朗史诗英雄鲁斯塔姆的故事、希腊的《伊索寓言》,以及印度《五卷书》里的故事。最下一层大概有半米高,按顺序画着说书人故事里的场景。每幅画有一页大小,应该是复制自书籍的插画。[2]

---

[1] Marshak and Raspopova, "Wall Paintings from a House with a Granary", 150–153, 151 页图 24。
[2] Boris Marshak, Legends, *Tales, and Fables in the Art of Sogdiana* (New York: Bibliotheca Persica, 2002)。

尽管片治肯特人的壁画有各种不同主题，但是几乎没有表现商业活动的。考古学家认为有一座房子属于住在市场旁边的商人的。这座房子有表现盛宴的壁画，席中一位客人没有佩剑，而是在腰带上挂了一个黑袋子。仅能从这一点上看出宴席上的宾客是商人而不是贵族。[1]

在撒马尔罕阿弗拉西阿卜遗址出土的大量精美壁画中，虽然不见商人的踪影，但却有撒马尔罕政治形势的图景。片治肯特和布哈拉城外的瓦拉赫沙（Varakhsha）堡中的壁画描绘的多是传说与神像。阿弗拉西阿卜的壁画不同，其主题有更浓的现实主义色彩。这些壁画绘于660至661年，当时的粟特王是拂呼缦（Varkhuman）。此王曾被高宗（649—683年在位）授为康居都督府都督，并在正史中出现。631年，之前一位粟特王曾经向唐廷提出过类似的内附请求，但太宗拒绝了这一请求，因为撒马尔罕太远，无法在需要的时候派军队前往。[2]

现存于阿弗拉西阿卜历史博物馆的这些壁画发现于1965年，当时正在修路，推土机挖开了壁画所在房间的屋顶。阿弗拉西阿卜壁画高超过2米，宽10.7米，占满了一个富裕贵族家庭的大房间的四面墙。因为四面墙中的三面顶部都被推土机破坏了，考古学家无法确定壁画的原始高度。[3]

阿弗拉西阿卜壁画值得仔细研究，因为它展示了粟特人对更广大的外部世界的看法。[4]有一些画像，比如一只鹅和一个女人，带有黑色的粟特文小字标识，表示其属于拂呼缦。房主可能与国王认识。房间入口在

---

1 Vaissière, *Sogdian Traders*, 162, plate 5, illustration 1.
2 《旧唐书》卷221下，6244页；Chavannes, *Documents sur les Tou-Kiue*, 135。
3 关于壁画的总体介绍见 Matteo Compareti and Étienne de la Vaissière, eds., *Royal Naurūz in Samarkand: Proceedings of the Conference Held in Venice on the Pre-Islamic Painting at Afrasiab* (Rome: Instituto Editoriali e Poligrafici Internazionali, 2006), 59-74。书中文章代表了对阿弗拉西阿卜壁画的最新分析。另见 Л.И.Альбаум, Живопись Афрасиаба (Ташкент, СССР: ФАН, 1975); Boris I.Marshak, "Le programme iconographique des peintures de la 'Salle des ambassadeurs' à Afrasiab (Samarkand)", *Arts Asiatiques* 49 (1994): 5-20; "The Self-Image of the Sogdians", in Vaissière and Trombert, *Les Sogdiens en Chine*, 123-140; Matteo Compareti, "Afrāsiāb ii.Wall Paintings", in *Encyclopædia Iranica* Online Edition, April 14, 2009, 网上可见: http://www.iranicaonline.org/articles/afrasiab-ii-wall-paintings-2。
4 Grenet, "Self-Image of the Sogdians."

片治肯特的房屋

　　片治肯特的富人房屋很多都有大会客室。如图所示，会客室柱子很高，室中饰有神像。这家人崇拜起源于美索不达米亚的娜娜女神。其他片治肯特房屋中也有其他神像。注意女神身后的壁画，片治肯特的画师常把壁画像这样横着分成几条。插图引自 Guitty Azarpay, *Sogdian Painting: The Pictorial Epic in Oriental Art*, University of California Press, 1981 © The Regents of the University of California。

东墙，上面绘有印度的图景，但是由于破损严重，很难看清具体画了些什么。[1]

对面的西墙画了来自不同国家的大使和使团正在列队前行。壁画最上层被毁了，因此看不到画在最上面主持整个场面的人物。西墙左起第二个人物的头部没保存下来，此人穿着一件白袍子，上面有一段粟特语。这是壁画上唯一的较长的一段文字，记录了支汗那（Chaghanian）使节向拂呼缦自我介绍时说的话。支汗那是一个小国，在撒马尔罕以南，今乌兹别克斯坦迭那乌（Denau）附近。

这段文字的译文如下：

> 当拂呼缦·乌纳什王（Varkhuman Unash）走过来时，[使者]张口[说道]：
> "我乃Pukarzate，支汗那之臣。我从支汗那之王Turantash处来到康国王处。我在此向国王致敬。关于康国的神以及康国的文字我都很清楚,没有任何疑问。我也没做任何有损于大王之事。愿您吉祥如意。"
> 然后拂呼缦离他而去。
> [然后]石国使臣张口。[2]

这段文字代表了一套外交礼节的一部分。接下去很有可能是石国（今塔什干）使臣的话。支汗那的使臣宣称康国的语言和神他都明白。尽管现在只能看到支汗那使臣的话，很有可能所有使臣的话都写在壁画的不同地方。

此处最能清楚地看出画师想描绘一个以撒马尔罕为中心的世界。五

---

1 Frantz Grenet, "What was the Afrasiab Painting About", in Compareti and Vaissière, *Royal Naurūz in Samarkand*, 43—58页, 特别是讲东墙的44—47页。

2 Frantz Grenet, "The 7th-Century AD 'Ambassadors' Painting at Samarkand", in *Mural Paintings of the Silk Road: Cultural Exchanges between East and West*, ed.Kuzuya Yamauchi（Tokyo: Archetype, 2007), 16; Vladimir Livšic, "The Sogdian Wall Inscriptions on the Site of Afrasiab", in Compareti and Vaissière, *Royal Naurūz in Samarkand*, 59-74.

粟特人的世界

撒马尔罕阿弗拉西阿卜遗址的壁画中原本有来自各主要政权的使节共四十二名。图中白色背景是保存下来的部分，灰色背景是重构出来的部分。西墙壁画显示粟特人所处世界确实非常国际化。画中有来自位于今乌兹别克斯坦南部或塔什干等邻邦的使节，也有来自中国、高丽等远方国家的使节。（© 2010 F.Ory-UMR 8546-CNRS.）

个穿戴着典型中式袍服和黑帽的中国人手捧丝绸丝线和蚕茧站在画面中间。中国人被描绘成与其他使节一样毕恭毕敬地来献礼的样子，然而实际上康国国王仰赖于中国的军事支援。中国人比其他使节重要，因此他们占据画面的中心。上方左手有四个坐着的人，他们的长辫和佩剑表明他们是突厥人，可能是雇佣兵。

壁画最右边有个木头架子，上面交叉挂着两面旗子。几面鼓支在前方，上面绘有生动的兽面。两个男人在旁边站着，头戴皮质头饰，手缩在长袖筒里。这些是高丽人，很有可能来自高句丽，该国于668年灭亡。[1]这些人物画得非常像同时代的中国绘画，很有可能是照中国画描的，而不是照真人画的。[2]这些人站着，在看左边的人。其朴素的衣着和头饰跟其他人的礼服形成强烈对比。其中一人胳膊上搭着一张兽皮。这些山里人正在听

---

1 穴泽和光、马目顺一：《アフラシャブ都城址出土の壁画にみられる朝鮮人使節について》，《朝鮮学報》80（1976）：1-36.
2 Etsuko Kageyama, "A Chinese Way of Depicting Foreign Delegates Discerned in the Paintings of Afrasiab", *Cahiers de Studia Iranica* 25（2002）：313-327.

一个手往上指的翻译说话。[1]

　　从北墙的壁画中也能看出中国人的重要性。画中有一艘船,船上有个女人,应该是中国的皇后。船的右边是一个激烈的打猎场面,中国猎人正在用矛猎杀豹子。[2]在右边尺寸很大的人物肯定是中国皇帝。因为按照粟特绘画的惯例,只有神和君主被画得比真人大。[3]

　　南墙画了一个完整的祆教仪式,祭品是四只鹅,两位信奉祆教的显要人物骑在骆驼上,手里拿着棍子。祆教祭司则戴着面罩牵着一匹马。这种面罩的巴列维语叫padam,用来盖住口鼻以免火坛与体液接触。这个仪式很有可能就是历法专家比鲁尼(al-Bīrūnī,973—1048年)曾经描述过的诺鲁兹节。[4]比鲁尼本人是撒马尔罕西北的花剌子模人。(尽管诺鲁兹节并非伊斯兰节日,但却是中亚、高加索,乃至伊朗的一个重要节日。)在撒马尔罕被伊斯兰征服几个世纪之后的公元一千年,比鲁尼记载了波斯国王带领其臣民以一个长达六天的仪式庆祝春天的到来,而粟特人在夏天过这个节。南墙的壁画跟北墙类似,但队伍中有些人物被抹掉了。中国皇帝对面是一头白象,上面很有可能坐着现在已经看不到了的康国王后,而在队伍的最后骑在马上的人则是康国国王拂呼缦本人。

　　阿弗拉西阿卜壁画着重展现了撒马尔罕与外部世界特别是使臣的关系。这些外交使臣被描绘得像是在做贸易,实际上他们是在呈上丝绸或丝线等真实的商品。七世纪中叶的拂呼缦描绘了属于汉—突厥联盟的不同民族。[5]他的画师将中国人放在了最尊贵的位置,因为他们是粟特人最

---

1 圣彼得堡埃米塔什博物馆东方部主任马尔沙克将墙的上半部复原为粟特主神娜娜女神在所有使节之上端坐于王座之中,见氏著《ソグドの美術》,田边胜美、前田耕作编:《世界美术大全集東洋編15:中央アジア》(东京:小学館,1999),156-179。与此相对,葛乐耐在"Self-Image of the Sogdians"一文中认为王座上的应该是拂呼缦。魏义天则认为王座上的应该是西突厥可汗,见 Étienne de la Vaissière, "Les Turcs, rois du monde à Samarcande", 147-162, in Compareti and Vaissière, *Royal Naurūz in Samarkand*。
2 北墙的示意图见 Compareti and Vaissière, *Royal Naurūz in Samarkand*,图版5、27。
3 Marshak, "Le programme iconographique des peintures;" Grenet, "Self-Image of the Sogdians".
4 al-Bīrūnī, *The Chronology of Ancient Nations*, trans. C. Edward Sachau (Frankfurt: Institute for the History of Arabic Islamic Science at the Johann Wolfgang Goethe University, 1998; reprint of 1879 original), 201-204, 222.
5 Grenet, "Self-Image of the Sogdians", 132.

重要的盟友。

但是撒马尔罕以及整个中亚的政治倾向将要发生巨大的变动。632年穆罕默德死后，阿拉伯人在四大哈里发及其后的倭马亚王朝（661—750年）的领导下征服了北非、西班牙南部和伊朗。651年攻灭萨珊王朝之后，他们继续向东挺进中亚，矛头直指撒马尔罕。671年，他们第一次攻破撒马尔罕，681年阿拉伯总督第一次得以在这一地区过冬。[1] 在705到715年之间，阿拉伯将军屈底波·伊本·穆斯林（Qutayba ibn Muslim）在粟特作战，并于712年征服了撒马尔罕。

在粟特地区而非中国西部发现的最大的粟特语文书群便来自这一时期。1933年苏联考古学家在撒马尔罕以东120公里、今塔吉克斯坦境内的穆格山发现了近100件珍贵文书。[2] 这些文书罕见地从被征服者而不是征服者的角度讲述了伊斯兰征服的经过，展现了一个无路可退的地方统治者为了抵抗伊斯兰大军而与突厥、唐以及其他地方政权所做的谈判。这提醒我们伊斯兰征服中亚是一个缓慢而不确定的过程，八世纪初期的唐朝在这一地区的政治中扮演了一个不易察觉的角色。

穆格山文书是由当地人而不是外国考察队发现的。库姆村距离穆格山六公里，在沙俄时代该村村民就知道山顶藏有宝藏。1932年春天，一些当地的放羊娃来到了山上。他们挖了个坑，找到了几件写在皮革上的文书。他们把最完整的一件带回了村子，把其余的放了回去。[3] 当地的党

---

[1] Grenet and Vaissière, "Last Days of Panjikent", 155.

[2] 穆格山文书已分三卷发表：А.А.Фрейман, Описание, публикации и исследование документов с горы Муг: Согдийские документы с горы Муг 1 (Москва: Издательство восточной литературы, 1962); Владимир А.Лившиц, Юридические документы и письма: Согдийские документы с горы Муг 2 (Москва: Издательство восточной литературы, 1962); М.Н.Боголюбов и О.И.Смирнова, Хозяйственные документы: Согдийские документы с горы Муг 3 (Москва: Издательство восточной литературы, 1963). 最近 В.А.Лившиц 将这些文书重新编辑后再次发表：Согдийская эпиграфика Средней Азии и Семиречья (Санкт-Петербург: Филологический факультет Санкт-Петербургского государственного университета, 2008).

[3] Ilya Yakubovich 说村民们误把粟特文当做阿拉伯文，并相信文书中写着如何找到古代宝藏。见"Mugh 1.I Revisited", *Studia Iranica* 31, no.2 (2002): 231–252.

支部书记阿卜杜拉·哈密德·普罗提（Adbul Hamid Puloti）曾在塔什干学过历史。他听到发现文书的风声之后，为了找到这些文书，他向一个村民许诺让他事成之后当警察以换取他的帮助。普罗提最终被带到一个村民家，主人从墙和门框之间的夹层中掏出了一件文书。普罗提把这件事汇报给了上级，他的上级又汇报到文化部门。这件文书后来被转移到塔吉克斯坦首都杜尚别，编号为1.I[1]，之后被塔吉克斯坦共产党第一书记胡谢日诺夫（D.Husejnov）没收。1933年此人被清洗之后就再也找不到了。[2]

和许多亚洲民族一样，粟特人用某王在位第几年的方式纪年。很多穆格山文书的年代在迪瓦什梯奇（Dēwāštīč）在位的第一和第十四年之间。因为迪瓦什梯奇称王的时间不确定，因此学者们不能给这些文书精确定年。穆格山一共出土文书97件，其中粟特语92件，汉语3件，阿拉伯语1件，还有一件文字为鲁尼字母，语言未知。[3]其中一件汉文书年代为706年，也就是说整组文书年代可能为八世纪初。[4]

正如苏联阿拉伯史大家克拉奇科夫斯基（I.Y.Kratchkovsky，1883—1951年）在其回忆录中所阐明的那样，唯一的一件阿拉伯语文书成为整组文书断代的关键。[5]此文书为迪瓦什梯奇写给呼罗珊的阿拉伯总督贾拉

---

1 笔者的叙述基于2000年3月25日在宾夕法尼亚大学与马尔沙克的一次谈话。马尔沙克教授认识普罗提，这个故事是普罗提讲给他听的。见 Лившиц, Согдийские документы с горы Муг 2。书中108—109页有一个较短的版本，112页对页是文书1.I的照片。

2 Yakubovich, "Mugh 1.I Revisited".

3 О.И.Смирнова, Очерки из истории Согда（Москва: Наука, 1970）.书中14页给出了文书总数。穆格山文书是按发现时间编号的。文书1.I发现于1932年春。普罗提1933年5月发掘所获文书的编号以俄文字母 В 打头。A.Vasil'ev 于1933年夏发掘所获文书的编号以 A 打头。Freiman 考察队1933年11月所获文书的编号以 Б 打头。普罗提1934年交出的文书编号带 Nov.（即"新"）。发掘结束之后 Freiman 的队伍回列宁格勒了。普罗提迫于压力上交了一组 Freiman 来之前别人给他的文书。这是一个装有六件皮制文书的倒扣篮子，其中包括穆格山文书中最长的一件，即附有"新娘副本"的婚约。

4 А.С.Поляков, "Китайские рукописи, найденные в 1933 г.в Таджикистане"- В кн. Согдийский сборник, Ред. Н.И.Крачковский и А.А.Фрейман.（Ленинград: Академия наук СССР, 1934）, 91—117页, 特别是103页, 图片见99页.

5 I.Y.Kratchkovsky, "A Letter from Sogdiana（1934）", in *Among Arabic Manuscripts: Memories of Libraries and Men*, trans.Tatiana Minorsky（Leiden, the Netherlands: Brill, 1953）, 142-150.

赫（al-Jarrah）的一封信。该信语言精确，应该是出自粟特王雇佣的书吏之手。在信中，粟特王以总督的"毛拉"（mawla，即附庸、门客）自居，他主动提出把前任康国王突昏的两个儿子送交总督保管。[1] 当克拉奇科夫斯基读到这封信时，他想到伟大的历史学家泰白利（Tabari，838—923年，阿拉伯—波斯历史学家）曾经提到，撒马尔罕有位领主（dihqan）名叫Divashni，曾在721到722年间抵抗过伊斯兰征服。[2] 克拉奇科夫斯基发现Divashni是个传抄错误，原本应作Divashti，即迪瓦什梯奇在阿拉伯语中的音译。把这二者堪同就可以把穆格山文书的年代定在709到722年之间。

听到这个新发现的消息，列宁格勒的苏联社会科学院向塔吉克斯坦派了一支考察团，并任命苏联粟特语专家弗雷曼（A.A.Freiman，1879—1968年）为团长。在1933年11月的两周内，弗雷曼带队挖掘了穆格山遗址。[3] 该遗址的位置是一个修建堡垒的理想地点，库姆河和泽拉夫善河三面环绕，又有内墙外墙进行进一步防护。

堡垒中只用几个大陶罐盛水，这表明堡垒的居民需要附近的村民从最近的小溪（0.5公里外）为他们取水。堡垒太小，无法容纳一支军队，而只是统治者及几名家眷和奴仆的居所。但必要的时候，此处的大房间和院子可以容纳100个家庭。

通过遗址中遗留的物品，考古学家可以判断堡垒中五个房间各自的用途。四个长方形的房间长17.3米、宽1.8到2.2米，屋顶离地只有1.7米。房间并不奢华，只能从南面采光。南墙本来应装有窗户，但并没有保存下来。

让发掘者吃惊的是，遗址中几乎没有任何有价值的东西。平台是一

---

[1] 该信译文见Richard N.Frye，"Tarxūn–Türxǔn and Central Asian History"，*Harvard Journal of Asiatic Studies* 14（1951）：105-129，译文见108—109页。

[2] David Stephan Powers, trans., *The History of al-Ṭabari*（Ta'rīkh al-rusul wa'l mulūk），vol.24, *The Empire in Transition*（Albany: State University of New York Press, 1989），171, 177-178, 183.

[3] Фрейман, Согдийские документы с горы Муг 1, 7.

穆格山堡垒遗址

穆格山海拔1500米,位于塔吉克斯坦与乌兹别克斯坦交界处靠塔吉克斯坦一侧,是一座偏僻的小山。八世纪初,当大约一百户人躲避入侵的穆斯林军队时,三面环水的穆格山成了理想的避难地。(葛乐耐供图)

个垃圾坑,被半米厚的骨头、陶器和织物的碎片覆盖。一号屋中的沉积物有一米厚,可以明显看出有九层动物粪便,中间是掺有很多黏土的黄土层。这表明城堡曾被占据九年或者十年。由于屋中还有一些木屑,发掘者认为一号屋曾是木工作坊,冬天时被用做谷仓。二号屋是厨房,有大量的家庭用具:陶罐、碎盘子、芦苇篮子、小陶杯、豆子、大麦种子以及用火的痕迹。因为三号屋几乎完全是空的,只发现了几个小的玻璃瓶和一个梳子,考古学家判断这间屋子之前是谷仓。四号室东西最多,包括三个陶罐、很多家庭用具、三枚钱币(其中一枚为银币)、金属箭头、一些衣物碎片和一个腰带扣。所有这些都来自二层,这一层已经坍塌,压在一层上面。[1]

---

1 Крачковский и Фрейман,Согдийский сборник,29.

四号室的北面有一个翻倒的陶罐，旁边散落着23根带字的柳木简，好像是从陶罐里掉出来的。这些木简上写的是管家为主人撰写并保存的家庭支出记录。[1]因为柳木便宜且容易得到，所以支出情况被写在柳木简上而不是纸或者皮革上。

管家记录了招待访客的日期以及葡萄酒和小麦的消耗量，因而展示了本地经济的大致轮廓。有时邻村的人会带着几车粮食到堡垒里来把粮食交给主人。这也许是一种实物税。管家的记录显示，村民也从主人处得到粮食。放牧是重要的经济活动。人们吃羊肉且用羊皮做衣服，可达50件之多，但一般人没有那么多。有一件文书（A17）列举了各种开销：200迪尔汗买了马；100迪尔汗造了屋顶；50迪尔汗给了祆教祭司；15迪尔汗给了医生和倒酒人；11迪尔汗买了新年晚宴用的牛；8迪尔汗给了文书起草员；8迪尔汗买了纸、丝和黄油；5迪尔汗给了刽子手。尽管学者们还不确定在撒马尔罕流通哪种货币，但是迪尔汗已经取代了萨珊银币，是当时阿拉伯世界中通行的主要银币单位。几乎所有出现在木简记录中的货品，除了纸和丝来自中国外，其他都是本地制造的。给人造成的印象是，粟特当地的经济，至少在冲突的那几年当中，基本上以物物交换为主。

除了木简，该遗址还出土了近六十件纸质和皮制文书。这些文书本来存放在二楼，发现时散落在第二室和第三室坍塌的天花板周围。[2]第三处文书发现地是那个放羊娃挖出来的篮子，里面有些皮革文书。

在97件文书当中，有3件是写在梯形皮革上的契约，展现了当时复杂的司法体系。尽管皮革似乎是笨重的书写材料，但皮革文书通行于整个阿拉伯世界（同时代的欧洲人也在用羊皮纸）。有经验的书吏可以在上面记录详细的协议。目前最长，同时也是信息量最大的穆格山文书是一份婚约，以及一份标为"新娘副本"的附属文件，其中，丈夫重申了

---

1 Боголюбов и Смирнова, Хозяйственные документы.
2 Крачковский и Фрейман, Согдийский сборник, 29.

他对于妻子家庭的义务。两件文书都发现于普罗提上交的那个篮子。[1]

婚约及新娘副本写于突昏王十年,即710年。两件文书一共有90行,写在两块皮革上,分别长21厘米和15.5厘米,记载了一桩婚姻的具体条款。新娘名叫Chat,其保护人是纳维卡特(Navikat,今哈萨克斯坦七河地区的一座粟特城市)的统治者Cher。新郎名叫Ot-tegin,这明显是个突厥人的名字。新娘父亲在这件事中不起任何作用,名字却仍被提及,因此看起来Cher是Chat的监护人。

这件前伊斯兰时代契约的引人注目之处在于,它揭示了当时社会中通行严格的义务对等:丈夫在某些情形下可以结束婚姻,妻子在同样的情形下也可以结束婚姻。这件粟特契约用到了一个法律术语来指称一种特别的婚姻,在这种婚姻中丈夫和妻子在很多方面享有同等的权利。[2]该协议开头就讲丈夫有义务提供"食物、衣服和首饰,让妻子在他自己的房子里有地位,以一个高贵男人对待高贵女人的方式对待她"。她则"必须永远照顾他的健康,像一个妻子该做的那样服从他的命令,以一个高贵女人对待高贵男人的方式对待他"。[3]

跟现代婚约很像,这件契约接下去讲如果事情起了变化该怎么办。如果丈夫"娶了另一个妻子或纳了妾,或者养了一个Chat不喜欢的女人",他承诺付给她"30个纯迪尔汗"并把她送走。如果他想结束婚姻也可以,

---

[1] Nov.3号文书(婚约)和Nov.4号文书(新郎义务)最早由Livshits完成了转写及翻译,见 Лившиц, Согдийские документы с горы Муг 2, 21-26。最新译文见Ilya Yakubovich, "Marriage Sogdian Style", in *Iranistik in Europa-Gestern, Heute, Morgen*, ed.H.Eichner, Bert G.Fragner, Velizar Sadovski, and Rüdiger Schmitt(Vienna: Österreichische Akademie der Wissenschaften, 2006),307-344。简短讨论见Ilya Gershevitch, "The Sogdian Word for 'Advice,' and Some Mugh Documents", *Central Asiatic Journal* 7(1962): 90-94; W.B.Henning, "A Sogdian God", *Bulletin of the School of Oriental and African Studies* 28(1965): 242-254。

[2] Maria Macuch, *Das sasanidische Rechtsbuch "Mātakdān i hazār dātistān"* (Teil 2)(Wiesbaden, Germany: Kommissionsverlag F.Steiner, 1981)。

[3] Yakubovich的"Marriage Sogdian Style"一文调查了大量的婚约文书,发现只有一组文书中妻子可以提出离婚,这组文书是公元前五世纪埃及象岛(Elephantine)上犹太居民的阿拉米语文书。他就此提了出两种可能:粟特女人也许比周围民族享有更多的权利,或者Cher为他的被监护人取得了不寻常的优厚待遇。

那就必须为他的妻子提供食物，并且退还嫁妆以及婚姻存续期间妻子给他的所有礼物。这样夫妻双方就两不相欠了，丈夫可以自由再婚。值得注意的是，妻子也有权结束婚姻，只要她退还丈夫送的礼物即可。她将持有自己的财产以及来自丈夫的一笔钱。婚姻结束之后，夫妻双方不再为对方的罪行承担责任，犯罪的一方将独自受罚。

这件契约使我们进一步确认了粟特社会阶层的流动性。如果夫妻一方成为其他人的"奴隶、人质、囚犯或依附民"，其前配偶不负责。显然这个社会中有些人比其他人富有。这件契约的罚金为30个迪尔汗，其签署人显然是富人。但是他们也和更下层的人一样，面临着一种现实的可能，即当他们不再富有时也许会沦为奴隶。

妻子的那份协议基本重复了上述丈夫的义务，还额外增加了几项条款。Ot-tegin开篇便说："还有，先生，我以密特拉神之名起誓，我既不会卖掉她也不会典押她。"[1] 密特拉是真理和契约的保护神，是祆教最重要的三位神祇之一，地位仅次于最高神阿胡拉·马兹达。祆教中提到的神一般都是指后者。Ot-tegin保证，如果婚姻结束，无论是谁提出的，他都会把Chat送回她的保护人处。此外，无论是他自己这边的人还是敌人把妻子带走或者关押，他会让她立即得到释放。他还保证，如果他在婚姻结束之后没有把妻子毫发无伤地送回娘家，会付100迪尔汗。如果不能立即付清，会为未结清的部分付20%的利息。这件文书的很大一部分都在讲保护人得到赔款的程序。比如，里面指名了一位担保人，到时候保护人可以找他。此协议签署于"奠基大厅"，有见证人在场，且全体居民都被吩咐要进行监督。

穆格山文书中的另外两件契约一件是磨坊租约（B-4），另一件是墓地买卖（B-8），整体结构都跟这件婚约一致，只不过要短得多。两件契约都有日期（王的在位年份、月、日）、双方姓名、交易物品、交易条件、

---

[1] 粟特语学者对于这段话的意思有分歧。有人认为"以密特拉神"应该译做"以神［即阿胡拉·马兹达］和密特拉"。见 Henning, "A Sogdian God," 248; Yakubovich, "Marriage Sogdian Style"。

见证人以及书吏的名字。

磨坊租约中记载，某人从迪瓦什梯奇处承租三座磨坊，年租460单位面粉。[1]与柳木木简一样，这件契约里要求以实物（面粉）支付。但这件文书并不是只讲了简单的租赁。该文书有42行，是一份复杂的法律文件，精确说明了承租人需要付给统治者租金的期限，以及不能足额支付的后果。

第三件契约讲的是用25迪尔汗租一块墓地。[2]两个儿子从两兄弟处租一个泥制的eskase。这可能标志着结有世仇的两个家族之间的休战，两兄弟担心他们的敌人会扰乱自己的哀悼仪式，因此把墓地出租。祆教徒的葬仪是先把死者露天放置在一个建筑中（现代祆教徒称这种建筑为寂静塔），让动物把死者的肉吃掉，然后再把清洁过的骨头收集起来放在井里，这种井在这件契约中被称做eskase。[3]然而，因为在粟特地区从未发现过这种墓葬井，有人认为该词指的是那吾斯（naus），即装死者遗骨的墓葬建筑，这种墓葬建筑在片治肯特多有发现。[4]

穆格山文书中的契约让我们明白堡垒中并非只有统治者迪瓦什梯奇的私人档案。有些文书显然是属于他的，比如那件讲他的磨坊租金的契约。但他怎么会保存一份繁琐的突厥男子与粟特女子婚约的副本？那份墓地租赁的文书又是怎么回事？

情况很可能是，穆格山的居民，包括那位新娘Chat，也许最后在堡垒被围困期间，把他们最重要的法律文件都带到堡垒里保存。他们可能希望等阿拉伯人的威胁被消灭以后再取回他们的文件。但这些契约一直

---

1 文书B-4由Livshits转写并翻译为俄语，见Лившиц, Согдийские документы с горы Муг 2, 56-58；另见Gershevitch, "Sogdian Word for 'Advice'" 84页中的简短讨论。
2 文书B-8由Livshits转写并翻译为俄语，见Лившиц, Согдийские документы с горы Муг 2, 47-48。Ilya Gershevitch改订了译文，见氏著"Sogdians on a Frogplain", in *Mélanges linguistiques offerts à Emile Benveniste*（Paris: Société de Linguistique de Paris, 1975），195–211。
3 Gershevitch, "Sogdians on a Frogplain", 205–206，为了让译文更流畅笔者去掉了Gershevitch文中的括号。另见Frantz Grenet, "Annexe: Le contrat funéraire sogdien du Mont Mugh", in *Les pratiques funéraires dans l'Asie centrale sédentaire de la conquête Grecque à l'Islamisation*（Paris: Éditions du CNRS, 1984），313–322。
4 例如Paul Bernard的回应，见Grenet, "Annexe", 321–322。

完好无缺地留在穆格山的堡垒里,直到1932年才被放羊娃找到。如果确实如此,那就解释了为什么穆格山文书不仅有迪瓦什梯奇王的通信,还有在城堡里避难的其他几名较低等级领主的信件。

结合泰白利的详细记载以及穆格山文书中的信息,我们可以重构穆格山堡垒陷落的历史。[1]泰白利记载道,新来的阿拉伯总督外号是"娘们",他在720年秋天至722年春天期间与粟特人作战。粟特人跟突骑施人结盟。突骑施本来臣属于西突厥,在715到740年间占有了一部分西突厥的地盘。[2]721年,已经统治片治肯特14年的迪瓦什梯奇终于被正式封为"粟特王,撒马尔罕之主"。[3]

迪瓦什梯奇号称是撒马尔罕最后一任统治者突昏的继承人。突昏在709年向屈底波投降,但随后又起兵,710年自杀或者被处决。乌勒伽（Ghurak）继之为王。屈底波以为突昏报仇为名再次进攻,于712年攻占了撒马尔罕城。乌勒伽投降之后签署了一个条约,承诺一次性赔偿200万迪尔汗,且之后每年交付20万迪尔汗。[4]屈底波和一些当地统治者承认乌勒伽为突昏的继任者,但撒马尔罕西南的一些人则支持迪瓦什梯奇。二者并存了十年,这期间的历史不甚明了。

719年,迪瓦什梯奇毕恭毕敬地写信给阿拉伯的呼罗珊总督,仿佛自己是他的下属。但是到了721年夏天,他乐观地认为自己有机会打败阿拉伯人。此时他给位于撒马尔罕西南12到16公里的Khakhsar城的统治者Afshun写了一封信（编号为V–17）,说"有一支突厥人和中国人的大军要来"。似乎突骑施、唐和拔汗那（今费尔干纳）组成了反伊斯兰的联盟。穆格山文书中的信件是唐朝参与这些事件的唯一证据,另一封信（编号为V–18）里提到了一个"中国"侍从。（侍从这个词的词意并不肯定。）"中国人"也许指一个从西域来的汉人,并不一定是长安的中

---

1 Grenet and Vaissière, "Last Days of Panjikent" 一文为厘清这些混乱的事件做出了突破性的贡献。
2 Vaissière, *Sogdian Traders*, 199–200.
3 Vaissière, *Sogdian Traders*, 161–162.
4 Yakubovich, "Mugh 1.I Revisited".

央政府派来的。[1]

文书显示，一年之后，很有可能是722年，情况彻底变了。一名信使汇报说根本看不到"突厥人"的影子。而另一个人，很可能是名信使，则描述了费尔干纳的苦盏（Khujand）陷入穆斯林之手，14000人投降。[2]泰白利说粟特人分为一大一小两部，一部至少有五千人，他们逃往拔汗那却进不了城，穆斯林军队来了之后便大开杀戒。[3]另一部则小得多，大概有一百户，他们投奔迪瓦什梯奇并逃进了穆格山城堡。[4]

在阿拉伯军队屠杀期间，人数多的那部分粟特人中只有商人付得起赎金换取人身安全。纳税对于刚被征服的中亚人民来说是个重大问题。为了避税，他们希望改宗伊斯兰，这样可以凭穆斯林的身份受优待而少缴税。然而在八世纪，倭马亚王朝非常急迫地需要大量税收以满足其战争需要，并不总是对新改宗的穆斯林给予税收优待，因此很多粟特人逃往突厥或者唐朝的地盘。

迪瓦什梯奇的追随者可能只有100个男人，他们和家眷都躲进了穆格山城堡（泰白利称之为Abghar）。[5]他们派了一小股部队到城堡外与穆斯林军队作战，随即被赶了回来。穆斯林最终攻陷了城堡。迪瓦什梯奇在战败之后恳求Said al-Harashi保证自己的人身安全，并得到了许可。城堡内的100户人奉上城堡的物品以换得自由。据泰白利记载，阿拉伯军队统帅随即将这些物品拍卖，并按照伊斯兰律法将所得五分之一充入国库。这就是为什么1933年苏联考古学家发掘该遗址时城堡里几乎空无

---

1 Frantz Grenet, "Les 'Huns' dans les documents sogdiens du mont Mugh（avec an appendix par N.Sims-Williams）", in *Études irano-aryennes offertes à Gilbert Lazard*, ed.C.-H.de Fouchécour and Ph.Gignoux, Cahiers de Studia Iranica 7（Paris: Association pour l'Avancement des Études Irannienes, 1989）, 17.
2 A-14, A-9, Grenet and Vaissière, "Last Days of Panjikent", 168-169, 172.
3 Powers, *Empire in Transition*, 172-174; Grenet and Vaissière, "Last Days of Panjikent", 156.
4 E.V.Zeimal, "The Political History of Transoxiana", in *The Cambridge History of Iran*, volume 3, *The Seleucid, Parthian and Sasanian Periods*, ed.Ehsan Yarshater, part 1（New York: Cambridge University Press, 1983）, 259-260.
5 Richard Frye, "Tarxūn-Türxŭn and Central Asian History", 112-113; E.V.Zeimal, "Political History of Transoxiana", 259-260; Powers, *Empire in Transition*, 171, 177-178, 183.

一物。所有值钱的东西几乎都被拿走了，那些纸质和皮质文书一定是被忽略了。

尽管阿拉伯统帅曾许诺保证迪瓦什梯奇的人身安全，但他食言了。泰白利描述了他悲惨的结局。阿拉伯将军"杀了迪瓦什梯奇，把他钉在一个［袄教］墓葬建筑（即那吾斯）上。他下令，如果尸体被移走，拉宾詹（Rabinjan）的人民就得付一百［第纳尔］……他把迪瓦什梯奇的人头寄到伊拉克，把他的左手寄给吐火罗斯坦的Sulayman b.Abi al-Sari"。[1]处死的方式表明迪瓦什梯奇是个重要人物。迪瓦什梯奇代表了粟特人的抵抗，阿拉伯将领选择以极端的方式处置他的尸体。[2]（此人随后因为实行如此残酷的惩罚而被免职。）

迪瓦什梯奇的死只是撒马尔罕被伊斯兰征服过程中的一个小插曲。不出几十年，穆斯林军队就牢牢控制了这一地区，波斯语逐渐替代了粟特语，伊斯兰教逐渐替代了袄教。751年，在今哈萨克斯坦境内发生的怛罗斯战役中，穆斯林军队击败了唐朝军队。主要原因是游牧的葛逻禄人在阵前倒戈，加入了穆斯林一方。四年之后，安禄山起兵反唐，唐朝被迫抽调中亚的部队前去平叛。这两起事件衔接紧密接连发生，意味着八世纪中叶以后，撒马尔罕以及粟特周边地区的目光不再往东投向中国。粟特地区的伊斯兰化让很多生活在中国的粟特人就此定居了下来。

穆格山文书的年代早于中亚的伊斯兰化以及造纸术传入该地区的时期。穆格山文书使用了各种不同材质，说明当地统治者愿意购买中国的纸，因为纸张使用方便且易于保存。但中亚的居民还在继续使用皮革制作重要文书，比如克拉奇科夫斯基解读的那件唯一的阿拉伯语文书。当地人还用柳枝制作木简来记录不太重要的事情，比如家庭收支。

穆格山中发现的中国纸张是少见的长距离贸易的证据。八块残片拼

---

1 Powers, *Empire in Transition*, 178.Powers 把阿拉伯语中迪瓦什梯奇的名字写作 al-Diwashini，克拉奇科夫斯基将其转写作 Divashni。Powers 在"埋葬地"之前的括号中加入"基督徒"一词，但阿拉伯语原文是 nāwūs（Yakubovich, "Mugh 1.I Revisited," 249n31），因此在这里笔者去掉了"基督徒"一词。

2 Yakubovich, "Mugh 1.I Revisited".

成的三件汉语文书都来自中国境内，运到这里被再利用。穆格山里其实没人会写中文。三件中的一件是写于甘肃武威的官文书。武威是丝路上在中国境内的一座繁荣城市，位于敦煌以东。这件文书用完之后被卖作废纸（反面没写字，还可以用），丝路商人将其带到了3600公里以外的穆格山上。[1]

八世纪和九世纪，中国纸张远抵中亚，最远到达高加索的摩谢瓦亚·巴尔卡（Moshchevaia Balka），这个地名的意思是"遗迹谷"。该遗址位于黑海东北，有一些在石灰石高台上或者山边岩洞中的墓葬，是目前所知发现中国纸张的最远处。二十世纪初，发掘者挖出了一些有汉字的纸片。最完整的一件有15厘米长、8厘米宽，潦草的几行字写着日期和支出的金额（2000文，800文）。尽管极为残破，还是能看出这是一个账簿。[2] 该遗址还出土了一些很明显来自中国的其他东西：一件画有佛像和骑马人（出城以前的悉达多王子？）的绢画、一件佛经残片、某种纸糊物件上的信封残片。这些物品表明至少中国纸张和绢画——甚至中国商人——在八、九世纪时曾抵达高加索地区。[3]

八世纪时，中亚人学会了造纸。据阿拉伯语文献记载，751年怛罗斯战役阿拔斯朝打败唐军之后把战俘带回了首都，有些战俘把造纸术传给了俘虏他们的人。[4]

与其他技术传播的传说一样，这一则并不一定可信。[5] 造纸术并不难学，简单来说就是把有机材料和碎布的混合物打制成纸浆，然后在帘子上晒干。这项技术慢慢从中国内地传播开去，八世纪以前即传到了中亚。公元800年后，纸张逐渐取代皮革成为了伊斯兰世界的主要书写材料。

---

1 文书 A-21，讨论见 Поляков，"Китайские рукописи"。
2 Anna A.Ierusalimskaja and Birgitt Borkopp, *Von China nach Byzanz*（Münich：Bayerischen Nationalmuseum, 1996），item no. 120.
3 Elfriede R.Knauer, "A Man's Caftan and Leggings from the North Caucasus of the Eighth to Tenth Century: A Genealogical Study", *Metropolitan Museum Journal* 36（2001）: 125–154.
4 Hyunhee Park, "The Delineation of a Coastline: The Growth of Mutual Geographic Knowledge in China and the Islamic World from 750–1500"（Ph.D.diss., Yale University, 2008），45.
5 Bloom，未发表论文。

纸张价格低廉，制作快捷，比皮革方便得多，比起埃及才有的莎草，又容易得到得多。纸张在十一世纪末十二世纪早期从伊斯兰教的门户西班牙和西西里传入了基督教欧洲。

毫无疑问，比起丝绸来，中国发明的纸极大地改变了它所接触的社会。在近代以前，无论丝绸多么有诱惑力，它主要还是用于衣物和装饰。如果没有丝绸，其他织物很容易取而代之。在中亚，棉布经常代替丝绸。与之相对，纸张则标志着一个真正的突破。随着廉价纸张的引入使书籍从奢侈品变为很多人都买得起的商品，与之相应的是教育水平的提高。与羊皮纸或皮革不同，纸吸墨，因此可以印刷。离开了纸，世界主要的印刷革命，无论是中国的雕版印刷还是欧洲的活字印刷，都不可能发生。

所有研究粟特古信札、片治肯特发掘、阿弗拉西阿卜壁画以及穆格山文书的学者都认为这些材料中对贸易的描述少得惊人。古信札虽然是商人所写，但讲的绝大部分是小额贸易。与之类似，片治肯特的发掘中也没出现什么贸易物品，城里的壁画上几乎没有商人形象，也完全没有真正的商贸场景。阿弗拉西阿卜壁画也是如此。在撒马尔罕有着丰富经验的法国考古学家葛乐耐曾一针见血地指出："在整个粟特艺术中没有一列商队、一条船，只有阿弗拉西阿卜壁画上中国皇后的游船是个例外。"[1] 在片治肯特发掘出的130座房屋中发现了很多壁画，无一有贸易场景。与之类似，穆格山文书中，除了纸张和丝绸，只有本地生产的物品。而生产这两项物品的技术恰恰在这个时间点正从中国向西传进中亚。

目前掌握的证据表明丝路商业大体上是本地贸易，由小贩在短距离内进行。造纸或制丝一类的技术，以及祆教和伊斯兰教等宗教都随着移民传播。他们带着家乡的技术和宗教信仰在新的地方安家落户。

法国高等研究实践学院魏义天、法国国家科学研究中心葛乐耐、刚刚去世的俄罗斯埃米塔什博物馆马尔沙克、美国南加州大学凯文·范·布拉戴尔（Kevin

---

[1] Grenet, "Self-Image of the Sogdians", 134.

van Bladel)都非常仔细地读过本章初稿。马尔沙克教授于2002年春天在耶鲁大学开设过两门课程。笔者对片治肯特的讨论就利用了这两门课的笔记。哈佛大学的施杰我对照粟特语原文检查了译文并为笔者提供了很多有益的建议。还要感谢阿赛尔·乌穆尔扎科娃帮忙找来并阅读俄语文献以及尼科拉奥斯·A·克里希迪斯(Nikolaos A.Chrissidis)对研究所做的其他协助。

第五章

长 安

丝路终点的国际都会

在意想不到的地方找到文书

这尊纸俑出土于吐鲁番墓中,年代为七世纪。仔细看可看到其手腕处有纸伸出来。俑人胳膊是用废纸卷做成的。考古学家把这类纸俑用蒸汽熏软,从中拆出了很多种文书。其中包括当铺小票(质库账历),小图中即是一张。小票上划着一个又粗又黑的"7"字型线表示账目勾销。小票中还提到了长安地名,这是确定纸俑产地的关键证据。(新疆博物馆供图)

今天的西安比中国其他任何地方都更富考古学上的魅力。著名的兵马俑距市区仅有一小时车程。丝绸之路也在城中留下了很多痕迹。今天城中居住着很多少数民族,在唐朝称长安时也同样多元化。对页高雅的仕女俑即产自长安,人物服装结合了唐与粟特两种元素。长安非常大,直到最近十年西安才扩建得超出了其唐代边界。西安人口超过一千万,无疑是中国西北最大的城市。

西安人祝酒时经常提醒来客,此地曾经是十朝古都。其中七朝寿命短暂,疆域有限,另外三朝则实现了大一统:西汉(公元前202—公元9年)、隋朝(581—618年)、唐朝(618—907年)。长安既是政治中心,也是丝路西行的出发点。玄奘便是这些西行者中的一员。出发前,玄奘造访了住着很多粟特人的西市。相比于中国其他地方,在这里他能够得到最好的建议。

这座内陆城市也是由海路西行之人的起点。这些航海者先由陆路(当时黄河不能通航)到达长江上的港口或直接到达海边,再乘船沿着公元1500年之前世界上最繁忙的航线航行,从中国沿海可抵达东南亚、印度、阿拉伯世界以及东非海岸。[1]

公元后的第一个千年是丝绸之路的鼎盛时期,在此期间各方来客经海路或陆路来到长安。从220年汉朝灭亡起,到589年隋朝一统中国为止,中国一直未曾统一。许多地方由游牧民族掌权的朝代统治。在北方,

---

1 George F.Hourani, *Arab Seafaring in the Indian Ocean in Ancient and Early Medieval Times*, ed.John Carswell, rev.ed.(Princeton, NJ: Princeton University Press, 1995), 61.

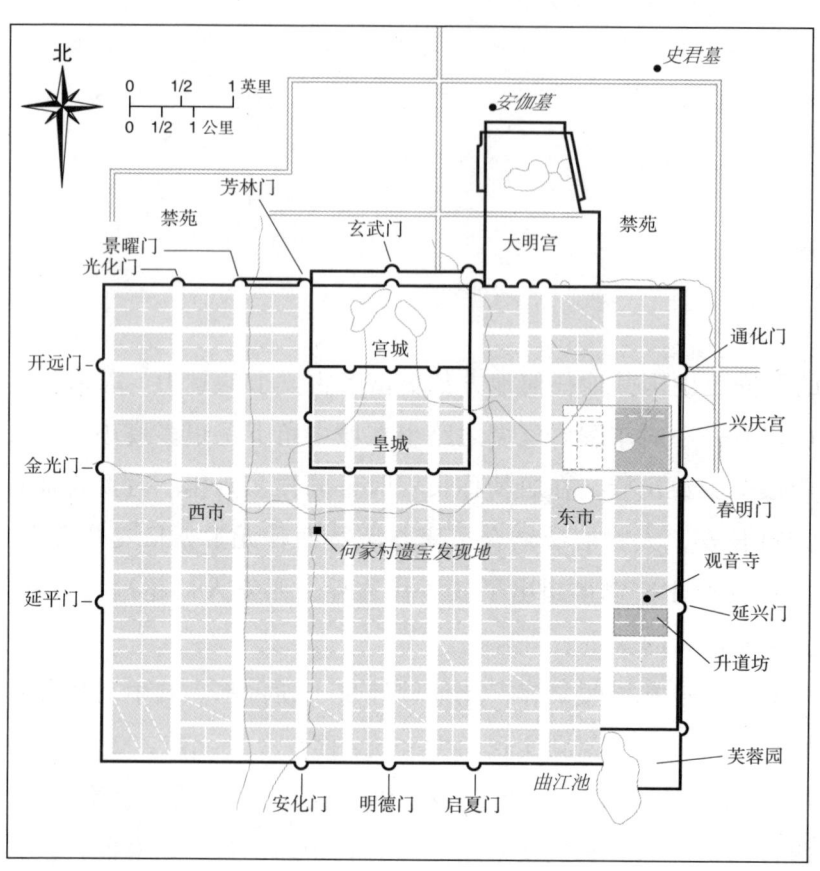

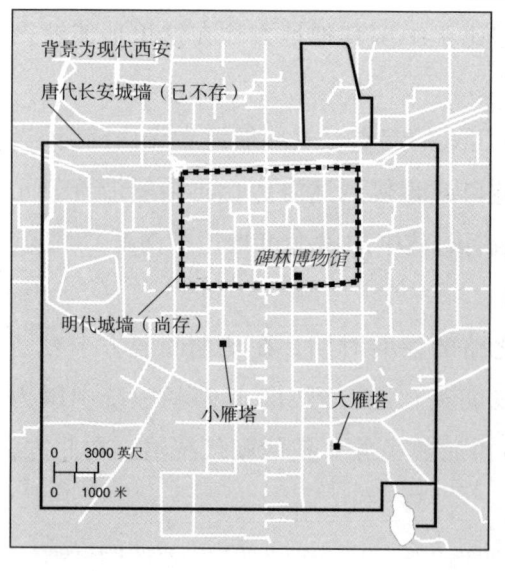

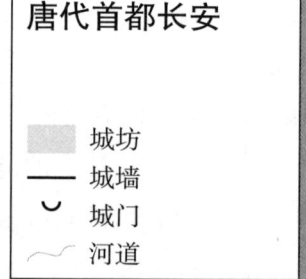

北魏（386—557年）的统治时间最长。北魏之后是北齐（550—577年）和北周（557—581年）。

今天的西安有很多过去的遗迹。中国法律规定，若工地挖出古物，必须通知考古部门。这样的事情在西安常有发生。考古学家每年都能发掘出几百座汉唐墓葬。[1]在西安北郊有一块北周高官用的墓地。关于陆路迁徙的最新证据来自最近发现的几座粟特墓葬。这些人在六世纪末七世纪初来到长安和其他中国北方城市。

两座粟特墓葬自其被发现伊始就引起了强烈关注，它们是2000年发掘的安伽墓和2004年发掘的史君墓。2005年秋，西安的考古学家还发掘了一位葬于长安的印度人的墓葬。据墓志，墓主名为李诞，婆罗门种，该词仅表示此人来自印度，并不一定是高种姓。[2]在宁夏固原、山西太原等地也发现了粟特墓葬。[3]

这些墓葬展示了来到中国的移民（主要是粟特人）是如何被改造和适应汉人文化习俗的。粟特地区的传统葬俗是将死者遗体曝露于外，之后再将骸骨放入纳骨器或建于地上的祆教墓室那吾斯中。西安出土的粟特墓葬则采用汉人的斜坡墓道洞式墓，其中通常还有一方中文墓志简要概括逝者生平。

这些墓葬也保留了鲜明的粟特元素。围屏石榻或者像小房子一样的石椁取代了汉式的棺材。在有些墓葬中，死者的遗骨被放置在围屏石榻上或石椁里，另外一些墓葬则不是这样。后者中特别值得注意的是安伽墓。[4]与纳骨器一样，石椁外部有雕饰。与此相对，围屏石榻只有面向内

---

[1] 西安文物保护考古所所长孙福喜，私下交流，2004年4月30日。
[2] 程林泉、张翔宇、张小丽：《西安北周李诞墓初探》，《艺术史研究》2005年第7期，299—308页。
[3] 关于最重要的发现以及文献的综述见 Judith Lerner, "Aspects of Assimilation: The Funerary Practices and Furnishings of Central Asians in China", *Sino-Platonic Papers* 168（2005）: 1-51。
[4] 这种结构在学界一般被称做"屋型棺（house-shaped sarcophagi）"。巫鸿认为这种墓葬结构可能在几个世纪之前就有了，见于距西安有一段距离、发现有粟特墓葬的几座城市中，见氏著"A Case of Cultural Interaction: House-Shaped Sarcophagi of the Northern Dynasties", *Orientations* 34, no.5（2002）: 34-41。

的部分有雕饰，好像一个"表里颠倒"的纳骨器。[1] 与纳骨器不同，围屏石榻上刻有死者在世时的生活场景，传统粟特纳骨器上从来没有这样的画面。这些生活场景极为真实，明显参考了死者的生活经历，所描绘的可能是现世也可能是来世。

被评为2001年中国十大考古发现之一的安伽墓是唯一发掘前没被扰动过的粟特墓葬。绝大部分中国的墓葬都被盗墓贼打开过，有的还被打开过好几次。安伽墓8.1米长的斜坡墓道尽头是墓门。（见彩图15）门外是死者墓志。墓志采用典型的汉式形制，志文刻在低矮的方形基座上，上加墓志盖，基座与墓志盖均为石制。按汉式葬俗，安伽的遗骨应该放在棺床上的棺材里，但是死者遗骨却散在墓门周围的地上。没人说得出这是为什么，袄教或汉人的习俗都不允许这样的葬法。墓志周围的一切，包括墙壁，都有烟熏的痕迹，似乎有人曾经在此处生过火。[2]

据墓志，安伽祖上来自安国（今乌兹别克斯坦布哈拉），后迁至凉州（今甘肃武威）。此处是长安与敦煌之间的重镇，玄奘也曾在此停留。[3] 安伽生于537年，其父为粟特人，其母可能为凉州的汉人。[4] 墓志说其父曾任两官，其中一任所在地为四川。这不太可能，因为四川与武威相距甚远。这些官职更可能是由于其子安伽的成功而追封的。[5] 安伽确实很成功。他先在同州（今陕西大荔，在西安以北）做萨宝，后来做到了萨宝可及的最高官阶。[6]

从北魏起，中原王朝开始授予粟特聚落的头人官职，并采用原本是

---

1 Juliano and Lerner, *Monks and Merchants*, 59.
2 有个洞贯穿墓道，是唐朝时打的一口井。陕西省考古研究所：《西安北周安伽墓》（北京：文物出版社，2003），12页；Rong Xinjiang, "The Illustrative Sequence on An Jia's Screen: A Depiction of the Daily Life of a *Sabao*", *Orientations* 34, no.2（2003）：32–35。
3 陕西省：《安伽墓》，61—62页。
4 此人母亲姓杜，其家庭与外国人无关。
5 荣新江：《中古中国与外来文明》（北京：生活·读书·新知三联书店，2001），119页。
6 由于材料不足，无法确知萨宝在北周的品级（共十八级，从九品下到一品上），但北周之后的隋朝继承了北周的官僚体系。隋朝时万人以上辖区即置萨宝，为九品上，雍州（首都所在地）萨宝为七品下。北周时萨宝的官品应该差不多。见 Albert E.Dien, "Observations Concerning the Tomb of Master Shi", *Bulletin of the Asia Institute* 17（2003）：105-116，特别是109—111页。

粟特头人的汉式墓葬
　　安伽墓门楣上的彩绘巧妙融合了胡汉两种元素。人头人身鸟腿鸟爪的祭司戴着祆教仪式口罩站在桌旁，桌上摆着碗和花瓶，花瓶里有花。这里的祆教祭司代表总是与公鸡联系在一起的斯罗什（Srosh）神。斯罗什神是阴间的判官，他帮助灵魂跨越进入阴间的桥。鸟人祭司头顶是腾云驾雾的汉人乐师。右下方戴白帽浓髭须的人物是死者萨宝安伽本人。（文物出版社）

　　外来语的"萨宝"一词命名此官。由此，萨宝被赋予了新的含义，即被汉人任命管理外国人聚落的官员。安伽从北周得到任命，该朝在579年62岁的安伽去世时依然统治着长安。安伽墓结合了汉与粟特的元素。墓门上方的画中有一个火坛，置于三头骆驼驮着的一张桌子上，这是粟特胜利之神的标志物。[1]

　　墓室长宽各3.6米，高3.3米，当中放有一张围屏石榻。工匠们先在围屏上刻出浅浮雕，再用红、黑、白三色颜料给人物、建筑和树木上色，最后以金色填充背景。共有12幅图，左边3幅，右边3幅，中间6幅。[2] 正

---

[1] Frantz Grenet, Pénélope Riboud, and Yang Junkai, "Zoroastrian Scenes on a Newly Discovered Sogdian Tomb in Xi'an, Northern China", *Studia Iranica* 33（2004）：273-284, 特别是278—279页。
[2] 荣新江：《中古中国与外来文明》，32页。

中间画着身材肥硕的安伽和一名女性（可能是他妻子）一起坐在一座汉式建筑中，面前有一座桥。中国发现的围屏石榻和石椁上几乎都绘有胡旋舞的场面，聚会时男女均可表演这种舞蹈。安伽的围屏石榻上绘有三幅胡旋舞的场景。（见彩图14）

安伽墓的围屏上几乎见不到任何商业活动。中央围屏中出现了驮着货物的骆驼，但整幅图更像是外交场合而不是商业活动。在同一块围屏上，安伽似乎在一位突厥酋长的帐篷中与之交谈。[1]如果骆驼驮着的确实是商品，那么这些商品其实是协商完成后与对方交换的礼物。这一做法与前几章所述由使节主导的贸易相吻合。特别值得注意的是撒马尔罕阿弗拉西阿卜宫殿遗址壁画中对使节及其礼物的描绘。

第二座粟特墓葬于2003年在安伽墓以东2.2公里处被发现。该墓与安伽墓类似，非常引人入胜。[2]死者的粟特名为Wirkak，源自粟特语"狼"。墓志中文部分记载，死者姓史，写名处空白，因而未知。与安伽墓一样，史君墓也是斜坡墓道洞式墓。与安伽墓的围屏石榻不同，史君墓中有一石椁，长2.5米，宽1.5米，高1.6米，外周四面均有浮雕。墓中填满了沙子，考古学家只找到了这具石椁以及石椁中碎裂的石椁顶。墓中未发现其他随葬品。

史君墓志发现于石椁门的上方，这位置很不寻常。更不寻常的是墓志左半为汉语，右半为粟特语。[3]两份墓志都叙述了史君一生的事迹，但并非同一文本的翻译。刻写墓志的书吏对这两种语言掌握得都不够。两份墓志都讲史君与其妻同于579年去世，育有三子，曾任凉州萨宝。粟

---

[1] Grenet, "Self-Image of the Sogdians", 134–136；反对意见见 Lerner, "Aspects of Assimilation", 29 页注 73。

[2] Grenet, Riboud, and Yang, "Zoroastrian Scenes"；另见 Yang Junkai, "Carvings on the Stone Outer Coffin of Lord Shi of the Northern Zhou", in Vaissière and Trombert, Les Sogdiens en Chine, 21–45。墓志粟特语部分的最佳翻译见 Yoshida Yutaka, "The Sogdian Version of the New Xi'an Inscription", in Vaissière and Trombert, Les Sogdiens en Chine, 57–71，墓志汉语部分的最佳翻译见 Dien, "Observations Concerning the Tomb of Master Shi"。

[3] 另外一方汉语中古波斯语双语墓志年代为874年，发现于西安，见 Yoshida, "Sogdian Version", 60 页。

特语墓志这样结尾:"此石墓(直译为"神屋")由 Vreshmanvandak、Zhematvandak、Protvantak[或 Parotvandak]于合适的地点为其父母而造。"这说明"神屋"一词所指必为墓中房屋形状的棺椁。[1]

石椁有顶有底,正面有两扇门两扇窗。与安伽墓门上方画中类似的鸟人祭司在窗下生火。石椁上的很多母题都与安伽墓极为相似:宴会、狩猎、死者在帐中与另一民族的人交谈。有些画面则让人完全摸不着头脑,比如北侧左边洞中的苦行者是谁?老子?一个婆罗门?粟特人对于其他宗教系统的神灵持非常开放的态度,这些费解的画面可能永远也没有答案。

石椁的东侧描绘了死者灵魂走过审判之桥(Chinwad Bridge)的图景,十分引人注意。关于祆教中对于死者命运的信仰,粟特地区以及祆教中心伊朗的材料都不如这幅图具体丰富。

头戴王冠的飞马、有翅膀的乐师、头戴王冠饰以向后飞舞的飘带的人物(这是长久以来伊朗艺术中描绘帝王的经典方式),所有这些元素都表明,史君夫妇要上天堂了。通过与九世纪的祆教文书比对,能确定石椁上所刻图景中不同元素的具体含义。这也表明六世纪末中国境内的粟特人对于这些宗教文本非常熟悉。这一发现非常重要,因为截至目前,中国从未出土过任何祆教文书[*]。[2]

安伽和史君都死于579年,此时正值北周末年,政治变动频繁。578年,北周皇帝安排太子与其手下一名将军的女儿结婚[**]。581年,太子即

---

[1] 汉文部分也记载三个儿子为父亲建了一个石制的东西,但"石"字后面没有字。Yoshida,"Sogdian Version,"59、68;吉田丰译文中括号里的内容。

[*] 敦煌藏经洞中的一件编号为Or.8212/84(Ch.00289)的粟特语文书中有祆教圣典《阿维斯塔》的ašem vohu祷文,其语言非常特殊。见 N.Sims-Williams,"The Sogdian Fragments of the British Library", *Indo-Iranian Journal* 18(1976),43-82,与该文书相关的部分是46—48页所讨论的 Fragment 4 以及文末75—85页 Ilya Gershevitch 撰写的附录。文章作者倾向于认为这件文书的作者是摩尼教徒,而不是祆教徒。这件文书非常特别,提请读者朋友注意。另外,本书第六章也提到了这件文书。

[2] Grenet,Riboud,and Yang,"Zoroastrian Scenes"。

[**] 指北周武帝宇文邕的的太子宇文赟迎娶隋国公杨坚的长女杨丽华,二人于573年结婚。578年,武帝卒,太子继位,是为北周宣帝。

进入阴间的惊险渡桥

　　图中场景来自史君墓石椁。画面右下,两名戴仪式口罩的祆教祭司正在举行护送死者灵魂进入阴间的仪式。画面左侧,史君夫妇正领着一队人马过桥,队伍中有两个小孩(先于父母去世?)、牲口、两匹马以及一头驮着货的骆驼。更重要的是,桥下水中有露着獠牙凶相毕露的怪兽,而史君夫妇已安然过桥。根据祆教教义,只有诚实正直的好人才能毫发无损地过桥。坏人一上桥,桥面就会变得和刀刃一样窄,让坏人掉下去。(杨军凯供图)

位之后很快死去,留下一个小儿子作皇帝。最初,小皇帝的外祖父摄政,但在同一年他就篡得皇位建立了隋朝*。之后的八年中,他的军队在全国征战,逐渐扩大领地,直到589年统一了全中国。

　　581年隋文帝定都长安,这是之前数个强大王朝的首都。他在北周首都的东南(也是汉代长安故址)规划并兴建了一座崭新的城市**。隋文帝统治了近30年,于604年寿终正寝。其子隋炀帝即位后数征高丽,无功而返,国人伤亡很大。李渊起兵造反推翻了隋朝,于618年建立了唐朝。[1] 除个别短暂的时期外,长安一直是唐朝的国都。

---

* 北周宣帝的长子宇文阐579年受宣帝内禅,时年七岁,是为北周静帝。第二年,宇文赟病逝。581年,北周静帝禅位于杨坚,隋朝建立。

** 即隋大兴城,唐长安城。

1 Arthur F.Wright, *The Sui Dynasty*(New York: Alfred A.Knopf, 1978).

新城城墙高4.6米，东西长9.5公里，南北宽8.4公里，包围的长方形面积约80平方公里。城中大街宽阔，最宽可达155米，相当于一条45车道的高速公路。[1]整个城市有109个街区，称为坊。每座坊也有墙环绕。城中官员每晚关闭城门并执行严格的宵禁。在城市以北，长方形外面是宫殿和衙署，包括军事与非军事的机构。只有官员和皇族成员可以进入那一区。官员与大臣愿意住在东城。因为他们买得起带花园的大房子，且东城人口并不稠密。普通百姓大多住在西城。

城中还有两个市场，分别称为东市和西市，面积均约1平方公里。[2]市场四边都有一条120米宽的路以便人车通行。市场内部道路更多。与坊一样，两个市场也有围墙，门禁森严。五品以上官员不得入内，因为编纂唐律的太宗朝大臣认为经商会腐蚀官员。市令是唐律这一规定的例外，他们负责每十天验重定价。[3]市令给牲口和奴隶的买主发放市券以证明其主人的身份。带牲口和奴隶经过关卡时必须出示市券才能通过。市令还负责保证市场在正午开门，日落前一个时辰关闭。[4]

东市更多地是卖国内产品，而西市则有更多外国货，很多都是驼队运来的。经营同种货物的店铺一起挤在称为"行"的小街上。（今天汉语里的"内行"、"外行"就是由此而来。）东市有220组卖不同货物的店铺，包括毛笔、铁器、布匹、肉、酒、印刷品等。西市卖食物和皮货，比如辔头和鞍具，以及来自整个欧亚的首饰和宝石。两座市场堆满了货物。843年的一场大火烧毁了东市12条街上的4000座房屋。[5]

来逛市场的人可以在饭店、酒馆、小吃摊以及妓院中消费。行商可以把货物存在仓库里，把钱存在类似银行的机构中，并在旅店住下。有

---

1 Heng Chye Kiang, *Cities of Aristocrats and Bureaucrats: The Development of Medieval Chinese Cityscapes*（Honolulu: University of Hawai, i Press, 1999），9.
2 唐朝首都发掘的简报见《考古》1961年第5期，248—250页；1963年第11期，595—611页。
3 Twitchett,"T'ang Market System", 245.
4 Heng, *Cities of Aristocrats and Bureaucrats*, 22.
5 Edwin O.Reischauer, trans., *Ennin's Diary: The Record of a Pilgrimage to China in Search of the Law*（New York: Ronald, 1955），333.

些旅店有多达20间的客房。从第三章讨论过的粟特商人曹禄山与汉商李绍谨之间的官司中可以看出唐朝官府如何处理汉人与非汉人之间的官司。唐律规定，同国籍的外国人之间的犯罪，用该国法律判案。如果牵涉不同国籍的人则按唐律办。[1] 曹李二人都曾住在首都，之后为做生意去了西域。

根据唐朝正史，首都长安有30万户96万人。[2] 这一百万人中，大多数为汉人，但在西市周围也有一个不小的外国人聚落。[3] 有些外国人由于一些条约而落户中国。631年东突厥向唐屈服后，有近一万户被命令迁入长安。其中很多是为突厥人服务的粟特人。[4] 唐朝征服中亚小国时都会要求小国国王把儿子送入长安作人质。这就进一步增加了城中的外国人口。也许最有名的避难者是651年萨珊首都泰西封被穆斯林军队攻破之后逃出伊朗的萨珊皇帝的子孙们。最后一位萨珊皇帝伊嗣俟三世于逃亡途中去世，但他的儿子卑路斯和孙子泥涅师都来到了长安并定居于此。[5]

这些移民也带来了自己的宗教习俗。城中至少有五座，也许有六座袄祠，其中四座在西市附近。[6] 在西市以北不远坐落着城中唯一一座基督教堂，该教堂隶属于东方教会。今天，西安碑林博物馆收藏着来自中国各地的数百通石碑，其中最有名的便是《大秦景教流行中国碑》，其中记载着唐朝时基督教在华的历史。[7]

---

1 Wallace Johnson, trans., *The T'ang Code*, vol.1, *General Principles*（Princeton, NJ: Princeton University Press, 1979），252页：第6章，第48条；刘俊文：《中华传世法典·唐律疏议》（北京：法律出版社，1999），144页；刘俊文：《唐律疏议笺解》（北京：中华书局，1996），478页。

2 《旧唐书》卷37，961页。

3 向达：《唐代长安与西域文明》（北京：生活·读书·新知三联书店，1987年重印版），28页注8。

4 Rong Xinjiang, "The Migrations and Settlements of the Sogdians in the Northern Dynasties, Sui and Tang", *China Archaeology and Art Digest* 4, no.1（2000）: 117-163, esp.138.

5 Matteo Compareti, "Chinese-Iranian Relations, xv.The Last Sasanians in China", in *Encyclopædia Iranica*, Online Edition, July 20, 2009, 网址见：http://www.iranicaonline.org/articles/china-xv-the-last-sasanians-in-china.

6 Rong, "Migrations and Settlements", 141.

7 James Legge, *The Nestorian Monument of Hsî-an Fû in Shen-hsî, China*（1888; repr., London: Trübner, 1966）.

唐朝首都的基督教遗迹

  图中石碑刻于781年，碑额为横竖等长的十字架，这是基督教东方教会常用的样式。该石碑发现于1625年，当时中国官员把石碑拓片拿给耶稣会士看，后者喜出望外地发现自己并非最早到达中国的传教士后将拓片寄回了欧洲。1680年以前，汉语及叙利亚语碑文均已译为西文发表。（文物出版社）

  据碑文讲，第一个来到长安的基督徒名叫阿罗本，635年由塞琉西亚—泰西封（今伊拉克境内）的大主教派出，建立了基督教东方教会在中国最早的据点。[1] 这个教会建立之时，阿拉伯军队正在围攻伊朗，大

---

1 Pénélope Riboud,"Tang", in *Handbook of Christianity in China*, ed.Nicolas Standaert vol.1, *635–1800*（Boston：Brill，2001），1-42. 近期对其中叙利亚语铭文的研究见 Erica C.D.Hunter,"The Persian Contribution to Christianity in China：Reflections in the Xi'an Fu Syriac Inscriptions", in *Hidden Treasures and Intercultural Encounters：Studies on East Syriac Christianity in China and Central Asia*, ed.Dietmar W.Winkler and Li Tang（Piscataway，NJ：Transaction，2009），71-86。文中有铭文的逐行翻译，非常有用。

批波斯人离开伊朗远走他乡，向东来到中国和其他地方。石碑正文之后用叙利亚文写着七十个人名及这些人在教会中的位阶。有些明显是基督教名字，比如"耶稣的希望"。有些源自祆教但已通行于美索不达米亚，比如"月神Mah所赐"。每个名字都有中文译音。这七十人似乎大部分为外国人而非汉人。

东方教会在长安、洛阳、广州等几个主要城市建立了教堂，其成员基本上是伊朗人和粟特人。在整个七世纪和八世纪，他们都得到了唐朝的支持。但唐朝皇帝于845年下了一道禁教令。虽然其主要目标是佛教，不过基督教也在禁令范围之内。这次废佛没有灭掉佛教，却让基督教东方教会从此销声匿迹了。

在今天的西安看不到任何东方基督教或其他宗教机构的痕迹。实际上，西安地面上保存的长安时期的建筑少之又少。游客在这里找不到昔日辉煌宽阔的大街。今天能看到的城墙很大，大到可以在上面骑自行车或者开高尔夫球车。但这城墙是明代的，不是唐代的。今天还竖立着的唐代建筑仅剩两座砖塔——大雁塔和小雁塔。太宗建了大雁塔以保存玄奘从印度带回来的经书，玄奘在此领导一个团队译经。

只能指望在地下、在墓葬中找到西安过去荣光的一点味道。与丝路上的其他地点不同，西安的气候较湿润，所以埋藏的纸张都不存在了。但由于纸张的重复利用，一组长安的质库账历（即当铺的流水账）于吐鲁番阿斯塔纳墓地出土。这组引人入胜的文书被撕成小条做成了俑人的胳膊。文书中提到了一些长安特有的地名，因此几乎可以肯定其来源。

长安的工匠用作废的质库账历做俑人，此俑人又被放在阿斯塔纳的一座夫妻合葬墓里。[1] 合葬墓男主人死于633年，在640年唐朝灭高昌之前。女主人于五十多年之后的689年去世。俑人衣服上精美的刺绣以及精工细作的头部看上去同样出自首都的作坊。（见彩图8）根据文书中提到的

---

1 Valerie Hansen and Ana Mata-Fink, "Records from a Seventh-Century Pawnshop in China", in Goetzmann and Rouwenhorst, *Origins of Value*, 54–64.

地名可以给这组账历定年。其年代上限为662年，该年立观音寺，下限为女主人下葬的689年。

这组账历展示了七世纪长安的普通人是如何过日子的。每段账历都遵循同样的格式：质物、质举人、日期（月和日，无年）、质款、赎款、质举人地址，有时还标出质举人的年龄。账中提到名字的有29人，并提到两个人的职业，一位是染家，另一位是钗师。赎回质物时，质库伙计便在账上划一道"7"字型的线予以勾销。十五张纸条上共记录了五十四笔交易（最后十六笔不全），这是中国现存最早的当铺记录。几乎所有抵押品都是衣物（有丝制的也有布制的）或者一块布料（在唐代是通货的一种），可以得到约一百文钱。有两笔交易的抵押物不是衣服或者布料。一人抵押铜镜一面，得到了70文钱，另一人抵押了四串珍珠，得150文钱。质举人付五分月息，在唐律的允许范围之内（比西州同时期的利息低得多）。

第二组账历同样来自该纸俑。这组账历显示，常常光顾观音寺质库的人都比较富裕。账历中记录了长安某店家与市民间进行的包括小额贷款在内的608笔交易。在这些交易中，市民都用"药物、绢、豆、麸"等付账。这些交易中的四分之一是由女性进行的，这说明虽然在儒家理想中有德行的女性应该一直待在家里，首都的女性居民却走出了家门。[1]

另外一个意外发现来自西安，它向我们展示了社会中最富裕阶层的生活。[2] 1970年，当时还处在"文革"期间，西安的考古学家在西安南

---

[1] Deng Xiaonan, "Women in Turfan during the Sixth to Eighth Centuries: A Look at Their Activities Outside the Home", *Journal of Asian Studies* 58, no.1（1999）: 85–103, esp.96.

[2] 这些罐子发现时的素描见 Helmut Brinker and Roger Goepper, eds., *Kunstschätze aus China: 5000 v.Chr.bis 900 n.Chr.: Neuere archäologische Funde aus der Volksrepublik China*（Zurich: Kunsthaus, 1980），33页。与"文革"时期的许多发现一样，何家村遗址一直没有详细的遗址报告。简报中有一份所有发现物的清单，见《文物》1972年第1期，30—42页。笔者曾用英语发表过一篇关于该遗址的短文，其中有一个包括所有发现物的表格，见拙著"The Hejia Village Hoard: A Snapshot of China's Silk Road Trade", *Orientations* 34, no.2（2003）: 14–19。中文最详尽的研究为齐东方：《唐代金银器研究》（北京：中国社会科学出版社，1999）。英语概括见 Qi Dongfang, "The Burial Location and Dating of the Hejia Village Treasures", *Orientations* 34, no.2（2003）: 20–24.

郊的何家村发现了两个高64厘米的陶罐和一个高25厘米的银罐。三个罐子被埋在约1米深的地下，相距约1米。当时政府在建一个拘留所。今天这个未标记的地方是政府招待所。三个罐子中有一千多件金银器、宝石、药材，以及数量惊人的钱币。这组文物中也许本来还有织物和书籍，但没有保存下来。何家村遗宝是中国境内发现的最大窖藏之一，其中包含最贵重、制作最精美的丝路文物。

表5.1 何家村遗宝一览		
金	银	货币
赤金碗 3	银碗 55	齐国刀币 1
金杯 5	银碟 53	春秋铲币 1
金盒 3	银盘 6	早期汉币 4
金浴盆 2	银杯 12	王莽币 11
金钗 10	银盒 46	六朝币 2
金钏 2	银盆 12	高昌吉利币（吐鲁番，五六世纪）1
赤金走龙 12	灯头（？）1	拜占庭希拉克略（610—641年在位）金币 1
梳脊 1	银罐 4	波斯库思老二世（590—628年在位）银币 1
金箔 4388克	熏炉 1	日本和同开珎银币（708—715年）5
麸金 126克	熏球 1	银质开元通宝 421
	方盒 1	金质开元通宝 30
	银锁 23	
	银器流口 1	
	银铃 15	

（接下页）

（接上页）

宝玉类		药物
镶金牛首玛瑙杯 1	白玉带饰 34 片	密陀僧 1 块
玛瑙羽觞 1	蓝宝石 7 颗	药粉（包括矿物、钟乳石和金粉，放于带标识的药盒内）15 种
玛瑙臼 1	红宝石 2 颗	
玉杵 1	绿玛瑙 6 颗	
白玉刻花羽觞 1	黄精 1 颗	
方玉 1	镶金白玉镯 2 对	
水晶杯 1	珊瑚 3 段	
玻璃碗 1	琥珀 10 段	
玉带胯 8 副		

资料来源：原始报告发表于《西安南郊何家村发现唐代窖藏文物》，《文物》1972 年第 1 期，30—42 页。获准引自 *Orientations*，February 2003 issue，p.15。

窖藏中没有任何能确定其主人身份的证据保存下来。几乎所有人都认为窖藏主人原本计划在某种动荡（叛乱？匪徒？自然灾害？）结束之后再回来，但最后没能回来。窖藏埋在西市以东 1 公里、东市以西 3 公里的一个城坊中。关于窖藏年代的最大线索是标为税金的几块银饼。780 年以前，唐朝人要交三种税：租（粮食）、庸（劳役）、调（布帛），有些地区可以用其他物品抵税。四块圆银饼直径约 10 厘米，重量超过 400 克，上面刻有粗糙的文字，表明这是来自今广东省两县的税银。一块年代为 722 年，另外三块年代为 731 年。此外还写着银饼的确切重量和称重的官员。

官府收到银饼后会将其熔成大块，最大可达 8 公斤重，再用墨写上储存这些银块的仓库名——东市库，以及银块重量和称重的官员。[1]因为中央的官员会把从地方收上来的银饼熔成大块，窖藏很可能在 731 年（银饼上最晚的年份）之后不久即被埋入地下。窖藏中很多精工细做的金碗银碗上也有类似的墨写标识标出重量，表明这些器物也曾存放于官府仓

---

[1] Qi,"Burial Location"，202 页，图 47。

库。从中可以看出，官府以三种形式存放税银：刚被开采出来并从各地收上来的银饼、银饼熔成的大块，以及最终制成的金银器。

有四十六件装药材的银器，上面标着所装药材的重量和等级，如"上上乳"或"次上乳"。窖藏中有2公斤以上不同等级的钟乳石粉。唐朝医书中记载每天服钟乳石粉40克，连服一两百天可以平静神经或者增强体力。窖藏中的126克金粉可能也是药用。同时还有一块密陀僧，即氧化铅，混在油膏中外用可治疗疮伤。[1]

有关丝绸之路或唐代长安的展览中经常展出何家村的金银器，因为这些文物很好地结合了胡汉艺术风格，令人心旷神怡。[2]在粟特片治肯特的壁画以及中国出土的粟特石棺床中，粟特画师常把狩猎、宴饮等粟特人的生活场景与汉人等其他民族的活动场面结合在一起。

从金属杯或器物上无法看出其产地或出自何人之手。然而技术史家一般认为有着经典粟特器形且没有汉式图案的器物是产于粟特本土，之后进口到汉地的（如果其出土地点在中国的话）。器形不同于粟特原型的器物则可能是由粟特或者汉人工匠在长安打造的。这么看的话，何家村遗宝中的器物没有几件是纯粟特式的，很多器物都具有汉式器形。

遗宝主人把进口物品与其他物品分开，放在有柄的银瓶中埋于地下。银瓶的盖子上列出了这些物品。[3]精巧的水晶杯，高2.5厘米，口径9.6厘米，八瓣，这是典型的粟特器物特征。水晶存在于自然界中，没有瑕疵的水晶很像玻璃。玻璃和水晶的主要成分都是硅。可以通过熔融水晶来制作玻璃，但需要达到很高的温度（摄氏1700度以上）。对于古代的作坊来说，这是无法达到的高温。除水晶杯外，窖藏中还有一件玻璃器皿。这件玻

---

1 Frédéric Obringer, *L'aconit et l'orpiment: Drogues et poisons en Chine ancienne et médiévale* (Paris: Fayard, 1997); Edward H.Schafer, "The Early History of Lead Pigments and Cosmetics in China", *T'oung Pao*, 2nd ser., 44 (1956): 413-438.
2 照片、外部内部细节以及外部图案的线图见齐东方：《唐代金银器研究》，66—73页。
3 François Louis, "The Hejiacun Rhyton and the Chinese Wine Horn (*Gong*): Intoxicating Rarities and Their Antiquarian History", *Artibus Asiae* 67, no.2 (2007): 201- 242，特别是207—208页。

何家村银杯

  仕女狩猎纹八瓣银杯，高5.1厘米，口径9.1厘米，具有典型的粟特风格，杯腹呈八瓣花状，环状单柄，柄上覆有如意云头状平錾，錾合錾花角鹿，足边刻联珠一周。与撒马尔罕阿弗拉西阿卜北墙壁画一样，杯腹八瓣交替饰有狩猎图和侍女图。狩猎图严格遵循伊朗王室艺术传统，仕女图则展现了梳妆、乐舞等生活场景。（文物出版社）

  璃器皿肯定来自西方，因为虽然古代的中国工匠懂得如何制作不透明的玻璃，但要到很晚才能制作半透明的玻璃。[1] 在历史上绝大多数玻璃都是用沙子、石灰石和碳酸钠制作的。

  银瓶中的其他进口物品还包括不产于唐的宝石：七颗蓝宝石、两颗红宝石、一颗黄精、六颗玛瑙。其中最大的是黄精，重119克（596克拉），最小的是一颗红宝石，仅重2.5克（12.5克拉）。红宝石和蓝宝石产自缅甸、斯里兰卡、泰国和克什米尔。黄精产自缅甸和斯里兰卡，日本和俄属乌

---

1 Liu Xinru, *Ancient India and Ancient China*: *Trade and Religious Exchanges*, *AD 1-600*（Delhi: Oxford University Press, 1988）, 160-161; Jens Kröger, "Laden with Glass Goods: From Syria via Iraq and Iran to the Famen Temple in China", in *Coins*, *Art and Chronology*: *Essays on the pre-Islamic History of the Indo-Iranian Borderlands*, ed.Michael Alram and Deborah E.Klimburg-Salter（Vienna: Österreichische Akademie der Wissenschaften, 1999）, 481-498.

拉尔地区也有出产。何家村发现的玛瑙有一种不寻常苔藓绿，表明其产地为印度。[1]有一件漂亮的兽首杯（rhyton）由棕红色的玛瑙制成，很可能是在健陀罗或者吐火罗斯坦（今阿富汗）制作的。[2]

窖藏中的这种物品构成，即一些进口物品配上多得多的本地制作的器物，与丝路贸易的整体规律相符。相对来说，很少有货物能经陆路跨越很长的距离；跨越了长距离的货物经常是小巧轻便易携带的宝石。随着穆斯林军队征服地区的扩大，越来越多的人，包括很多技艺高超的金属匠，来到中国并选择在已经有很多非中国人居住的长安定居。粟特金属匠移居中国并安定下来之后，便开始制作与他们在家乡所做类似但又不完全相同的器物。他们学习汉式图案并按照客户的需求做出调整，制出许多胡汉融合的物品，比如那件兼有胡汉元素的酒杯。

在安禄山起兵叛乱以前，皇帝与这位突厥—粟特将军互赠礼品，其中许多都与何家村遗宝中的物品相呼应：胡风银瓶、镶金银碗、玛瑙盘、玉带胯、珊瑚、珍珠、熏香，以及装在金银盒子里的药材。将军的还礼是金银打造的胡瓶和胡盘。[3]这一系列礼物表明何家村遗宝中的器物来自长安社会中的最高等级，即皇帝及其宠臣。

何家村遗宝中最难解释的是其中的钱币，共478枚。其中6枚肯定制于外国：伊朗萨珊王朝皇帝库思老二世（Khusraw II，590—628年在位）发行的银币1枚，708到715年的日本银币5枚。还有一枚，看上去是拜占庭皇帝希拉克略（Heraclius，610—641年在位）发行的金币，但与中国境内发现的许多拜占庭钱币一样，这是一枚中国制造的仿制品，而不是真正的拜占庭金币。同样不寻常的还有二十枚中国古钱币。其中最古老的钱币年代为公元前500年左右，是中国最早的货币，形状像铲子和

---

1 Li Jian, ed., *The Glory of the Silk Road: Art from Ancient China* (Dayton, OH: Dayton Art Institute, 2003), 208页, 116号.
2 Louis, "Hejiacun Rhyton", 207–208.
3 Louis, "Hejiacun Rhyton", 210; Yao Runeng, *Histoirede Ngan Lou-Chan*（*Ngan Lou-Chan Che Tsi*）, trans. Robert des Rotours (Paris: Presses Universitaires de France, 1962), 81–84.

刀子。还有汉朝以及魏晋南北朝的钱币。最后一组数量最大：451枚印有"开元"字样的钱币。这些开元钱中有当时大规模流通的铜币，也有金币和银币。金币和银币是为了让皇帝在宴会上打赏而特别制作的（据正史记载，713年就有过一次这样的宴会）。[1] 这一整套钱币由外国钱、古钱与当代钱组成，有人猜测其拥有者是一位私人收藏家。[2]

该如何阐释何家村遗宝的构成如此多样化？尽管药粉和钱币等物品看上去是属于个人的，但其中更多的物品——特别是税饼——像是来自一个官府仓库。标明重量以及称重官员的所有物品也指向一个官方储藏室。那些钱币也许属于一个私人钱币收藏者，但从未发现过类似的唐代藏品。它们也有可能是作为一种参考由官府的铸币部门收藏。在现代以前的中国，私产与公产之间的界限并不像现代社会中那样明晰。也许在埋藏时一个铸币厂的官员在公产中加入了一些他个人的东西。

如此不寻常的宝藏是在什么时候被埋入地下的呢？打破了唐朝一个半世纪的稳定与和平的大叛乱发生在755年。安禄山（An Rokhshan）起兵攻打唐玄宗。攻下洛阳之后，安禄山及其叛军在756年攻入长安，迫使皇帝携杨贵妃逃离首都。在前往四川的路上，禁卫军以叛乱相要挟，要皇帝杀死杨贵妃，皇帝下令将她绞死。不久后太子李亨自行宣布登基。

新皇帝没有足够的军队能打败叛军，被迫把课税的权力让给为他提供所需军队的地方官。叛军与唐军的战争又持续了七年。虽然安禄山在757年被刺身亡，史思明在761年也被刺身亡，但叛军一直势力很盛。直到唐朝皇帝向回纥可汗求援，凭借后者的军队在763年击败了叛军[*]。[3] 作为奖赏，回纥人被允许劫掠东都洛阳。

---

1 《旧唐书》卷8，171页。
2 François Thierry, "Sur les monnaies Sassanides trouvées en Chine", *Res Orientales* 5 (1993): 89–139.
[*] 757年郭子仪收复长安时第一次向回纥借兵，762年又借回纥兵收复了洛阳。
3 Charles A.Peterson, "Court and Province in Mid-and Late T'ang", in *The Cambridge History of China*, vol.3, *Sui and T'ang China*, *589–906*, Part 1, ed.Denis Twitchett (Cambridge, UK: Cambridge University Press, 1979), 474–486.

当唐朝军队最终重新控制了整个国家，人们把安史之乱的账算在了粟特人头上，并开始报复。首都中城门和街道名字中的"安"字被换掉，很多姓安的人，有些是粟特人有些不是，也都改了姓。[1]《安禄山事迹》记载道，本身是高丽人的高鞠仁从叛军手中夺下幽州（今北京）*，"令城中杀胡者重赏，于是羯胡尽殪，小儿掷于空中，以戈承之，高鼻类胡而滥死者甚众"。[2]

针对粟特人的清洗开启了丝路历史一个丑陋的新篇章。之前的朝代也曾下令关闭寺庙勒令僧尼还俗，但那时的统治者从未如此专门针对过一个少数族裔。如同排犹大屠杀一样针对粟特人的攻击并非在所有粟特人生活的地区都有发生，但在长安，一种不宽容的新气氛似乎已经逐渐成型。即便如此，很多生活在长安的外国人依然决定留在中国，他们中的许多人并没有冒险回到伊斯兰化的粟特和中亚，而是搬到了今北京以南的河北省地区。

对叛军的最终胜利并没有给饱受摧残的首都带来和平。763年末，吐蕃军队攻入长安，劫掠两个星期之后退去。他们在之后的二十年中一直袭扰边境。唐军面对吐蕃军队毫无还手之力。吐蕃人与回纥人一道，继唐之后成为亚洲最强的军事力量。

当吐蕃人在八世纪八十年代夺取河西走廊、九十年代攻下龟兹时，唐朝的税收进一步下降。787年，宰相李泌提出了一个削减开支的方案：砍掉所有给驻在首都的外国使臣的俸禄。"李泌知胡客留长安久者，或四十余年，皆有妻子，买田宅，举质取利，安居不欲归。"[3]宰相给出的外国使臣人数为四千，其中绝大多数是粟特人。考虑到很多外国人在安

---

1 荣新江：《安史之乱后粟特胡人的动向》，《暨南史学》2004年第2期，102—123页。

* 高鞠仁是安史叛军将领，在安史之乱末期与同为叛军将领的阿史那承庆内讧，并打败了后者，之后在幽州下达了杀胡令。

2 Vaissière, *Sogdian Traders*, 220, 200n77; Yao Runeng, *Histoire de Ngan Lou-chan*, 238, 239, 254, 346.

3 Rong, "Migrations and Settlements", 138-139;《资治通鉴》（北京：古籍出版社，1957）卷232，7493页。

史之乱之后应该已经逃亡或者隐匿了他们的身份,这一数字可谓出奇得高。

一些虚构的故事描绘了这些763年之后还留在长安的粟特富商的生活。"传奇",即一种新型的短篇故事,在九世纪初非常受欢迎。[1]不同作者笔下的粟特人都有着相同的特征:过度的慷慨外加一种鉴定珠宝等商品的神秘能力。在这类故事中,这些远离故土的人很多都生于贵胄之家,却被迫从事卑琐的工作以维持在中国的生活。

一则故事的背景设在安史之乱多年之后的长安[2],一位来自富裕家庭的中国青年在河滩上找到了一块不寻常的石头,"半青半赤,甚辨焉"。他恰好遇到三十多名外国商人在举行一年一度的宝会:"宝物多者,戴帽居于坐上,其余以次分列。"年轻人看着他们阅宝。一位商人有四颗明珠,其中一颗直径超过一寸。其他人也拿出了他们的宝物。最后,年轻人拿出了自己的石头,商人们立刻站起来把他让到上首。年轻人要价一百万,商人们回道"何故辱吾此宝?",并坚持要付一千万。原来这是丢失了三十多年的国宝,名为"宝母",因为胡人国王将该宝置于海岸,每晚向它祈祷,第二天早上就有宝石自动聚集在它旁边。珠宝的魔力荒诞不经,因为这类故事中总要有奇迹发生。但其背景却是真实的,这种三十多名粟特商人在唐朝首都的年度聚会完全有可能发生。

富裕胡商脸谱化的形象也出现于判文这种文学体裁之中。整个唐朝,特别是755年之后,越来越多的年轻人参加科举考试,他们是这类文学的忠实读者。判文并不基于真实案例,而是处理一些假想的情境让作者展示推理能力。

---

[1] Edward H.Schafer, "Iranian Merchants in T'ang Dynasty Tales", in *Semitic and Oriental Studies: A Volume Presented to William Popper, Professor of Semitic Languages, Emeritus, on the Occasion of his Seventy-Fifth Birthday, October 29, 1949*, ed.Walter J.Fischel(Berkeley: University of California Press, 1951), 403-422, 411页("传奇"), 409页注58(胡人定义)。See also Francis K.H.So, "Middle Easterners in the T'ang Tales", *Tamkang Review* 18(1987-1988): 259-275.

[2] 李昉:《太平广记》(北京:人民文学出版社, 1959)卷403, 3252—3253页。

有一则判文讲了两个住在长安的粟特兄弟。[1]其中一个非常富有,"其园池屋宇、衣服器玩、家僮侍妾比侯王"。而他的兄弟穷得还不起从另一位粟特富商那里借来的买衣服钱。这位商人把富兄弟告上法庭,因为他拒绝为自己的穷兄弟还债。法官判富兄弟必须给穷兄弟一些家畜让他不至于饿死。

传奇和判文都记录了一种根深蒂固的刻板印象:粟特商人因珠宝贸易而极为富有。粟特商人确实从事珠宝和宝石的交易,这两样东西既轻便又昂贵。刻板印象虽然存在但并不准确,我们不能说丝路贸易繁荣得能让几千名长安粟特人都富有。在唐朝定居的粟特人成千上万,商人只占一小部分。[2]使节、难民、农民、金属匠、士兵、军人家属的人数都很多。

唐武宗于843年取缔了摩尼教,这体现了一直弥漫在首都的排外情绪。两年之后的845年,他又下令禁掉了佛教、祆教和景教。他对外宣称此举目的是增加铸币用铜,并下令融掉铜像和铜钟。此外,官府没收了除长安、洛阳几座佛寺以外所有寺庙的资产。武宗于847年去世,继任的宣宗取消了禁佛令,但没有取消对其他宗教的禁令。

自从唐朝军队于八世纪五十年代从西域撤走以后,陆路逐渐衰落,海路逐渐兴起。[3]海路尽管危险,但在几个世纪以前就已经开始了,很多坐船的人从长安开始他们的行程。

从古代起东南亚人就在中国南海和西太平洋航海,时间一长他们便将不同的沿岸航路连接起来形成更长的航路。最晚至公元一世纪时,水手们已经学会如何利用季风以及如何穿过马六甲海峡。他们可以从中国

---

1 判文保存于敦煌文献 P3813《文明判集》。刘俊文:《敦煌吐鲁番法制文书考释》(北京:中华书局,1989),444—445页;荣新江:《中古中国与外来文明》,81页;Rong, "Migrations and Settlements", 139。
2 只有一方商人墓志保存了下来。荣新江、张志清:《从撒马尔罕到长安——粟特人在中国的文化遗迹》(北京:北京图书馆出版社,2004),137页。
3 Axelle Rougelle, "Medieval Trade Networks in the Western Indian Ocean (8th–14th centuries)", in *Tradition and Archaeology: Early Maritime Contacts in the Indian Ocean*, ed. Himanshu Prabha Ray and Jean-François Salles (New Delhi: Manohar, 1996), 159–180.

一路航行至印度，不过他们必须在室利佛逝（今印度尼西亚苏门答腊岛的巨港）停留数月等待风向变化。[1]

僧人法显（活跃于350—414年）生动地记录了在印度与中国之间航海的种种危险。他去印度的动机与两个多世纪之后的玄奘一样：研习中国见不到的佛经原文。去程时，取陆路从长安经于阗到达印度。在恒河上的主要佛教中心学习六年多之后，在位于今印度西孟加拉邦加尔各答以南、胡格利河出海口的塔姆卢克港，法显登上了一条去斯里兰卡的船。[2]

前往斯里兰卡的两个星期是法显漫长的海上旅行中最平静的一段航程。在斯里兰卡，法显参观了一尊用玉和其他贵重材料制成的6.6米高的佛像，且"忽于此玉像边见商人以晋地一白绢扇供养，不觉凄然，泪下满目"。[3] 法显在斯里兰卡待了两年多，他记载那里有很多"居士、长者、萨薄、商人"。[4] 与粟特古信札第5号一样，粟特人用"萨薄"一词指称他们的聚落首领。此处法显把粟特萨薄与中国商人并列，以示区别。

法显并未说明他选择海路而不是陆路回国的原因，但是对于那些从塔姆卢克或者斯里兰卡出发的人来说，海路更快捷也更便宜。法显在斯里兰卡登上了一艘载有两百人的"商人大船"。大船后面系着一条用做救生艇的小船。[5] 三天之后刮起大风——可能是台风，一连十三天没有停歇。小船上的人剪断了连着大船的绳子。大船正在漏水，商人为了活命把很多货物都扔进了海里，但是法显不想把他历尽千辛万苦取到的佛经扔掉。他向慈悲的观音菩萨祈求。据他记载，菩萨回应了他的祈求。风暴停息，大船在一座岛上靠岸，船员补好了漏洞，继续前往苏门答腊。

---

1 巨港古名 Bhoga。

2 该港古名 Tamralipti。

3 James Legge, trans., *A Record of Buddhistic Kingdoms: Being an Account by the Chinese Monk Fa-Hien of Travels in India and Ceylon（AD 399-414）in Search of the Buddhist Books of Discipline* (1886; repr., Delhi: Munshiram Manoharlal, 1991), 103, 37.

4 学者们对这段话解读不同。罗丰译文作"sabao and merchants"，其他人把萨宝看做商人的修饰语，并译作"sabao merchants"。Luo Feng, "*Sabao*: Further Consideration of the Only Post for Foreigners in the Tang Dynasty Bureaucracy", *China Archaeology and Art Digest* 4, no.1(2000): 165—191页，特别是178—179页；Legge, *Fa-Hien*, 104, 38。

5 Legge, *Fa-Hien*, 111, 42.

法显在苏门答腊停留了五个月才得以换船前往广州。这艘船跟之前那艘差不多大，载有两百人以及五十天的给养。这段航程比从斯里兰卡到苏门答腊的那段还要危险。航行一个多月之后，来了一阵"黑风暴雨"。法显又向观音祈祷。但印度乘客的反应却不一样，他们觉得是汉僧带来了风暴，并决定把他一个人扔在岛上再继续前行。法显称这些印度乘客为"婆罗门"，这是中国人对所有印度人的称呼。这时为法显支付旅费的人说话了，他威胁道，中国统治者是佛教徒，如果扔下法显，乘客将会受罚。印度人开始犹豫，无法下决心扔下法显，因此法显得以继续他的航程。

持续阴云密布的天空让领航员无法确定正确的航路。因为他们没有指南针，只能通过观测日月星辰的位置来决定航路，雨天或者阴天时就无法确定自己的位置。他们知道去中国的航程要50天，但完全无法得知自己的方位。船只继续在海上航行，食物和淡水在迅速减少。在航行七十天之后——比预计航程多了二十天——船员向每位乘客发了两升淡水，开始用海水煮饭。船只转向西北以寻找陆地，十一天后终于登岸。

根据在岸边看到的植物，乘客们认定他们已到达中国某地，并派法显去问问具体在哪。法显回到船上告诉他们，这里是胶东半岛南岸，在他们原本的目的地广州以北约1600公里。法显的旅程生动地展示了公元1000年以前航海的危险。大概在公元1000年前后，中国人开始在船上使用指南针（他们在陆上使用指南针已有一千多年）。[1]尽管有诸多危险，法显的海路行程比他去程时长达六年的陆路行程短了三年。

七世纪晚期，僧人义净（635—713年）去印度取经。和法显一样，他自长安启程，行至今江苏的港口城市扬州。在那里他遇到一位官员，此人为他支付了去广州的路费。在广州，他搭乘一艘波斯船前往室利佛逝。这艘船或许有波斯船员或船长，也有可能只是波斯式的船。

---

1 Joseph Needham, *Science and Civilisation in China*, vol.4, *Physics and Physical Technology*, part 3, *Civil Engineering and Nautics*, by Joseph Needham, Wang Ling, and Lu Gwei-Djen(Cambridge, UK: Cambridge University Press, 1971), 563-564.

船于671年年末出发，不到二十天便抵达了室利佛逝。义净描述了夜空中的星座，这表明中国海员还在用星辰导航而没有使用指南针。在室利佛逝学习六个月梵文之后，义净乘船沿苏门答腊岛北缘航行，然后中途不停，横穿印度洋直抵斯里兰卡，最后于673年年初到达今加尔各答附近的塔姆卢克港。此时距他从中国出发刚好一年多一点。

义净按原路回到室利佛逝，他计划在那儿抄写更多的佛经。689年他向国内的支持者写信索要纸墨以及雇人抄经的钱。他登上港口中的一条船寄信，但是"于时商人风便，举帆高张"，义净不得已被带回了广州。[1]他这趟旅程如此突然也说明这样的航行非常频繁。义净说他仅仅是因为业力才到了广州，但他的经验说明从五世纪初法显的航行以来，航海技术已经取得了长足的发展。即便有人上错了船，从室利佛逝到广州的直达客船也不会因此耽搁启航。

一到广州义净就宣布他要回室利佛逝去。他的朋友把一位想去印度学习的僧人介绍给他。在义净回到广州的同一年，当季风转向之后，两人回到岛上去取义净留在那里的经书。义净在那儿一直待到695年才再次坐船回国。

室利佛逝与广州之间的航线非常成熟，义净一个人就走过四次，其他人也使用这条航线。义净回国后为五十六位去印度求法的僧人作传，其中有四十七名汉人，一名粟特人，八名新罗人。他们当中走陆路的有21人，走海路的有30人。义净选择的样本也许夸大了海陆贸易的规模，因为他记录的都是他在海上航行期间或者在滞留室利佛逝期间认识的僧人。即便如此，这还是显示出七世纪晚期海上航行的普及程度。

海路的重要性不断增加。九世纪，很多阿拉伯人渡海来到中国港口。这些人来自伊拉克的港口，特别是巴士拉。整个旅程耗时约五个月。[2]一条较早的关于中国的阿拉伯语史料年代为851年，史料中佚名作者收集

---

[1] Beal, *Si-yu ki*, xxxiv；《大唐西域求法高僧传》，《大正新修大藏经》卷51，2066号，1–12b，特别是11a。

[2] Schafer, "Iranian Merchants in T'ang Dynasty Tales", 404n8.

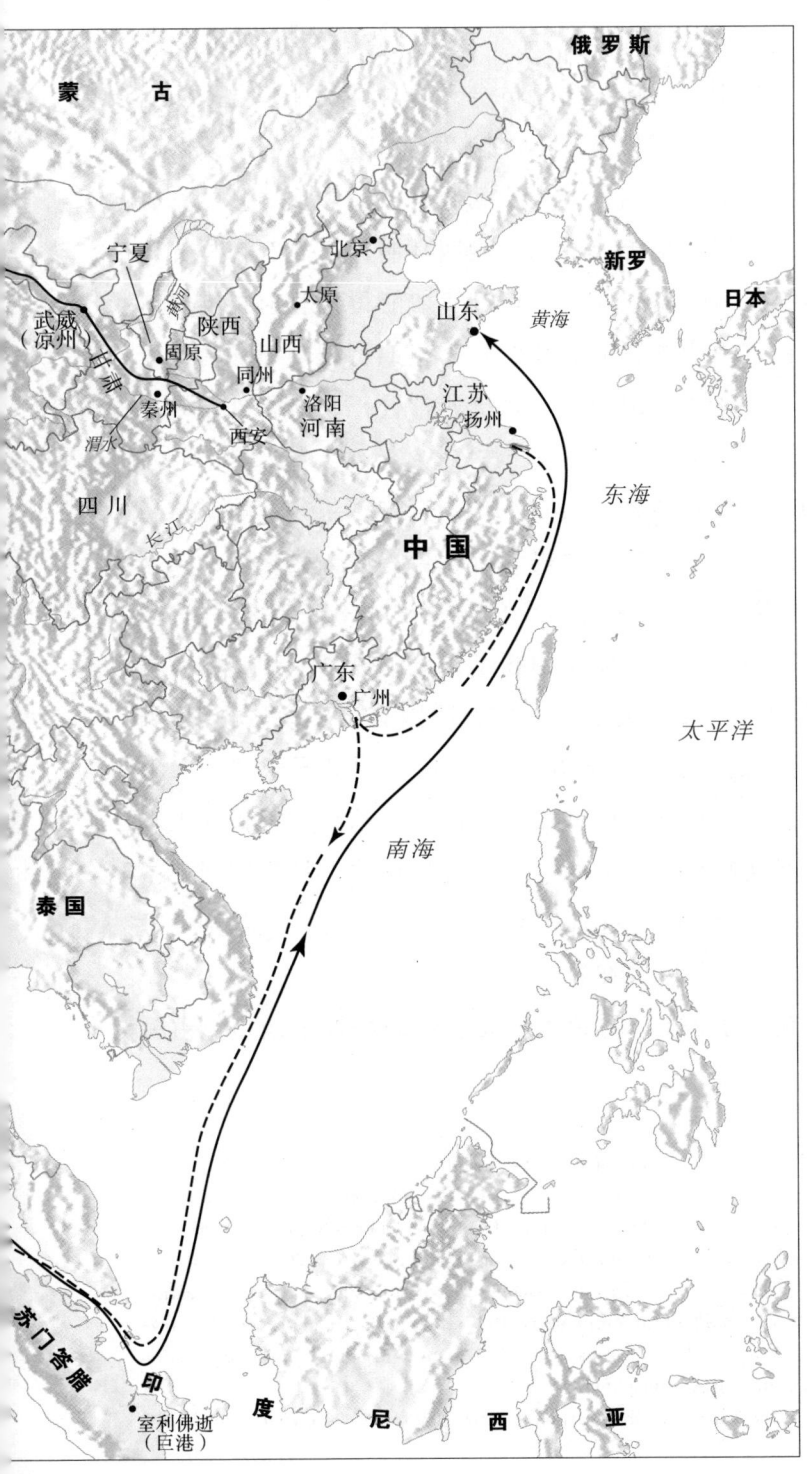

了亲身去过中国的人的证词。[1]他讲到,对于从伊拉克出发的海员来说,广州港是进入中国的主要港口,那里的官员会没收外国货船,收取百分之三十的税金,六个月后再把货物返还。中国商人买进象牙、乳香、铸铜和玳瑁,他们用铜钱付款,并出售"大量的金、银、珍珠、丝绸和其他贵重物品"以及"一种绿色黏土,中国人能用其制作带有水一样光泽的精美杯子",即瓷器。[2]与陆路一样,要有过所才能得到官府批准进入中国,因此所有商人在进入中国以前必须汇报精确的行程表。作者对于中国的态度格外友好。他认为中国的司法系统非常公正,对于外国人也是如此。他还非常细致地描述了中国的破产法。

916年,地理学家阿布·扎伊德(Abu Zayd)全文抄录并续写了这份记录。他认为之前的记录大体准确,并提到有一名"信誉无缺"的人帮他做了一些订正。他写道,此人"还告诉我们,从那时[851年之前]起,中国便换了一副脸孔。前往中国的航路中断了,该国成了一片废墟,很多风俗被放弃,国家四分五裂。关于这一切的原因有很多说法"。他补充道:879年,科举落第的黄巢所领导的叛军攻入广州,导致"十二万人死亡,除中国人外,还包括在城内避难的穆斯林、基督徒、犹太人和祆教徒"。[3]很多人怀疑这些数字的准确性。另有阿拉伯史料称广州死了二十万人,而中文史料则完全没有具体数字。[4]无论具体死亡人数到底是多少,黄巢叛军沉重打击了广州和海上贸易。

劫掠广州之后,叛军于881年初到达长安。他们烧毁了西市,占领

---

1 关于这件史料非常有益的讨论见 Park,"Delineation of a Coastline",87-99。
2 Sulayman al-Tajir, *Ancient Accounts of India and China, by Two Mohammedan Travellers Who Went to Those Parts in the 9th Century*,trans.Eusebius Renaudot(London:Printed for Sam. Harding at the Bible and Author on the Pavement in St.Martins-Lane,1733),20页(货单),21页(瓷器),40页(晚期编者的看法);注册 Google Books 可以在其 *Eighteenth Century Collections Online* 数据库中看到(http://mlr.com/DigitalCollections/products/ecco/),Range 1831。另外一个节译本见 S.Maqbul Ahmad,trans., *Arabic Classical Accounts of India and China* (Shimla, India:Indian Institute of Advanced Study,1989)。
3 Robert Somers,"The End of the T'ang",in Twitchett, *Cambridge History of China*,3:682-789.
4 Park,"Delineation of a Coastline",98.

了宫殿并洗劫了城市。官军成功把叛军赶出城外之后，自己又开始劫掠。皇帝沦为傀儡。诗人韦庄描述了叛军离开后的城市：

> 长安寂寂今何有，废市荒街麦苗秀。
> 采樵斫尽杏园花，修寨诛残御沟柳。
> 华轩绣毂皆销散，甲第朱门无一半。
> 含元殿上狐兔行，花萼楼前荆棘满。
> 昔时繁盛皆埋没，举目凄凉无故物。
> 内库烧为锦绣灰，天街踏尽公卿骨。[1]

这之后长安又做了20年首都。904年，唐朝已名存实亡。握有实权的朱温尽杀宦官，拆毁宫殿，逼迫昭宗迁都洛阳。907年，朱温废掉末代皇帝唐哀宗，自行称帝，建立后梁。曾经辉煌的唐朝首都已经是一片废墟，再没有恢复往日的荣光。通往首都的商路被切断，孤立了西北各绿洲，丝路贸易由此进入了沉寂期。

---

[1] Edward H. Schafer, "The Last Years of Ch'ang-an", *Oriens Extremus* 10（1963）：133-179，特别是157—158页所引 Lionel Giles, "The Lament of the Lady of Ch'in", *T'oung Pao*, 2nd ser., 24（1926）：305-380，诗文见343—344页。

第六章

敦煌藏经洞

丝路历史的凝固瞬间

如果只能参观一个丝路遗址，去敦煌。那里的自然景色非常壮观。深绿的杨柳环绕着郁郁葱葱的绿洲。石崖上开凿着大约五百座石窟，里面有美不胜收的佛教壁画。壁画融合了印度、伊朗、中国以及中亚等地的元素。有四万余件文书的藏经洞（图见下一页）是丝路上保存文书和文物最多的地方。[1]其中发现了佛教、摩尼教、祆教、犹太教、景教等各种宗教的文献，展现出这一地区曾经是多么国际化。在公元一千纪，敦煌是重要的边塞城市、佛教朝圣中心以及贸易中间站。公元1000年之后敦煌逐渐衰落，成了穷乡僻壤。当1907年斯坦因把这里定为自己第二次中亚探险的目的地时，到过这里的欧洲人非常少。斯坦因在这里的发现为他赢得了英国的爵士头衔以及在中国持久的骂名。

斯坦因在第二次探险中依据先前的经验率队穿越塔克拉玛干沙漠、发掘文书和文物并将其负责任地尽快发表。从他在和田、尼雅的第一次中亚探险以来的六年中，英国与其他国家的竞争变得愈发激烈，俄国、德国、日本和法国都派出了探险队来新疆攫取文物。[2]斯坦因申请了拨款得以离职两年。他的目标是重走克什米尔到和田的路，然后穿过沙漠一路直抵甘肃省西端的敦煌，直线距离1325公里，全程长1523公里。

1902年，在德国汉堡召开的东方学家大会上，匈牙利地质学家洛克

---

[1] 国际敦煌项目（The International Dunhuang Project）网址为 http://idp.bl.uk，其中有藏经洞中四万件物品的图片。Victor Mair 给出了不同机构收藏的文书数目，见氏著"Lay Students and the Making of Written Vernacular Narrative: An Inventory of Tun-huang Manuscripts"，*CHINOPERL Papers* 10（1981）：95-96。

[2] Mirsky，*Sir Aurel Stein*，212-229.

斯坦因合成的敦煌藏经洞照片

照片中为 16 窟，窟中高台上有佛像。照片最右侧可见藏经洞洞口。该洞于公元 1000 年之后不久封死，后于 1900 年前后被发现。洞中有文书约四万件，文书语言包括汉语、藏语及其他丝路小语种，是丝路上发现的最大文书群。斯坦因把两张负片叠在一起，在洞窟的原始照片中加上了两堆手稿。

济（Lajos Lóczy）做了关于敦煌的报告，这是斯坦因首次听说敦煌。洛克济是 1879 年首次访问敦煌的欧洲人之一。那时只有两名僧人长年住在这个几近废弃的地方。尽管洛克济的专业是土壤和岩石研究，但他还是看出了洞窟中佛教壁画的重要性。[1] 中国学者一般忽视壁画而更重视卷轴画。敦煌最早的壁画年代为公元五世纪，大大早于现存的所有绢画。

第二次探险队的成员跟第一次的一样，包括照顾骆驼马匹的人、会拍照的测量员、仆人，以及厨子。加入队伍的还有一名能在沙漠中穿行几百公里而不迷路的信使。他的任务是去临近的城镇取送斯坦因的邮件

1　Lilla Russell-Smith, "Hungarian Explorers in Dunhuang", *Journal of the Royal Asiatic Society*, 3rd ser., 10, no.3（2000）: 341-361.

以及英属印度政府以银锭的形式下发的拨款。

斯坦因的维吾尔语（斯坦因所谓的突厥语）口语能力在新疆工作时很有用，在甘肃却派不上用场，这里汉语才是主流。公元前111年，敦煌首次进入中国版图。汉朝在一次成功的军事行动之后在敦煌建起了戍堡（悬泉置隶属于敦煌）。中国对这一地区的控制时断时续。589年，隋朝再次统一中国，之后敦煌便一直处于中国治下。[1]敦煌是整个地区的学问中心，当地人在学校学习汉字并用汉字书写。[2]在英国驻喀什领事的推荐下，斯坦因雇了一名名叫蒋孝琬的中国师爷做秘书。此人不懂维语，因此最初交流有些困难。斯坦因从未学过汉字，但是两人一起旅行几个星期之后，斯坦因的汉语已经足够表达自己的意思了。

1907年春天，斯坦因在向敦煌进发的路上听到了一则传言，说敦煌洞窟里的东西远不止壁画。这则传言是从一个躲债的穆斯林商人口中首次听到的，此人给他讲了王圆箓的发现。王圆箓原先是当兵的，1899或1900年从清军退出之后来到了敦煌。与许多老兵一样，他遇到一位云游的道士并皈依了道教，因此斯坦因称他为"王道士"。识字不多的王道士来到敦煌之后不久，有一天偶然敲了一处窟壁且听出里面是空的，这样便发现了墙后隐藏的藏经洞（17窟）。[3]拆掉窟壁之后，王道士给本地以及本省官员送去了几幅字画，其中至少有一位官员，即古文字学者叶昌炽意识到了其重要性。但因为拳乱之后官府实在拿不出钱来，因此决定不取走这些文书，而是命令王道士将文书留在原处保管。

当斯坦因和他的秘书蒋孝琬于1907年3月第一次来到敦煌时，王道士出门"跟助手一起化缘去了"。他们借此机会在崖边的洞窟边转了转。

---

[1] 一份有用的年表见 Roderick Whitfield, *Dunhuang: Caves of the Singing Sands: Buddhist Art from the Silk Road*（London: Textile & Art Publications, 1995），341–343。

[2] Éric Trombert, "Dunhuang avant les manuscrits: Conservation, diffusion et confiscation du savoir dans la Chine médiévale", *Études chinoises* 24（2005）: 11–55.

[3] Rong Xinjiang, "The Nature of the Dunhuang Library Cave and the Reasons for Its Sealing", trans. Valerie Hansen, *Cahiers d'Extreme-Asie* 11（1999-2000）: 247–275. 斯坦因错误地以为王圆箓是在1905年发现的藏经洞, *Ruins of Desert Cathay*, 2:164。

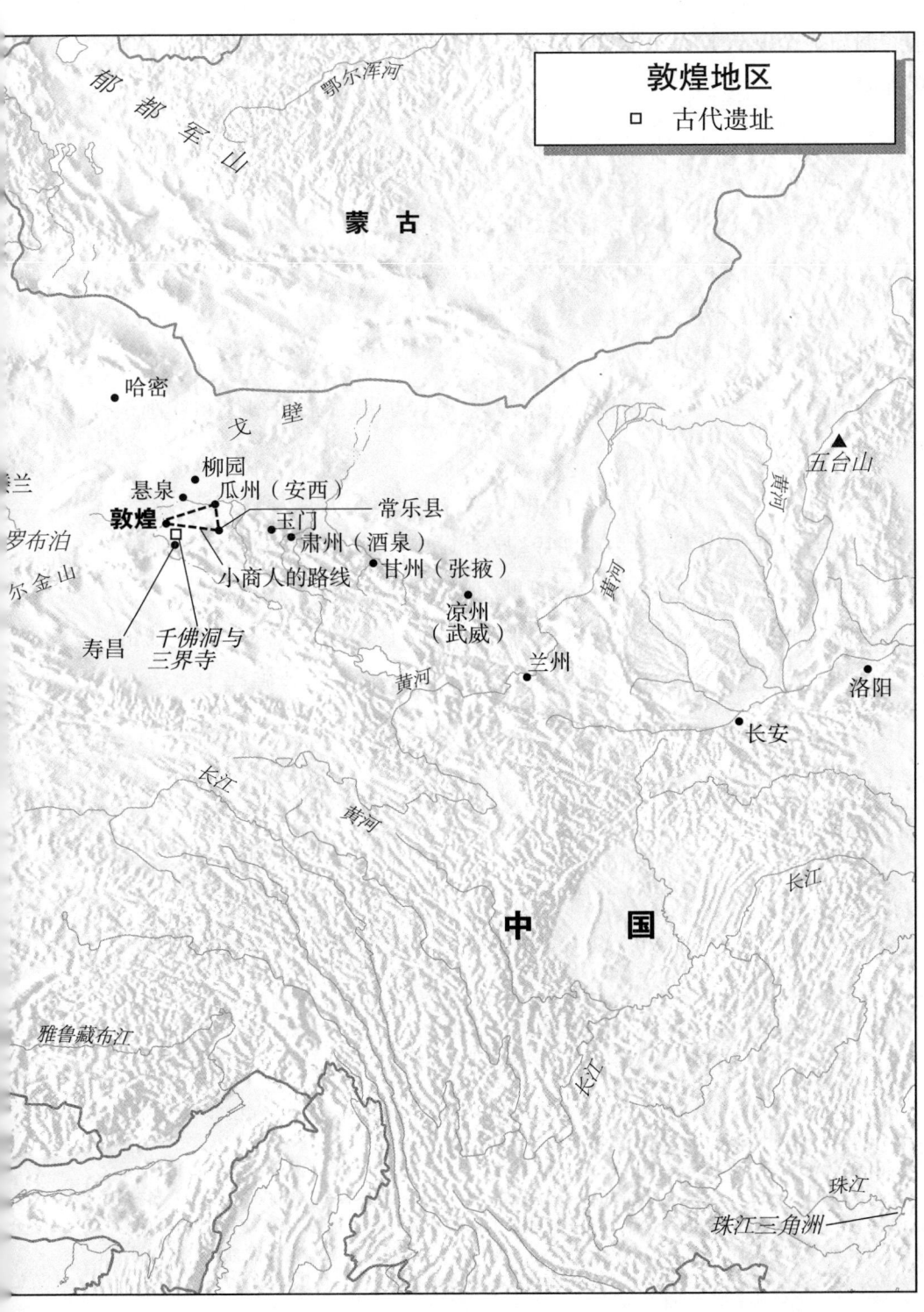

这些洞窟完全露天且无人看守。斯坦因注意到一条十世纪史料的描述非常准确：

> 古寺僧舍绝多。亦有洪钟。其谷南北两头有天王堂及神祠。壁画吐蕃赞普部从。其山西壁南北二里。并是镌凿高大沙窟。塑画佛像。每窟动计费税百万。前设楼阁数层。有大像堂殿。其像长一百六十尺。其小龛无数。悉有虚槛通。连巡礼游览之景。[1]*

斯坦因注意到，尽管窟前的遮檐大多已经坍塌，很多塑像和壁画依然完好。[2]

根据石窟中的一通石碑，一位僧人于366年造访此处并开凿了第一座洞窟。敦煌研究院将千佛洞的492座石窟中年代最早的定在北凉时期（422—439年），最晚的定在十三四世纪。[3]最早的石窟与尼雅和龟兹的石窟类似，里面有单独的佛像或是佛陀前世的图景。600年之后建成的石窟中则是佛经故事中的场景。石窟凿在极为脆软的砂砾岩上，六七

---

1 Lionel Giles, *Six Centuries at Tunhuang: A Short Account of the Stein Collection of Chinese Mss. in the British Museum* (London: China Society, 1944), 28.

* 来自S.5448《敦煌录》，脚注有误，作者所引英译文来自Lionel Giles, "The Tun Huang Lu Retranslated", *Journal of the Royal Asiatic Society of Great Britain and Ireland*, 1915, pp.41-47。翟理斯于1914年首次发表《敦煌录》译注，见Lionel Giles, "Tun Huang Lu: Notes on the District of Tun-Huang", *JRAS*, 1914, pp.703-728。译文发表后受到时年24岁的胡适批评，见Suh Hu, "Notes on Dr. Lionel Giles' Article on 'Tun Huang Lu'", *JRAS*, 1915, pp.35-39。关于这段公案可见王冀青：《翟理斯两种〈敦煌录〉译释本与胡适校勘记之对比分析》，甘肃省古籍文献整理编译中心编：《文献研究（第2辑）》（北京：学苑出版社，2011）。关于《敦煌录》较新的研究见李正宇：《古本敦煌乡土志八种笺证》（兰州：甘肃人民出版社，2008），290—317页。

2 本章中对于斯坦因第一次敦煌之旅的描述基于Stein, *Ruins of Desert Cathay*, 2:28-30, 159, 165, 798; Stein, *Serindia*, 2:805, 813, 825。

3 Donohashi Akio, "A Tentative Inquiry into the Early Caves of the Mo-kao Grottoes at Tun-huang: Questions Regarding the Caves from the Sui Dynasty", *Acta Asiatica* 78 (2000): 1-27, 特别见第2页。马德画出了四到九世纪中九个时间点的崖壁外观，见氏著《敦煌石窟营造史导论》（台北：新文丰出版社，2003），119—150页，图1-9。每个时期开凿洞窟数目的年表见马德：《敦煌莫高窟史研究》（兰州：甘肃教育出版社，1996），43—46页。

斯坦因初到敦煌时的莫高窟

1907年斯坦因第一次来到敦煌莫高窟，此时石窟没有门，风吹雨淋毫无遮蔽，参观者必须爬墙钻洞才能进入。如今在敦煌研究院的管理下，所有石窟都有墙有门有锁，混凝土制的过道和楼梯连接着遗址中492座石窟。（大英图书馆供图）

世纪时就坍塌了几座。近年来持续的客流进一步损毁了石窟，敦煌研究院建了复制窟以期减少客流及其对壁画的损毁。只有几座石窟对普通游客开放。如果要参观最著名的几座石窟，则要支付每人几百美元的高额票价。

1907年，斯坦因和蒋孝琬完成了对遗址的初步探查之后遇到了一位年轻的藏族僧人。蒋孝琬与之单独会面，僧人给他看了一件写有汉字的手稿。蒋孝琬看到"菩萨"一词多次出现，但由于缺乏阅读佛教材料的经验，他并不能看懂文书的内容。斯坦因想要酬谢为他们展示手稿的僧人，但是蒋孝琬却"建议谨慎行事。过分慷慨的礼物会让人怀疑其动机不纯"。斯坦因和蒋孝琬商量出一个价码，然后付了"一块碎银子，相当于大约三卢比或者四先令"。斯坦因在关于这次发现的第一本书《沙埋契丹废墟记》(*Ruins of Desert Cathay*)中讲到,"我和蒋师爷密谈了很久,商量怎样才能接触到这些发现,如果遇到宗教势力的阻挠,要怎样才能化解"。

斯坦因和蒋孝琬都明白这项任务的敏感性,因此他们不敢声张。与其他斯坦因发掘过的遗址不同,敦煌是一处"有宗教活动进行"的地方,斯坦因不知道他将会面临什么样的困难。"当地修行之人会不会如此好心——而且在乎物质利益——以至于可以无视圣物被拿走?若果真如此,我们能否指望他们的精神影响可以减轻那些为朝圣地捐款且更为迷信的普通人的顾虑?"甚至在见王道士之前,斯坦因就已经决定把活动限制在拍照和画图之内,因为当地信徒肯定会反对他们拿走任何佛像和壁画的。

由于王道士不在,斯坦因决定去调查从敦煌向西延伸出去的一排烽燧并在那发现了粟特古信札。当他于1907年5月15日回到千佛洞时,他目睹了一次"足有一万人"参加的年度宗教节日。斯坦因保持着距离,由蒋孝琬说服王道士与斯坦因见面。王道士出于焦虑,砌起了一堵墙封住了藏经洞的唯一出口。当二人终于见面时,斯坦因记下了他对王道士的第一印象:"他看上去是个十足的怪人,极为羞怯紧张,偶尔还露出狡猾的神情,这可完全让人振奋不起来。我从一开始就非常清楚,此人不好打交道。"

斯坦因在叙述自己在敦煌的经历时总是不断地提到他和他维也纳大学的导师比勒(Georg Bühler)在印度收集梵文手稿时的困难。比勒一直想研究一份文献,在欧洲遍寻不得才来印度收集手稿。1875年,他终于看到了那件自己为之来到印度的手稿,可手稿主人之后又将其收了起来。比勒直到去世也没能再看到这份手稿一眼。斯坦因在印度最大的学术胜利之一就是在14年之后买下了这份手稿。[1]

斯坦因明白敦煌藏经洞提出的挑战与在沙漠迷路或者在尼雅挖掘废

---

1 Mirsky, *Sir Aurel Stein*, 36–37.

弃遗址非常不同。他必须运用他在印度获得的能力，把手稿从其保管者手中拿下。与王道士初次见面之后，斯坦因有了"打一场持久战、攻坚战"的准备。

在蒋孝琬的建议下，斯坦因明确决定不与王道士讨论学术和考古，改为唤起他对求法僧玄奘——斯坦因的"中国主保圣人"——的记忆。斯坦因讲道，他用自己不流畅的中文告诉王道士自己对玄奘的虔敬："我沿着玄奘的脚步从印度跨越重山沙漠而来，我找寻到很多玄奘去过且描述过的佛寺的遗址"等等。斯坦因一直伪装成玄奘的信徒，他在6月13日离开之前甚至捐钱要做一尊新的玄奘"泥塑"。蒋孝琬和斯坦因告诉王道士藏经洞里的文书应该属于一座印度的"佛学寺庙"，他们让王道士误以为斯坦因和很多世纪以前的玄奘一样，是来为一座远方寺庙取经的。

初次见面之后，斯坦因让蒋孝琬与王道士单独谈判。当天夜里，在黑暗的掩护下，王道士拿给蒋孝琬一卷文书，这恰好是一部玄奘翻译的佛教作品。蒋孝琬立刻把这一好兆头告诉了王道士，王道士便把临时封住藏经洞的墙拆了。

之后谈判进行得更顺利了。三人都同意此事需要绝对保密。据斯坦因讲，王道士规定："交易内容除了我们三人之外不许任何人知道，只要我［斯坦因］还在中国境内，就必须对这些'发现'的来源完全保密。"在接下来的三个星期里，王道士把一卷卷的文书交给蒋孝琬，再由蒋孝琬和斯坦因从中挑出最重要的。临近尾声时，王道士突然惊慌失措又把所有东西搬回了洞里，蒋孝琬又一次介入挽回了局面。蒋孝琬和斯坦因挑拣好之后，斯坦因命令自己最信任的两个人把这些文书缝进袋子里，这样就没人知道袋子里装的是什么了。

在这个过程中的每一步，斯坦因都讲到谈价钱的事。他和蒋孝琬定下一个目标之后就由蒋直接跟王道士谈。斯坦因在这里遵循了一个当时普遍的做法。全亚洲的外国人常常指派他们的手下或者仆人为自己买日常用品及其他东西。蒋孝琬和王道士最终就价格达成了一致，七箱手稿、五张绘画以及其他东西共计130英镑。斯坦因在给好友阿伦的信中高兴地写道:"这个价钱也就能买到一片梵文贝叶外加几件'古物'。"[1]

斯坦因于1907年夏天离开之后,王道士继续出售藏经洞文书,并用所得对洞窟群进行修复。蒋孝琬同年秋天回到敦煌,又买了230捆文书并将其寄给斯坦因。斯坦因所得文书共约一万一千件。1908年,天才的法国汉学家伯希和买了七千件文书并将其运回巴黎。[2] 1910年,中国政府下令将余下的一万件汉文文书(不包括藏文文书)运回北京。王道士扣下了一些,运往北京的途中又遗失了一些。[3] 1912年俄国人奥登堡买走了大概一万件,1914年斯坦因最后一次回到敦煌又买了600卷。[4]

1929年,斯坦因在哈佛的一个系列讲座上自豪地向听众讲述了他在敦煌的经历。当斯坦因于1914年回到敦煌时,王道士热情地欢迎他,并向他展示一份账目,上面详细记载了自己是如何用那些钱翻修洞窟的。"考虑到官方对于他[王道士]所珍视的这些文书的处理方式,他非常后悔自己当时没有足够的勇气和智慧接受我通过蒋师爷[蒋孝琬]提出的建议将经卷全部卖出。"[5] 斯坦因觉得,因为自己付给王道士的钱比其他人都多(中国政府没付钱),他当时应该能买下全部经卷并将其运出中国。即便1929年时很多欧洲和中国学者都认为中国文物应留在中国,斯坦因依然不觉得把文书和文物从中国运走有什么不对。

在思考敦煌文书的流散问题时,我们应该尽量避免用现代的标准来评判斯坦因。今天,很多人都支持将埃尔金大理石*归还给希腊。但是

---

[1] 见 Mirsky, *Sir Aurel Stein*, 280 页所引斯坦因 1907 年 10 月 14 日致阿伦的信件。

[2] Paul Pelliot, "Une Bibliothèque Médiévale Retrouvée au Kan-sou", *Bulletin de l'Ecole Française d'Extrême-Orient* 8(1908):501–529; Stein, *Serindia*, 2:820.

[3] Rong, "Nature of the Dunhuang Library Cave", 256.

[4] James Russell Hamilton, ed.and trans., *Manuscrits ouïgours du IXe-Xe siècle de Touen-houang*(Paris: Peeters, 1986), ix.

[5] Stein, *On Central Asian Tracks*, 211.

* 埃尔金(Elgin)大理石石雕是指来自希腊雅典卫城帕特农神庙及其他建筑上的雕塑、铭文、建筑构件等,由时任英国驻奥斯曼土耳其帝国大使(1799—1803 年)的第七世埃尔金伯爵布鲁斯(Thomas Bruce)以受争议的手段从奥斯曼政府获得许可,将这些石雕从原址运往英国,并于 1816 年卖给英国政府。这些艺术珍品现藏于大英博物馆,是博物馆的镇馆之宝。希腊政府将埃尔金伯爵的行为视为非法,一直敦促国际社会要求英国将希腊国宝物归原主。

必须考虑到斯坦因和其他探险家都活动于"一战"以前、帝国主义盛行的时期。欧洲列强和日本都派出探险队进入新疆挖掘，当时没什么人对此提出质疑。少数几个提出质疑的人包括德国人格伦威德尔（Albert Grünwedel）和俄国学者奥登堡（Sergei Fedorovich Oldenburg）。他们都对勒柯克及其他人从遗址中剥除壁画的行为提出过批评。[1]

当时的外国人有正当的理由认为藏经洞文书离开敦煌会更安全。敦煌石窟在陕甘回民起义期间（1862—1873年）曾遭到破坏，而斯坦因非常清楚地知道当地人是多么躁动不安。[2] 1907年6月，斯坦因走后仅仅一个月，当地就因谷价而爆发了骚乱。

中国人对于斯坦因行为的看法在逐渐软化。"文化大革命"期间，他是大盗，直截了当。甚至八十年代中期我读研究生的时候也是如此。当时我们的教授说如果他是一件敦煌文书，他宁愿被带到巴黎或者伦敦去，因为那里的保存条件比北京要好得多。有位中国同学听了这话立刻火冒三丈。1998年，《西域考古图记》（Serindia）的中文全译本出版，其中包括斯坦因在敦煌与王道士交涉的详细记述。杰出的中国考古学家孟凡人为该书作序。《西域考古图记》一书包含当时顶尖学者对斯坦因所获材料的翻译，"代表了20世纪20年代以前在这一领域中的最高研究水平"，不过斯坦因的"劫掠行径""应受到严正谴责"。[3]

出版事业的发展使得藏于外国的敦煌文书越来越容易为中国学者所利用：70年代末，微缩胶卷首先发行。随后敦煌文书的多卷影印本于90

---

1 Asel Umurzakova, "Russian Archaeological Exploration of the Silk Road"，1999 年 4 月 30 日 "The Social History of the Silk Road" 研讨会论文，其中引用了 С.Ф.Ольденбург, Русская Туркестанская экспедиция（1909-10 гг.）: Краткий предварительный отчет（Санкт-Петербург: Императорская академия наук, 1914）。

2 Hodong Kim, *Holy War in China*: *The Muslim Rebellion and State in Chinese Central Asia, 1864-1877*（Stanford, CA: Stanford University Press, 2004）。

3 Helen Wang, *Sir Aurel Stein in* The Times: *A Collection of over 100 References to Sir Aurel Stein and His Extraordinary Expeditions to Chinese Central Asia, India, Iran, Iraq and Jordan in* The Times *Newspaper 1901-1943*（London: Saffron Books, 2002），147-151, appendix 2: "Meng Fanren's Preface to the Chinese Translation of *Serindia*"。

年代陆续出版，其中的写本照片清晰可读。现在写本照片正不断被上传到伦敦的国际敦煌项目的网站上。[1]

北京大学的荣新江教授是中国唐史研究界的领军人物，他于2005年在中国顶尖的历史学刊物《历史研究》上发表了一篇文章。文中对比了斯坦因和伯希和的做法。斯坦因没有告诉中国学者他的发现，而伯希和则把自己买走并运回巴黎的文书的照片给了他的中国同行。荣教授提请读者注意一个无可辩驳的事实：尽管二十世纪早期的中国学者呼吁要保护敦煌文书，但没人离开过自己舒适的家，没人效仿斯坦因和伯希和亲身造访敦煌。其结果就是敦煌文书被大量拿走。[2]

但是即便按照当时的标准，斯坦因的做法还是带有欺骗性质。他号称自己是玄奘的信徒。他购买文书和绢画时非常清楚自己所付的钱远低于市场价。他为了保密采取极端方式，一切都在夜间进行，而且只告诉极少数人自己的所作所为。人们不禁奇怪斯坦因之后为何如此大大方方地讲述自己当时是如何偷偷摸摸的。

虽然斯坦因在讨论敦煌时没有特别提到佩特里（William Matthew Flinders Petrie），但他在其他地方常常承认自己受到了此人的影响。[3] 佩特里是英国在埃及考古发掘的领军人物，他在1902年斯坦因第一次探险归来之后会见了斯坦因。在《古代和田》（*Ancient Khotan*）的前言中，斯坦因称佩特里为"有着无人可及的经验的考古探险者"。[4] 1904年，佩特里的《考古学的方法与目的》（*Methods & Aims in Archaeology*）一书出版，该书提供对发掘每一阶段的逐步指导，包括后勤准备、现场挖掘、发表结果。佩特里曾在埃及发掘，他教给考古学家如何在落后国家开展工作，如何花少量的钱让工人上交他们发现的小件物品而不是自己去卖掉："出

---

1 Hao Chunwen, "A Retrospective of and Prospects for Historical Studies Based on Dunhuang Conducted this Century", *Social Sciences in China* 20, no.4（1999）: 95–110. 这是1998年《历史研究》上论文的翻译。
2 荣新江：《中国敦煌学研究与国际视野》，《历史研究》2005年第4期，165—175页。
3 Valéria Escauriaza-Lopez, "Aurel Stein's Methods and Aims".
4 Stein, *Ancient Khotan*, ix.

钱才能保证［对文物］最好的照顾。"佩特里还建议读者以两个版本发表结果，一个服务于"学生和普通民众"图版较少价格低廉的简装版，以及一个"服务于图书馆、藏书家和富有的业余爱好者的华丽的精装版"。斯坦因严格遵照他的建议，他的书甚至连版式和字体都和佩特里的书一样。[1]

佩特里在"考古学的道德问题"一章中有预见性地指出，考古学家一旦在遗址完成挖掘，就不会给后世在此留下任何东西。考古学家可以把发现物置于博物馆中，但这些东西总会朽坏，出版物最终会成为唯一记录。"权利应该以能否在现在及未来得到最多知识来评判。"佩特里批评政府总是制定法规不许外国考古学家挖掘却允许"无知的老农"肆意"挖掘破坏"。斯坦因在《古代和田》的序言中引用佩特里的告诫，考察者必须"细心工作、详细记录、完整发表"。[2]斯坦因对于自己在中国钻政府法规的空子、与王道士的交涉等通通直言不讳，完美地体现了佩特里手册中的务实精神。斯坦因与他的导师一样，以"在现在及未来得到最多知识"为目的，对于把文书文物运出中国没有任何顾虑。

按照佩特里的指导，斯坦因试图尽可能重构17窟的本来面貌。藏经洞中的材料按层排列的方式显示这不是偶然保存下来的一堆文书和绘画。这些材料显然是某人或者某个团体特意放置在洞中的。但这又是为什么呢？洞中有许多纸片，这让斯坦因认为该洞是一个废纸贮藏室。

荣教授仔细地将斯坦因的记述与中文史料以及伯希和的记述进行比对。尽管斯坦因没有机会仔细考察藏经洞，但他的记载依然是对藏经洞最详细的描述。藏经洞被王道士为斯坦因打开，第二年又为伯希和打开，其原貌已经被无可挽回地破坏殆尽了。荣教授挑战之前的"废弃说"，对藏经洞文书的存放提出了一种不同的解释。[3]

---

[1] W.M.Flinders Petrie, *Methods & Aims in Archaeology*（London: Macmillan, 1904），35 页（小费），119 页（出版），175 页（"权利"）、187 页（政府的规章制度）。
[2] Stein, *Ancient Khotan*, ix, 引 Petrie, *Methods & Aims in Archaeology*, 175。
[3] Rong, "Nature of the Dunhuang Library Cave", 247–275.

藏经洞北壁

藏经洞只有北壁有画。画面中央高台上是洪辩和尚像，塑像左右各有一棵树及一名侍从，手举拐杖、男装打扮的女居士在左，手持绘凤团扇的尼姑在右。壁画绘于这座小石窟用做洪辩和尚葬窟的时期。

斯坦因使用的藏经洞（library cave）一词容易让人产生误解。藏经洞不是一座单独的洞窟。它是一个小储藏室，面积不到3米见方，高不超过2.7米。藏经洞原本是看不到的。王道士敲了16窟的窟壁，发现窟壁后面是空的，把墙拆掉才找到了这个储藏室。

藏经洞本来是洪辩和尚的纪念窟，此人权力很大，曾在851年被唐朝皇帝册封为都僧统。862年他去世以后，其弟子把与他相关的物品置于此窟，并来窟中祭拜。[1] 十世纪初的某个时候，僧人们开始把此窟用做

---

[1] 荣新江：《归义军史研究：唐宋时代敦煌历史考索》（上海：上海古籍出版社，1996），3页。

文书储藏室。¹王道士在1900年前后清理该窟时把塑像移走了。后来敦煌研究院又把塑像放回原来的位置，今天依然可见。

藏经洞中的很多文书都标着所属寺院。十世纪的敦煌是个佛教中心，约有15座寺庙，三界寺是其中较小的一座。²因为三界寺的名字在藏经洞文献中最常出现，藏经洞有可能隶属于该寺。

有关藏经洞目的的一个重要线索来自一篇佛经序文，出自僧人道真（活跃于934—987年）之手。他解释了自己为何要为寺院收集材料："乃见当寺藏内经论部帙不全，遂乃稽颡虔诚，誓发弘愿，谨于诸家函藏，寻访古坏经文，收入寺中，修补头尾，流传于世。"³987年之后道真去世，其他僧人继续为三界寺收集文书。

敦煌的寺院都有想得到的文书的清单，这说明他们在藏经洞关闭之前不久仍在收集文书和绘画。洞中最早的文书是一件佛教作品，年代为405年，最晚的年代为1002年。⁴藏经洞中的文书远远不止佛教作品。⁵

因为纸张在敦煌比较昂贵，寺院学校的学生在页边空白处或者废弃佛经的反面练字。寺院学校教学生读写，学生中有些后来成了僧人，有

---

1 John C. Huntington, "A Note on Dunhuang Cave 17: 'The Library', or Hong Bian's Reliquary Chamber", *Ars Orientalis* 16（1986）: 93–101; Imaeda Yoshirō, "The Provenance and Character of the Dunhuang Documents", *Memoirs of the Research Department of the Toyo Bunko* 66（2008）: 81–102. 另见 ARTstor.org 数据库中的数字洞窟（搜索"Dunhuang"、"cave 16"和"QTVR"）。

2 Éric Trombert, *Le crédit à Dunhuang: Vie matérielle et société en Chine médiévale*（Paris: Collège de France, Institut des Hautes Études Chinoises, 1995）, 76; 引 S2729, 解说见藤枝晃:《敦煌の僧尼籍》,《東方学報》29（1959）: 293–295。

3 敦煌研究院 0345 号文书的节译见 Rong, "Nature of the Dunhuang Library Cave", 260; 全译见 Stephen F. Teiser, *The Scripture of the Ten Kings and the Making of Purgatory in Medieval Chinese Buddhism*（Honolulu: University of Hawai'i Press, 1994）, 142–143。

4 最早的文书（S797）, Stein, *Serindia*, 2: 821 页注 2a; 施萍婷:《敦煌遗书总目索引新编》（北京: 中华书局, 2000）, 27 页。这是一份斯坦因收集品、伯希和收集品和北京收集品（不包括俄国收集品）中所有文书的列表，非常有用。年代最晚的文书见 Rong, "The Nature of the Library Cave", 266。

5 关于一组不见于佛教典籍的敦煌文献的讨论见 *Cahiers d'Extrême-Asie* 7（1993–1994）, 禅学专号。

些没有。[1]这些学生跟今天学中文的学生一样,反复抄写单个汉字,然后逐渐进阶到更复杂的课文。敦煌文书中有很多错误,因为并非所有学生都水平很高。老师经常划掉学生写的错字,在旁边插入正确的。学生为了学写字会抄写各种材料,其中当然有佛教作品,也有契约、文学小品(比如水和茶的对话),以及被称做"变文"的长篇叙事作品。[2]

藏经洞中最有名的文书是《金刚经》,该经不是手抄本而是木版印刷的印本。中国人在八世纪初发明了这种印刷术。把一张有字的纸面朝下贴在一块软木板上,在木板上刻出字来,再用就可以用这块木板印刷。敦煌的《金刚经》由七张木板印刷的纸页连缀而成(图片见298页)。

其中的发愿文中说明这是一位佛教徒以父母的名义为利益众生而出资制作的。这样的行为会为他的父母和他自己积德。《金刚经》上所标年代为868年(四月十五日[*])。藏经洞中还有早于868年的木版印书的片段,包括一件834年的历日。但是《金刚经》是世界上最早的完整印刷品。[3]学者们发现敦煌并不是四川那样的印刷中心。藏经洞文书中的绝大多数是手抄本。

敦煌管理文书的僧人用一种复杂的方法给佛经编目。他们参考长安大型寺院图书馆的目录。这种目录把所有佛教文书分为布道文、律、史等类别。[4]启蒙读物《千字文》中有一千个汉字,这相当于一个汉字的字

---

[1] Victor Mair 给出了不同收藏机构所藏学生手抄文书的数量,见氏著"Lay Student Notations from Tun-huang", in *The Columbia Anthology of Traditional Chinese Literature*, ed.Victor H.Mair(New York: Columbia University Press, 1994), 644-645。另见 Erik Zürcher, "Buddhism and Education in T'ang Times", in *Neo-Confucian Education: The Formative Stage*, ed.Wm.Theodore de Bary and John W.Chaffee(Berkeley: University of California Press, 1989), 19-56。

[2] Giles, *Six Centuries at Tunhuang*.

[*] 唐历。

[3] Frances Wood and Mark Barnard, *The Diamond Sutra: The Story of the World's Earliest Dated Printed Book*(London: British Library, 2010). 关于历日(Дx.2880)见 Jean-Pierre Drège, "Dunhuang and the Two Revolutions in the History of the Chinese Book", in *Crossing Pamir: Essays Dedicated to Professor Zhang Guangda for His Eightieth Birthday*, ed. Rong Xinjiang and Huaiyu Chen, Brill, 待出版。

[4] Jean-Pierre Drège, *Les bibliothèques en Chine au temps des manuscrits(jusqu'au Xe siècle)*(Paris: École Française d'Extrême-Orient, 1991).

第六章 敦煌藏经洞：丝路历史的凝固瞬间　229

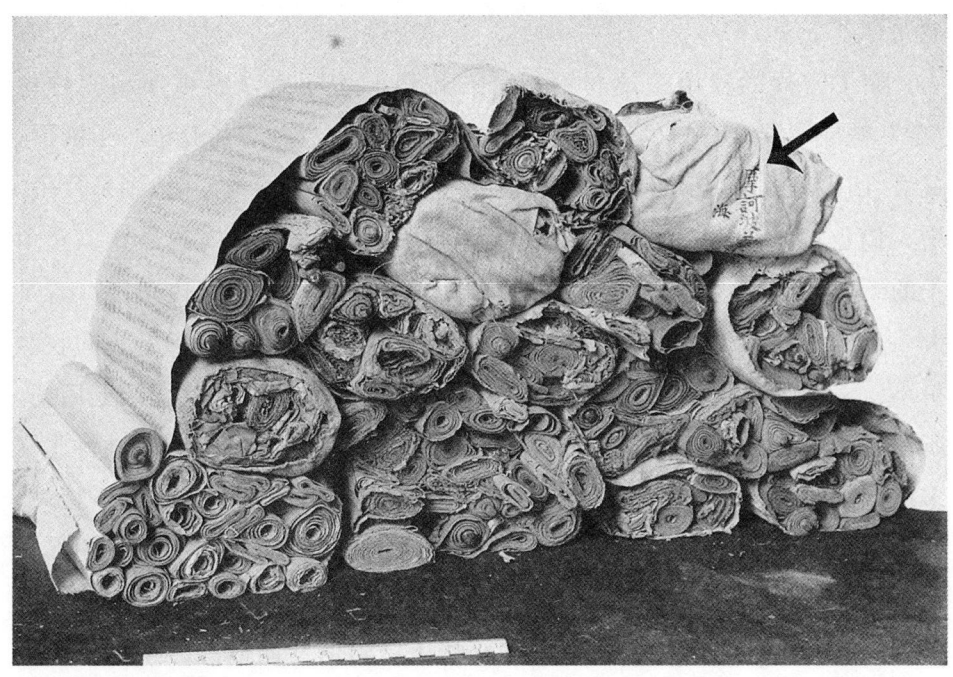

佛教图书馆的索书号

　　藏经洞中的汉文佛经差不多每十二卷分为一帙，每帙以帙皮包裹。图中右上角箭头处是帙皮上尚可见的文字，写着经名及其相当于现代图书馆索书号的《千字文》编号。（大英图书馆供图）

母表。僧人用这些字给佛教作品编号，再把卷帙分组，斯坦因称这些组为"常规经帙"。

　　共有一千零五十个经帙，每帙有约十二卷汉文文书。此外，还有80包十一种藏语贝叶装文书。藏语于786年被引入敦煌。[1]那一年，吐蕃人帮助唐朝平定了一场叛乱，但是唐朝没有履行承诺赏赐吐蕃人，吐蕃人便征服了敦煌*。经帙外面原本都有封皮，但因为首先看到经帙的人——王道士、蒋孝琬、斯坦因、伯希和——都没意识到其重要性，只有很少

1　现在历史学家将吐蕃征服敦煌的年代定在786年。肯定不是781年，787年也不太可能。见山口瑞凤：《吐蕃支配时代》，榎一雄编：《講座敦煌2：敦煌の歷史》（东京：大東出版社，1980），195—232页，特别是197—198页。感谢 Sam van Schaik 和岩尾一史提供这条引文。

*　指建中三年的泾原兵乱时唐德宗以让出安西和北庭为条件向吐蕃借兵，吐蕃出兵二万。叛乱平定后，唐德宗欲履行承诺，被李泌劝阻，见《资治通鉴》卷231。

被保存了下来。

除了常规的汉语藏语材料以外，藏经洞中还有一种被斯坦因称做"杂"帙或"混合"帙的经帙。[1] 其中有贝叶装或卷轴装的梵语、于阗语、藏语、回鹘语和粟特语佛教文书。有些是完整的佛经抄本，其他则是片段。僧人们也把绘画（几乎都是佛教神像）、绘画碎片、破损的经卷以及单张的纸放在洞中。另外，他们还储存用于修复佛经的各种边角料。若是大一点的寺院图书馆，人家兴许早把这些东西扔掉了。但三界寺的收藏很小，这让管理员们更加谨慎。因为这些东西说不定哪天就会派上用场，所以所有有字的东西都应该留着。正因如此，藏经洞中保存的材料非常多样化。和吐鲁番用废纸做的鞋样不同，藏经洞文书之间并非毫不相关，所有文书都跟佛教有这样那样的联系，要么文书背面抄有佛经，要么文书出自寺院学校学生之手。

藏经洞文书的语言包括梵语、粟特语、藏语、回鹘语、于阗语，这非常好地体现了斯坦因的标签："多语种图书馆"。[2] 有时，仅仅一张纸便揭示了一个宗教团体或者一位独自旅行者的存在。我们除了那张纸之外对其一无所知。藏经洞中有一张纸，上书18行希伯来语祷文，每行的打头字母按希伯来字母表顺序排列，之后是《圣经·诗篇》中的一段。（见彩图12）这件文书被多次折叠，也许曾被当做护身符缝进小袋子里挂在脖子上。[3] 也许一个犹太人曾行至敦煌，也有可能有人买下了这件护身符（字母的形状显示它出自巴比伦）并把它带到了敦煌。无独有偶，藏经洞中的两张纸显示敦煌有一群讲粟特语的祆教徒。一张纸上写着祆教古经《阿维斯塔》中的诗句，另外一张上画着两尊面对面的祆教

---

1 Rong Xinjiang, "Nature of the Dunhuang Library Cave", 251–254.

2 Stein, *Serindia*, 2:813.

3 原编号 Pelliot Hébreu 1；现编号为 Manuscrit hébreu 1412, Bibliothèque Nationale。Wu Chi-yu, "Le Manuscrit hébreu de Touen-huang", in *De Dunhuang au Japon*: *Études chinoises et bouddhiques offertes à Michel Soymié*, ed. Jean-Pierre Drège（Geneva, Switzerland: Librairie Droz, 1996），259-291（照片见291页）。照片网址：http://expositions.bnf.fr/parole/grand/018.htm.

女神。[1]

伊朗的祆教是三夷教之一。三夷教是中国学者使用的术语,用来指称两种伊朗宗教祆教和摩尼教以及源自叙利亚的东方基督教。这三者都起源于中国境外,分别进入中国,845年颁布禁教令之后就消亡了[*]。藏经洞文书管理者的兼容并蓄,使它成为了包含丝路上各种宗教原始材料的最翔实的资料库。

藏经洞中的宗教文献显示,敦煌人对不同信仰的包容令人惊叹。保存这些文书的僧人不一定知道文书所用语言,很可能也读不懂这些文书,但他们还是愿意把这些文书保存好。这体现了丝绸之路国际化的特色。这个地区虽然只有三万人,但不同语言文字和信仰都得到了尊重。[2]

与吐鲁番文书以及西安的景教碑一样,藏经洞的材料特别重要,因为这些材料提供了普通信徒的视角。与之相对,高级神职人员或者中国官府的视角则常常左右历史上对宗教的记载。敦煌的各种宗教文献虽然内容很丰富,但却从不描述宗教集会,因此我们无从得知这些教团的规模。如果某种宗教所有存世文献都是非汉语的,我们可以推测该教没有太多汉人信徒。反之,若某种宗教的文献有汉语翻译,则表明该教在当地有信徒。

在发现敦煌吐鲁番的文书之前,人们对于摩尼教的了解大多来自圣奥古斯丁的《忏悔录》,书中讲述了奥古斯丁在皈依基督教之前做摩尼教徒的日子。[3]后来在吐鲁番发现了伊朗语(帕提亚语、中古波斯语和粟

---

1 《阿维斯塔》祷文见 K.E.Eduljee, *Scriptures Avesta*。网址为 http://www.heritageinstitute.com/zoroastrianism/scriptures/manuscripts.htm;画有两位神祇的那张纸见 Frantz Grenet and Zhang Guangda, "The Last Refuge of the Sogdian Religion: Dunhuang in the Ninth and Tenth Centuries", *Bulletin of the Asia Institute* 10 (1996): 175–186。

[*] 845年之后摩尼教在福建还有涓涓细流。晋江有摩尼草庵,最近在霞浦县发现了大量摩尼教文书,见马小鹤的一系列文章。

2 没有九、十世纪人口普查的数据,学者们使用《新唐书》所载755年之前沙州的人口数据来估算敦煌的人口。"沙州敦煌郡……户四千二百六十五,口万六千二百五十",《新唐书》卷40,1045页。

3 Jason David BeDuhn, *The Manichaean Body in Discipline and Ritual* (Baltimore: Johns Hopkins University Press, 2000)。

特语）和回鹘语摩尼教文献，在敦煌发现了汉语摩尼教文献，这使学者们得以直接了解这门世界性宗教的教义。藏经洞中共有三件汉语摩尼教文献*。

尽管这些摩尼教文献中有些是用汉字写的，但它们表明大多数摩尼教徒都讲伊朗语。三件中最长的是一件赞美诗，其中用汉字音写了20首粟特语的赞歌和祷词。因为文书并未翻译这些赞美诗，讲汉语的人肯定无法看懂。讲粟特语但又不能读粟特文的人，比如敦煌粟特移民的孩子，则可以用这些发音指导跟着教团唱歌**。[1]其中一首题为《叹明界文》的赞美诗，似乎直接译自吐鲁番发现的一件帕提亚语文书。但汉语版把明界等同于阿弥陀佛的西方极乐世界。明界是一个"极乐世界"，那里"光明普遍皆清净，常乐寂灭无动阻，彼受欢乐无烦恼，若言有苦无是处"。[2]摩尼鼓励他的追随者使用所在地宗教的术语吸引更多人入教。这件文书

---

* 《摩尼教残经》（现藏中国国家图书馆，北宇56、新8470、BD00256）、《下部赞》（现藏于大英图书馆，Or. 8210/S2659）、《摩尼光佛教法仪略》（断为两片，分别藏于大英图书馆和法国国立图书馆，S3969 + P3884），最新最忠实的录文见芮传明：《东方摩尼教研究》（上海：上海人民出版社，2009）一书附录。

** 作者这里讲的应该是《下部赞》，这部作品确实由汉字写成，共1254句，除三段音译文字之外，均为汉语，并非汉字音写的粟特语。三段音译文字中第一段为中古波斯语，第二段为阿拉米语和帕提亚语交替，第三段为帕提亚语。没有粟特语的音译。研究见 Peter Bryder, *The Chinese Transformation of Manichaeism*（Löberöd, Sweden: Bokförlaget Plus Ultra, 1985）。关于第二段音译文字见 Yutaka Yoshida, "Manichaean Aramaic in the Chinese Hymnscroll", *Bulletin of the School of Oriental and African Studies*（1983）No.2 326-331。关于第三段音译文字见马小鹤：《摩尼教〈下部赞〉"初声赞文"新考——与安息文、窣利文、回鹘文资料的比较》，见氏著《摩尼教与古代西域史研究》（北京：中国人民大学出版社，2008），164—196页。

1 Peter Bryder, *The Chinese Transformation of Manichaeism: A Study of Chinese Manichaean Terminology*（Löberöd, Sweden: Bokförlaget Plus Ultra, 1985）; Gunner B.Mikkelson, "Skilfully Planting the Trees of Light: The Chinese Manichaica, Their Central Asian Counterparts, and Some Observations on the Translation of Manichaeism into Chinese", in *Cultural Encounters: China, Japan, and the West*, ed.Søren Clausen, Roy Starrs, and Anne Wedell-Wedellsborg （Aarhus, Denmark: Aarhus University Press, 1995）, 83-108; J.G.Haloun and W.B.Henning, "The Compendium of the Doctrines and Styles of the Teaching of Mani, the Buddha of Light", *Asia Major*, n.s., 3（1952）: 184-212. 一个《仪略》的节译本中包括了赞美诗的全译: Tsui Chi, trans., "Mo Ni Chiao Hsia Pu Tsan; 'The Lower（Second？）Section of the Manichæan Hymns", *Bulletin of the School of Oriental and African Studies* 11, no.1（1943）: 174-219。

2 Mikkelson, "Skilfully Planting the Trees of Light", 87页, S3969和P3884的节译。

漂亮地展示了这一变色龙战略。它把摩尼称做三圣之一，与佛陀和老子并列，这样一来摩尼就占据了孔子的位置*。

另外一件摩尼教文书则更忠实地模仿了汉文文书，其开篇与《金刚经》如出一辙。但此处是摩尼而不是佛陀在向其信徒说话："善哉善哉，汝为利益无量众生，能问如此甚深秘义，汝今即是一切世间盲迷众生大善知识。我当为汝分别解说，令汝疑纲永断无余。"[1]甚至文书的题目也让人误解：该文书被称做《摩尼光佛教法仪略》**。这件文书与佛教文书是如此相似，甚至骗过了伯希和这样的专家，没有将其带到巴黎去。这是今天敦煌文书北京收集品中最重要的藏品之一。粟特传教士为回应731年颁布的一条敕令而将这件文书翻译了出来，他们希望能使中国皇帝本人皈依摩尼教***。

不同宗教的传教者在翻译过程中采取不同的策略。摩尼教自由地运用佛教术语，而东方教会的基督徒们则注重精准，即使最终的译文让人很难读懂也要严格地照字面翻译。[2]"圣父、圣子、圣灵"该如何翻译成中文？赞美诗"荣归主颂"的译者选择了最忠于原文的译法："慈父、明子、净风王"。这三个词中只有"慈父"能让中国皈依者看懂。与赞美诗写在同一页上的还有一份该教经典的书单，题为《尊经》。其中讲到"皇父"、"皇子"、"证身"的"三身""同归一体"，即"三位一体"学说。

---

* "三圣"的说法来自《摩尼光佛教法仪略》而不是《下部赞》，原文为"则老君托孕，太阳流其晶；释迦受胎，日轮叶其象。资灵本本，三圣亦何殊？成性存存，一贯皆悟道"。研究见林悟殊：《〈摩尼光佛教法仪略〉的三圣同一论》，见氏著《摩尼教及其东渐》（北京：中华书局，1987），183—190页。

1 Mikkelson, "Skilfully Planting the Trees of Light", 93.

** 这件文书不是《摩尼光佛教法仪略》。文书开头部分缺失，原始题目不存，学界习惯称之为《摩尼教残经》。

*** 这句话讲的是《摩尼光佛教法仪略》，但这件文书并非译作，而是在华摩尼教徒奉旨用汉语撰写的一件文书，意在向朝廷介绍摩尼教的基本情况。文书写成之后的第二年，即开元二十年，玄宗便下旨禁止汉人信奉摩尼教。见林悟殊：《敦煌本〈摩尼光佛教法仪略〉的产生》，见氏著《摩尼教及其东渐》（北京：中华书局，1987），168—176页。

2 对于这些文献最新的综述见 Riboud, "Tang", 4—7页，其中讲到日本人在1916年到1922年间购得的景教文书来源不明，其他的则是赝品。

这又是一条让中国读者摸不着头脑的教理。[1] 书单末尾的说明中提到了景净（或亚当），即长安的"大秦景教流行中国碑"的作者。这说明该文书与景教碑一样，都写于八世纪末，此时东方教会正活跃于中国。

藏经洞文书的性质在八世纪中期发生了较为明显的变化。安史之乱以前，几乎所有的藏经洞文书都来自中国内地且全是佛教文书。最晚的来自长安的文书年代为753年。在这之后，所有文书都产自本地。[2] 就在此时，在家的学生们开始抄写种类繁多的各种材料。除佛经外还包括契约、社邑文书以及文学作品。他们甚至在文书的空白处乱写乱画。[3] 一份年代为742到758年的市券副本中记载了一次交易，有人用21匹生丝买来了一名十三岁的非汉人男孩做奴隶。该市券严格遵守唐律的细则，列出了卖方、奴隶和五名保人的姓名和年龄，证明唐律在整个疆域内都得到了贯彻。[4]

745年，朝廷分两笔拨给敦煌附近的一座戍堡一万五千匹丝绢的军费。[5] 一件关于俸禄的官文书使我们清楚地知道这种款项是如何下拨的。朝廷先把两批丝绢存放在敦煌以东700公里的凉州（今甘肃武威），这里是整个地区的军事指挥中心。再从那儿把丝绢运到敦煌的戍堡。法国学者童丕敏锐地指出，"两个运输队每队带着超过七千匹丝绢，这与我们所熟知的民间商队形象大相径庭"。[6] 这些单笔达到七千匹的款项比吐鲁番文书中最多几百匹的交易额要高得多。这件文书显示出朝廷下拨的军饷是多么重要。

唐朝有一套复杂的货币系统，织物（麻和绢）、粮食、钱币三种通货

---

1 A.C.Moule, *Christians in China before the Year 1550*（New York：Macmillan, 1930），53页对页有 P3847 的照片，译文见53—55页。其他译文的参考文献见 Riboud, "Tang"。

2 Jean-Pierre Drège, "Papiers de Dunhuang: Essai d'analyse morphologique des manuscrits chinois datés", *T'oung Pao*, 2nd ser., 67（1981）：305-360.

3 Mair, "Lay Student", 644-645.

4 Hansen, *Negotiating Daily Life*, 50.

5 P3348，录文见池田温：《中国古代籍帐研究：概观·录文》（东京：东京大学出版会，1979），463—464页。

6 Trombert, "Textiles et tissus", 111.

并行不悖。更麻烦的是，朝廷用统一的单位表示三种通货。给敦煌戍堡的拨款包括六种不同类型的绸缎和生丝。因为各个地区都用本地出产的织物缴税，唐朝官府便把这些织物都运到了敦煌戍堡。戍堡官员把税绢先换成钱再换成粮食，有些用来供给戍卒，有些直接付给当地商人。这件记录让我们得以一瞥安史之乱以前的军费支出，唐朝政府以织物的形式向敦煌经济直接注入了海量的现金。

如前几章所述，朝廷于755年失去了对西北的控制。唐朝皇帝为了平叛曾向吐蕃帝国求助。吐蕃的雅砻王朝可以说是中亚政局中的一股新生力量。在617年以前，海拔4000到5000米的青藏高原北部生活着在草原上牧马的牧民，南部生活着在河谷里种植青稞的农民。[1]这里没有文字，人们结绳刻木以纪事。617年左右，从拉萨东南的雅砻河谷得名的雅砻王朝第一次统一了吐蕃。他们基于梵文字母创建了自己的文字系统，并同时采纳了一些唐朝法律系统的元素。

吐蕃人是优秀的骑手，汉人羡慕他们的军事装备。唐史记载："其铠胄精良，衣之周身，窍两目，劲弓利刃不能甚伤。"[2]763年秋，吐蕃士兵曾在长安劫掠长达两周。直到777年，每年秋天吐蕃骑兵都会袭扰唐朝，被削弱了的唐军无法阻止他们。

八世纪六、七十年代，吐蕃人的力量达到顶峰，他们逐渐扩张并进入甘肃。781年，敦煌以南的寿昌城陷落。786年，唐朝政府没能按约定向帮助平叛的吐蕃支付酬劳，吐蕃便夺取了敦煌所在的沙州。吐蕃人占领了河西走廊原唐朝治下的八个州*，将这一地区划分为若干军区由军事将领统治，并很快建立起了一个双轨的行政系统，分别由吐蕃军事长官和最高民事长官领导。在敦煌，后者常常是汉人。每个军区被进一步分为若干千户，每个千户由二十个五十户构成。五十户的头领给每个家庭

---

1 R.A.Stein, *Tibetan Civilization*, trans.J.E.Stapleton Driver（Stanford, CA: Stanford University Press, 1972），这是一本引人入胜的介绍西藏历史地理的书。
2 《新唐书》卷216上，6073页。
* 自西向东为沙州、瓜州、肃州、甘州、凉州、鄯州、河州、兰州。

分配任务以完成劳役。[1]

一些吐蕃占领区的男性被征召入伍，其他人则在军事屯田区劳作。除去负责保卫之外，屯田地区的人还要种庄稼并以粮食缴纳农业税，且必须把粮食税运到收集点。有时要走几天的路才能到达这些收集点。吐蕃人以服兵役为劳役，与唐朝不同，他们不向士兵支付布匹、粮食和钱币。

从汉、藏契约中都可以看出吐蕃对敦煌的统治对于当地经济有着直接的影响。[2] 788到790年，也就是在吐蕃占领敦煌几年之后，一间仓库的记录中提到了钱币，这是年代最晚的提到钱币的汉语文书。[3]一些755年以前铸造的钱币可能在九、十世纪流通过，但在吐蕃统治时期，货币基本停止使用了。吐蕃时期，一般用粮食的容量单位或者布匹数来标示价格。[4]有一件803年的契约很有代表性，其中记录了一头牛的价格是12石小麦（720~1080升）加两石小米（120~180升），违约金也以粮食表示，为3石小麦（180~270升）。[5]除几处提到dmar之外（藏语"铜"，可能指铜钱），契约中的交易几乎都是以粮食进行的。[6]人们有时借入布匹或者纸张，但总是用粮食还债。

以前的学者把786到848年的吐蕃统治时期看做敦煌历史上一个没有什么持久影响的短暂插曲。但对于当时的敦煌人来说，长达六十年之久的这一时期足够他们吸纳一些吐蕃人的习俗。在吐蕃统治的初期，绝

---

1 Tsugihito Takeuchi, *Old Tibetan Contracts from Central Asia*（Tokyo: Daizo Shuppan, 1995）; Takeuchi, "Military Administration and Military Duties in Tibetan-Ruled Central Asia（8th-9th century）", in *Tibet and Her Neighbours: A History*, ed.Alex McKay（London: Edition Hansjörg Mayer, 2003）, 43-52. 见武内教授书后详尽的参考文献，其中包括匈牙利学者Géza Uray 的开拓性研究。
2 汉语契约见 Trombert, *Le crédit à Dunhuang*; for the Tibetan, see Takeuchi, *Old Tibetan Contracts*。
3 池田温：《敦煌の流通経済》，《講座敦煌3 敦煌の社会》（东京：大東出版社，1980），297—343页，316—317页所引P2763, P2654。
4 Yamamoto and Ikeda, *Tun-huang and Turfan Documents*, 13-18.
5 Takeuchi, *Old Tibetan Contracts*, 325; Yamamoto and Ikeda, *Tun-huang and Turfan Documents*, no.257.
6 敦煌藏语占卜文书中（P1055、P1056）提到了钱币，所用藏语词是dong-tse，来自汉语"铜子"。见 Takeuchi, *Old Tibetan Contracts*, 25-26。

大多数汉人按汉族习惯起名，有名有姓。但随着时间的推移，越来越多的敦煌汉人开始使用类似藏语的名字。吐蕃统治时期的第二代或者第三代中，有些人甚至放弃了汉姓而像吐蕃人一样只用名。

有些吐蕃治下的汉人做了更大的改变。他们不再写汉字而改用藏文。吐蕃征服之后，当地书吏立刻就学会了藏语，为官员起草文书，为藏人起草契约。815到841年之间，吐蕃统治者开展了一项大规模写经活动，雇佣了一千多名书吏，其中许多是汉人。[1] 随着写经的进行，这些书吏对藏文书写越来越熟悉，并且意识到使用字母文字比记住几千个汉字要容易得多。

统治者雇人大量抄写佛经以获得功德，同时还出资开凿新洞窟。六十六座吐蕃时期开凿的石窟有一些突出的特点，其中大多绘有坛场，即宇宙的图示，并包含其他一些密教元素。这一时期的壁画特别强调吐蕃赞普等供养人。[2]

从吐蕃时期起，敦煌的画师们开始绘制五台山图，并一直持续到十世纪曹氏归义军时期。61窟是敦煌最宏伟的洞窟之一，开凿于950年左右。[3] 窟壁西墙的上半部分高3.5米，宽15.5米，绘有一幅巨大的五台山图。画面顶部绘有诸天神，中间绘有九十座五台山的建筑并注有名称，底部绘有旅途中的朝圣者。整件画作并非圣地的精确地图，而是为了让无法成行的人了解五台山而绘制。该窟的供养人包括从944年到974年统治敦煌的曹元忠及其众位妻子，其中一位来自于阗。

---

1 Takata Tokio, "Multilingualism in Tun-huang", *Acta Asiatica* 78 (2000): 49-70, 特别是60—62页。
2 Lilla Russell-Smith, *Uygur Patronage in Dunhuang: Regional Art Centres on the Northern Silk Road in the Tenth and Eleventh Centuries* (Leiden, The Netherlands: Brill, 2005), 22; Whitfield, *Singing Sands*, 318-326.
3 Ernesta Marchand, "The Panorama of Wu-t'ai Shan As an Example of Tenth Century Cartography", *Oriental Art* 22 (Summer 1976): 158-173; Dorothy C. Wong, "A Reassessment of the *Representation of Mt. Wutai* from Dunhuang Cave 61", *Archives of Asian Art* 46 (1993): 27-51; Natasha Heller, "Visualizing Pilgrimage and Mapping Experience: Mount Wutai on the Silk Road", in *The Journey of Maps and Images on the Silk Road*, ed. Philippe Forêt and Andreas Kaplony (Leiden, The Netherlands: Brill, 2008), 29-50.

虽然武装冲突时有发生,敦煌的统治者在吐蕃时期维持了与唐和印度的联系。吐蕃、唐、印度派出的僧人和使臣在吐蕃和中原之间穿梭并常常在敦煌歇脚。没有货币流通并不妨碍他们在绿洲之间赶路。和以前一样,统治者为他们提供护卫、交通工具和食物。

848年,一个汉人政权在敦煌重新建立了起来。老一辈学者认为藏经洞中的藏语材料都写于848年以前。最近学者们开始意识到藏语作为国际共通语(lingua franca)在848年之后还在继续使用。[1] 在吐蕃统治下,从吐蕃经敦煌到五台山的朝圣路线愈加繁忙。藏经洞中有五封藏语介绍信的副本。这些信件属于一名去吐蕃的汉僧,年代在848年之后,那时汉人已经把藏人赶出了敦煌。[2] 信中解释道,该僧要去印度的佛教中心那烂陀学习并奉迎佛骨。他从五台山上路,沿途经过许多城市一直到了敦煌,并在敦煌把这些信留下,可能因为他在吐蕃用不着这些信了。

另外一件藏语文书由一位印度僧侣口授、他的藏人弟子笔录而成。笔录者懂一些梵文,不过犯了很多拼写错误。文书讲,977年(或965年),印度僧人提婆弗呾罗(Devaputra)从印度经由吐蕃前往五台山,返回途中路过敦煌,向弟子传授佛法。文书中用藏语给出了很多专有名词,后面写着近似的梵语原文。[3] 吐蕃僧侣鼓励学习梵语,可能因为他们自己的字母基于梵文字母,这使梵语变得比较易学。[4] 梵语在寺院中,

---

1 Jacob Dalton, Tom Davis, and Sam van Schaik, "Beyond Anonymity: Paleographic Analyses of the Dunhuang Manuscripts", *Journal of the International Association of Tibetan Studies* 3(2007): 12-17. 网址为 http://www.thlib.org/collections/ texts/jiats/#jiats=/03/dalton/。

2 F.W.Thomas, "A Chinese Buddhist Pilgrim's Letters of Introduction", *Journal of the Royal Asiatic Society* (1927): 546-558; Sam van Schaik, "Oral Teachings and Written Texts: Transmission and Transformation in Dunhuang", in *Contributions to the Cultural History of Early Tibet*, ed.Matthew T.Kapstein and Brandon Dotson (Leiden, The Netherlands: Brill, 2007), 183-208; Whitfield, *Silk Road*, 126-127, 照片见127页; Sam van Schaik and Imre Galambos, *Manuscripts and Travellers: The Sino-Tibetan Documents of a Tenth-Century Buddhist Pilgrim* (Berlin: De Gruyter, 2011)。

3 Matthew T.Kapstein, "New Light on an Old Friend: PT 849 Reconsidered", in *Tibetan Buddhist Literature and Praxis: Studies in Its Formative Period, 900–1400*, ed.Ronald M.Davidson and Christian K.Wedemeyer (Leiden, The Netherlands: Brill, 2006), 23.

4 Takata, "Multilingualism in Tun-huang", 55-56.

特别是在学问深厚的高僧之间使用。玄奘去印度一路上便是用梵语与各地僧人交流。

842年，支持吐蕃统治者的部落联盟突然瓦解，雅砻王朝随即崩溃，吐蕃对于敦煌的控制也随即削弱了。848年，汉人将军张议潮起兵赶出了残存的吐蕃人。[1] 此时的唐朝国力衰退，远不如安史之乱以前。中原很多地区藩镇割据，节度使拥兵自立，税赋鲜入中央。851年，张议潮从唐廷得到了节度使的头衔。他表面上向唐朝称臣，但敦煌实际上是个独立王国。在张氏家族的统治下，敦煌向长安派遣使者给唐朝皇帝进贡，和其他独立的中亚统治者非常相似。

在848年，张议潮并没有取得完全的控制。按《张议潮变文》所述，他的军队于856年和吐蕃人再次开战。藏经洞的所有文学类型中，散韵结合的变文最有特色。变文是由吟唱出来的诗句和背诵出来的散文组合而成，中文的这种文学类型仅见于敦煌，藏经洞中保存有大概三十篇。（这一文学类型也见于龟兹语中。）[2] 最宽泛地讲，变文之"变"指不同事物之间的变化。说法僧演说这些故事是为了通过佛法帮助听众从生死轮回中解脱出来。变文都有一个标志性的套语："且看某处，若为陈说。"[3] 说法者边讲故事边指着画中场景，让听众可以对故事有个直观的认识。

张议潮变文讲述了856年他的军队与吐蕃的几场战斗，先是渲染气氛：

> 贼等不虞汉兵忽到，都无准备之心。我军遂列乌云之阵，四面急攻。蕃贼獐狂，星分南北；汉军得势，押背便追。不过五十里之间，

---

[1] 荣新江书中有一张年表，列出了848到1043年中每一年的大事及相关文书编号，见《归义军史研究》，1—43页。英文的敦煌历史概述见 Russell-Smith, *Uygur Patronage in Dunhuang*, 31—76。

[2] 梅维恒将自己学术生涯的很大一部分投入到对变文的研究中。他的第一本书翻译并详细注释了四篇变文，Victor H.Mair, *Tun-huang Popular Narratives*（New York：Cambridge University Press，1983）。他之后的著作极大拓展了人们对世界范围内讲故事传统的理解。

[3] Mair, "Lay Students", 5.

张议潮的军队

张议潮的军队手持迎风招展的旌旗,兵士中有人穿着汉人喜爱的素袍,有人穿着回鹘人和其他胡人常穿的鲜艳花袍,展示了张氏支持者的民族多样性。(萨珍特[Amelia Sargent]绘图)

然后说书人指着画中军队的图说:"煞戮横尸遍野处。"[1] 虽然这类画无一保留下来,但是一幅861年的壁画描绘了归义军的出行。[2]

该窟建成于865年,四年前由张议潮的从子张淮深开始修造。这是统治敦煌的张氏家族出资修建的第一座石窟。P2762《张淮深功德记》中讲到:张淮深

更欲镌龛一所,踌躇瞻眺,余所竟无,唯此一岭,嵯峨可劈。匪限耗广,务取工成,情专穿石之殷,志切移山之重。于是稽天神于上,

---

[1] Mair, *Tun-huang Popular Narratives*, 169. 他将这件文书的年代定在856到870年(11页)。
[2] 156窟南壁,照片见马德:《敦煌莫高窟》,4页,图133。ARTstor.org 上图片的分辨率要高得多。

激地祇于下，龟筮告吉，揆日兴工。鏊凿才施，其山自坼，未经数日，裂孔转开；再祷焚香，飞沙时起，于初夜分，欻尔崩腾，惊骇一川，发声雷震，豁开石壁，崖如削成。[1]

作者细致地描述了开凿洞窟的步骤：工人们首先在岩石上凿开一个缝，然后逐渐把石缝扩大到能容纳壁画和塑像的程度。开凿洞窟需要很多劳力，但并不需要用到特别昂贵的材料。当地画师就住在莫高窟北区，考古学家在那里发现了很多作坊，有些还有整罐的颜料。[2] 九世纪，大多数画师都隶属于当地作坊，十世纪中期，当地政府建起了由画师官员掌管的画院。[3]

与之前的吐蕃统治者一样，张淮深及其继任者出资兴建了很多洞窟。开凿洞窟的宗教仪式非常隆重。当统治者决定开凿一座洞窟时，他和妻子要吃斋一月、燃灯焚香、请僧人念经抄经，目的都是要获得功德。以上这些全部完成之后开凿工作才能真正开始。[4]

有些敦煌洞窟中有张议潮及之后统治者的画像：914年从张氏手中接过政权的曹议金于925年左右命人于98窟绘制了一套前任者的画像。人们看到这些画像会觉得当时的权力交接很平稳，出资的曹家肯定也希望大家这样认为，但事实却正好相反。867年张议潮去世，其从子张淮深即位并一直统治到890年。那一年，张议潮的一个儿子，也就是张淮深

---

1 P3720 的译文见 Whitfield, *Singing Sands*, 327 页，这是《张淮深功德碑》的抄本，见马德：《〈莫高窟记〉浅议》，《敦煌学辑刊》1987 年第 2 期，129 页。
2 Ma Shichang, "Buddhist Cave-Temples and the Cao Family at Mogao Ku, Dunhuang", *World Archaeology* 27, no.2 (1995): 303–317.
3 Sarah E.Fraser, *Performing the Visual: The Practice of Buddhist Wall Painting in China and Central Asia, 618—960* (Stanford, CA: Stanford University Press, 2004), 4 页（画院）；37 页（供养人的准备），18—19 页，图 1.1（窟中供养人像的位置）；Fraser, "Formulas of Creativity: Artist's Sketches and Techniques of Copying at Dunhuang", *Artibus Asiae* 59, nos.3-4 (2000): 189–224。
4 Rong Xinjiang, "The Relationship of Dunhuang with the Uighur Kingdom in Turfan in the Tenth Century", in *De Dunhuang à Istanbul: Hommage à James Russell Hamilton*, ed.Louis Bazin and Peter Zieme (Turnhout, Belgium: Brepols, 2001), 275–298, esp.287.

表6.1 敦煌归义军统治者（851—1002年）

统治者	在位年
张议潮	851—867
张淮深	867—890
张淮鼎	890—892
索勋	892—894
张承奉	894—910
曹议金	914—935
曹元德	935—939
曹元深	939—944
曹元忠	944—974
曹延恭	974—976
曹延禄	976—1002

的堂弟杀了张淮深夫妻及其六个子女。新统治者张淮鼎在位不到一年即自然死亡，继任者尚未成年，随即被其监护人索勋推翻。894年，前任统治者重新取得权力，并将其权力维持到910年。张氏家族掌权的最后岁月正好赶上唐朝灭亡，这一时期的政治局势有极大的不确定性。唐朝皇帝先被囚禁，后于907年被推翻。[1]

曹议金是张氏最后一任统治者的女婿，于914年上台。敦煌直到1002年都处于曹氏家族的统治之下。那之后的文献便不再提到任何曹氏的名字，表明甘州（今甘肃张掖）回鹘已经控制了敦煌。八世纪时，回鹘人本来有一个统一的汗国，但840年黠戛斯人攻破回鹘汗国，回鹘人四散，有一部分西迁到了西州和甘州。西州回鹘的地盘包括北庭、高昌、焉耆和龟兹，甘州回鹘的地盘则要小一些。[2]1028年甘州回鹘被西夏攻破，十一世纪三十年代敦煌陷落，与甘州一起归入领有中国西北的西夏王朝。对于公元1000年之后的权力斗争我们知之甚少，因为没有任何敦煌文书或者其他出土文书详细描述了这些事件。

848年到1002年间与之前的吐蕃时期一样，在文献中出现得最多的旅行者是使者和僧侣。张氏、曹氏与其所有邻国都保持了外交关系。他们向长安及其他临近的统治者，特别是于阗和两个回鹘汗国相互派遣使

---

1 荣新江所著《归义军史研究》是敦煌这一时期政治史最权威的著作。
2 Moriyasu Takao, "Sha-chou Uighurs and the West Uighur Kingdom", *Acta Asiatica* 78（2000）: 28-48，特别是36—40页。

团互赠礼品。[1] 尽管很多文献记载了使团的往来，但却很少详细说明其所带的礼物及得到的回礼。因此一个877年前往长安的使团所获回礼清单就显得格外重要。

877年，张议潮的从子张淮深统治敦煌已有十年，但唐朝皇帝尚未将其认定为合法的继承人。张淮深因此派出一个使团向唐朝求取标志敦煌最高军事长官的正式旌节以及他叔叔之前的官号。该团向唐皇帝呈上了一团玉（重量未注明）、一条牦牛尾、一副羚羊角（可能是入药用）以及一封信。[2]

代表团于12月27日抵达、4月11日离开，在长安逗留了将近四个月。唐人将该团人员分为三组（上级官员3人，下级官员13人，随从13人），给每组的回礼各不相同。比如官阶最高的3人得到布（未注明种类）15匹、银碗1个、锦衣1套。下面的两组人所得相应递减。第二组的13人得到布10匹（而不是15匹）、银杯（而不是碗）1个、衣1副，最下层的13人得到布8匹、衣1副，没有银器。把这些与从其他政府机构所得礼物加在一起，共有布561匹，银碗5个，银杯14个，衣50副。此外，每人还得到43匹布作为路费，即所谓"驼马费"，共1247匹，比全团得到的布匹的两倍还多。使团成员把礼物集中之后列了一个清单，把所有礼物都装入带木制标签的皮革袋子中，制好标签，缝死袋子，抵达敦煌之后再打开。代表团没有得到旌节，唐廷直到888年才将其赐予曹氏。[3]

尽管唐朝皇帝没有把使团想要的旌节赏赐给他们，但却承担了使团在京期间的一切费用，并赏赐了大量礼物给使团成员。在丝绸之路的整个历史中，上至悬泉汉简中的粟特使团，进贡使团的成员除了履行义务呈上正式礼物之外，还在私下参与贸易。我们不知道贸易使团各个成员从交易中获利多少——他们并未记录这种交易——但赏给一个人的丝绸

---

[1] Rong, "Relationship of Dunhuang with the Uighur Kingdom", 275–298.
[2] 这件文书尚未被广泛研究。郑炳林分析了P3547号文书，见氏著《晚唐五代敦煌商业贸易市场研究》，《敦煌学辑刊》2004年第1期，108页。另见荣新江：《归义军史研究》，8页。
[3] 荣新江：《归义军史研究》，8页、11页。

就已经是很重的礼了。

曹氏统治敦煌期间有很多使者来到敦煌。酒账文书详细记载了提供给他们的酒和食物。[1] 一件大概是964年的酒账记载了短短七个月中招待51位使节的用酒量，1位来自宋朝，14位来自吐蕃，11位来自于阗，1位来自西州回鹘，7位来自伊州回鹘，17位来自甘州回鹘。[2] 其中大多数只停留几天，但有一组使者滞留了203天。这对于接待方来说一定是不小的负担，因为每天早上要供面，晚上得管饭，中午还发饼。

正如这些酒账所示，敦煌官员这个时期接待的宾客来自社会各个阶层，包括于阗王子、使者、僧人、工匠、书吏、画匠，甚至还有一名"走来胡"，这个词可能指某种游商。一件类似的记录中出现了一位"波斯僧"和一位"婆罗门僧"，两人似乎都是单独旅行。[3] 由于这些详细的记录，我们可以得知以上旅行者的信息，但更多往来敦煌的人在历史上没有留下任何痕迹。

难民、匪徒等其他人也活跃在路上。盗贼是文献中记录最少的一类人。玄奘曾经连衣服都被洗劫一空。旅行者频繁提到遭遇匪徒的风险，也经常结队出行以免被抢。

官方使团的成员确信自己能从参加进贡团中得到好处，他们甚至借钱租骆驼以成行。藏经洞中有五件这样的借贷契约。[4] 契约中设想了很多债务人不能归还骆驼的原因：牲口可能在路上生病、死去、走失、被窃，

---

1 "酒"最好被翻译做啤酒。Éric Trombert, "Bière et Bouddhisme—La consummation de boissons alcoolisées dans les monastères de Dunhuang aux VIIIe–Xe siècles", *Cahiers d'Extrême-Asie* 11（1999–2000）: 129–181.

2 P2629以及另外两件相关文书的照片和录文见唐耕耦、陆宏基编：《敦煌社会经济文献真迹释录》（北京：书目文献出版中心，1990）卷3，271—276页。冯培红将这些信息制成了表格，其中省略了一些来客，见氏著《客司与归义军的外交活动》，郑炳林编：《敦煌归义军史专题研究续编》（兰州：兰州大学出版社，2003），314—317页。

3 冯培红《客司与归义军的外交活动》一文讨论了S1366和S2474。

4 Jacques Gernet, "Location de chameaux pour des voyages, à Touen-huang", in *Mélanges de sinologie offerts à Monsieur Paul Demiéville*（Paris: Institut des Hautes Études Chinoises, 1966）, 1:41–51.

第六章　敦煌藏经洞：丝路历史的凝固瞬间　　245

丝路劫案

图中劫匪拿着一柄长剑威胁着面前一群商人，畏缩的商人已经把货物卸下摊在地上。丝路劫匪的形象非常少见。这幅壁画描绘了观音菩萨听到信徒求救之后施行奇迹赶走劫匪的故事。（萨珍特绘图）

或者被使者本人偷走。[1] 所有契约都遵循同样的格式。先说明租骆驼的人要参加进贡使团，再写出租赁人返回时需要支付多少绢偿还骆驼租金*，最后是违约条款，写明若租赁人不回来需要支付多少罚金**。唐朝时使用的标准绢已经不复存在，这些契约中都指明了绢的尺寸，又一次证明九到十世纪敦煌经济的运作方式与755年之前的盛唐时代不同。丝路经济向自给自足型转向之后，不仅没有钱币流通，连标准尺寸的丝绢都停用了。

虽然使者和僧人常去敦煌以外的地区，但更多的人不得不留在当地。

1　Gernet, "Location de chameaux", 45页, P3448法语译文。
*　也有要求出发前付清的，比如P3448"看行内[纳]骆驼价, 将驼去"，便是要求上路之前付钱。
**　听由出租人去租赁人家里"掣夺"财物。

很多敦煌人结成互助性质的团体——社邑。从他们签署的章程中能看出其关心所在。一个社邑通常由15到20人结成以共享资源。有些社邑是社交性质的，每月聚会一次，其章程要求每名成员聚会时要带些粮食或酒。其他社邑则在突发事件发生时互相帮助。如果某成员要参加亲戚的红白喜事需要用钱，便可以支用当月的社邑收入。因为要分摊费用，结成社邑的人收入大致相同。[1] 敦煌富人结成的社邑能开凿新石窟。[2]

寺院是当地社会中最富有的机构。那里的粮食多到可以向穷人放贷。很多有关这种粮食的借贷合同都保存了下来。当地人向寺院借粮食，这样春天时才能有足够的种子。他们的生计完全依赖于这些借来的粮食。穷人的生活异常困苦，常常不得不把子女送人或卖掉。[3]

寺院会追踪这些借贷而且对其全部财产一直保有详细的清单。[4] 这些财产清单记载了当地最富裕机构拥有的财物。因为富人经常向寺庙捐功德，与欧洲的宗教机构一样，佛教寺庙中也有很多值钱的东西。然而因为考古学家还未发现任何寺院的窖藏，我们只能依赖书面清单（施入疏和什物历）来了解寺院财物。很多物品前都带一个"番"字，意思是"外国货"。一些学者认为这些东西一定是制作于外国的。但其实并不一定。炸薯条（French fries）并不一定要在法国制作，只不过其灵感来自法国。[5] 同样地，对于寺院财产清单中列举的物品，若无实物在手，无法判断该物是真的来自外国还是仅仅带有外国风格。

财产清单中的物品可分为四大类：织物、金属器、香料、宝石。有些织物明显产自本地（比如于阗花毡），有些比如"胡锦"或者"末

---

1 郝春文、宁可：《敦煌社邑文书辑校》（南京：江苏古籍出版社，1997）。
2 马德：《敦煌莫高窟史研究》，255—261页。
3 Trombert, *Le crédit à Dunhuang*, 27, 190.
4 Rong Xinjiang, "Khotanese Felt and Sogdian Silver: Foreign Gifts to Buddhist Monasteries in Ninth- and Tenth-Century Dunhuang," *Asia Major*, 3rd ser., 17, no.1（2004）：15-34；此文中文版见胡素馨（Sarah E.Fraser）编：《寺院财富与世俗供养》（上海：上海书画出版社，2003），246—260页。*Asia Major* 文中31—34页的表格特别有用，列出了各个寺院的所有商品及相关文书。
5 感谢笔者同事 Peter Perdue 提供这则类比。

禄*緤"则似乎来自外国。这些织物可能并不是产自外国，而只是外国丝绸的仿制品。37件金属器的情况也一样。"银香炉并银师子"可能来自伊朗世界，但一件"胡锁"则太笨重也太日常，不太可能经陆路长途运输至此。这些锁可能出自本地金属匠之手。"胡粉"频繁出现于香料清单上。这是一种白色铅底的化妆粉，也曾出现于粟特古信札中。敦煌文献中的"胡"常常表示"伊朗的"或"伊朗风格的"，但此处的意思是"膏"，因为必须把胡粉和水混合之后才能涂到皮肤上。[1]

寺院财物中只有宝石一类肯定来自外国。青金石来自阿富汗东北的巴达赫尚地区，玛瑙来自印度，琥珀来自欧洲东北，珊瑚来自海洋（很可能经吐蕃传来），珍珠大多来自锡兰。唐代传奇中的外国商人几乎总是经营宝石。宝石很轻便，适于长途贸易。敦煌的其他材料也印证了我们的印象，即当地经济中流通的商品大多是本地制造的。这些商品包括各种丝绸、棉花、皮毛、茶、瓷器、药品、香料、和田玉，以及运货的牲口。

是谁把这些物品带到敦煌来的？很多往来的使节也在顺带做贸易，他们最有可能是商品流通的媒介。周边城邦的使节常常来到敦煌并呈上礼物，比如吐鲁番织的棉布或者和田玉，这些都是他们在路上买的。[2]敦煌文献详细记载了使团的活动，但其中绝少提到商人。有趣的是，提到商人的敦煌文献都是非汉语的，包括粟特语、回鹘语，以及二者的混合语，即所谓"突厥—粟特语"。这些材料揭示了商队的往来活动。

粟特语在公元1000年左右逐渐消亡。粟特语不再被用做书面语，很多（并非全部）讲粟特语的人改讲突厥语。从一组敦煌文献中恰好可以看到这一语言转换的发生。这组文献使用的语言被称做突厥—粟特语，即受到回鹘语强烈影响的粟特语。这种粟特语中不仅有回鹘语借词，更

---

* Merv，今译梅尔夫，位于今土库曼斯坦境内，是九、十世纪中亚西部最重要的城市之一。
1 Schafer, "Early History of Lead Pigments and Cosmetics", 413–438，特别是428页。
2 郑炳林：《晚唐五代敦煌贸易市场的外来商品稽考》，见氏著《敦煌归义军史专题研究续编》，399页。

重要的是其中还包含早期粟特语中不存在的回鹘式句子结构。[1]这组文献包括一件底层商人撰写的报告。该商人在报告中向其雇主汇报了他从生产者处得到的商品。此人可能属于基督教东方教会。他一个村一个村地走，从织户家中收集布匹。他记录了这次所走的路程：100公里到常乐县。此地位于敦煌东北100公里、瓜州以西50公里处。这件报告与敦煌汉文藏文文献一样，都反映出当地货币短缺。

有一封信开篇给出了写信人所携带布匹的总额：100块"白"及19块"红"raghzi布。这是一种用来做冬衣的布。[2]（raghzi是个粟特语词，指羊毛或者其他某种毛皮做的布。）染成红色的比未染色的要值钱。一般三块未染色的可以换两块染过色的，四块染过色的布可以换一只羊。下一次交易时，此人携带了4块染过色的和21块未染色的。每次交易都有详细记录，所有交易额都比较小。这是典型的小贩贸易：在较小的一片地区，倒卖当地生产的商品，基本上都是用一种物品换另外一种。

这封信的年代为九世纪末，其作者粟特语和回鹘语都很流利，可以轻松地用两种语言书写。在十一世纪中期的词典编纂家麻赫穆德·喀什噶里（Mahmud Kashgari）笔下，今哈萨克斯坦七河地区的粟特人同时操粟特语和回鹘语，但在那之后不到两百年，粟特语就消亡了。[3]

另外一组回鹘语的文献很好地补充了突厥—粟特语文献中反映的小贩贸易。回鹘语是回鹘汗国的语言。藏经洞中的回鹘语文献很少，大概只有40件上下。[4]其中包括宗教文献、商品清单、信件、法律判决等，其中提到了各种当地生产的物品：织物（包括丝绸、羊毛和棉布）、奴隶、

---

1 *Corpus Inscriptionum Iranicarum*, part 2, *Inscriptions of the Seleucid and Parthian Periods and of Eastern Iran and Central Asia*, vol.3, *Sogdian*, section 3, *Documents turco-sogdiens du IXe-Xe siècle de Touen-houang*, by James Hamilton and Nicholas Sims-Williams（London：Corpus Inscriptionum Iranicarum and School of Oriental and African Studies, 1990），23；Takata, "Multilingualism in Tun-huang", 51-52.

2 Turco-Sogdian Document A（P3134），转写与分析见 Hamilton and Nicholas Sims-Williams, *Documents turco-sogdiens*, 23-30。

3 Vaissière, *Sogdian Traders*, 328-330.

4 译文见 James Russell Hamilton 的 *Manuscrits ouïgours*。

羊、染料、骆驼、漆器杯子、梳子、砂锅、小钢刀、镐头、手绢、刺绣、乳清、干果。银碗、银箭袋等物品可能产自外国。麝香、珍珠则肯定来自外国。(有一封信提到了117颗珍珠，这是价值最高的物品。)[1] 这些材料中描述的世界东至肃州（今甘肃酒泉）、北至新疆哈密和鄂尔浑河上游的郁督军山、西至近吐蕃境的米兰、西南至和田。回鹘材料中展现的商业世界与突厥—粟特语材料中的完全一致：当地的小贩在一个划定的地区内游走，以当地生产的商品交换另外一种。

有些学者把这些突厥—粟特语和回鹘语的文书看做丝路贸易繁荣的证据。[2] 仅仅是对贸易的提及就让他们确信自己的期待。尽管文献中仅提到小规模贸易，且货物绝大多数都是本地生产的，那些先入为主的人依然将其看做是大规模丝路贸易的足够证据。但本书考察的所有文献——只有某些列出了拨给西北官兵大量军饷的官文书是例外——都指向小规模的本地贸易，而不是繁荣的长途贸易。

1907年3月23日，当斯坦因第一次到达敦煌时，他遇到了一位来自喀布尔名叫谢尔·阿里·汗（Sher Ali Khan）的商人。他的商队有四十头骆驼，从阿富汗取道和田来到甘肃，返程也走南道。他做生意的方式很简单，在克什米尔和叶尔羌买英国布卖给中国人，在回喀布尔的路上卖中国丝绸和茶叶。谢尔·阿里·汗提出要帮斯坦因往喀什捎信。总是乐意跟朋友通信的斯坦因立刻开始写信，直到凌晨三点才写完。然后斯坦因出发去探访敦煌烽燧，并在那里发现了粟特古信札。有一天晚上，斯坦因回帐篷的时候吃了一惊，因为他瞥见了谢尔·阿里·汗的商队，他们"11天里才走了不到130公里"。原来商队向导没有经验，在沙漠里迷了路。两匹价值不菲的小马走失又进一步延缓了商队的行程。斯坦因跟谢尔·阿里·汗第二次告别，不过让他惊喜的是自己的信件最终还是到达了英国。斯坦因的朋友们在九月底收到了信，距写信时已经过了差不多六个月。[3]

---

1 Hamilton, *Manuscrits ouïgours*, 176–178.
2 森安孝夫：《シールクロードと唐帝国》（东京：讲谈社，2007），103—111页。
3 Stein, *Ruins of Desert Cathay*, 2:38, 68, 99.

二十世纪早期的谢尔·阿里·汗商队携带的绝大多数是本地生产的商品，只有刚刚在克什米尔和叶尔羌上市的英国布匹是例外。他的商队路线很长，不过斯坦因和赫定遇到的大多数商人做的都是短线贸易。敦煌文献显示，一千年前的商队基本也是这样。

　　九、十世纪的敦煌经济中，本地制造的商品小量流通，长途旅行很有限，外国商品很稀少。贸易对于当地人的影响微乎其微，他们继续在自给自足经济中生活。国家派遣的使团在货物流通中扮演了关键的角色。使者，包括僧人，肯定往来于路上。这一丝路贸易的图景与其他遗址出土的材料所显示的相互吻合。我们并不需要试图解释为什么敦煌文献中没有提到与罗马或其他遥远地点的长途贸易，而应该认识到，敦煌文献中呈现出的丝路贸易图景详细而精确。

　　在本章的写作中笔者得到了很多同事的帮助，特别是宾夕法尼亚大学的梅维恒教授和北京大学的荣新江教授。本章利用了两篇宣读过但从未发表的论文：第一篇是与瓦莱里娅·埃斯科瑞亚萨-洛佩兹（Valéria Escauriaza-Lopez）合作的《藏经洞：考古方法的个案研究》（"The Negotiations for Cave 17: A Case Study in Archaeological Method"），宣读于2007年12月14—15日在匈牙利布达佩斯罗兰大学远东系举办的"敦煌：过去、现在、未来——斯坦因探险100周年"学术研讨会上。笔者于2007年5月17—19日在伦敦大英图书馆和英国国家学术院举办的"敦煌百年1907—2007"学术研讨会上宣读了第二篇论文，题为《丝绸之路历史中的敦煌》（"Locating Dunhuang in a Broader History of the Silk Road"）。

第七章

于 阗

佛教、伊斯兰教的入疆通道

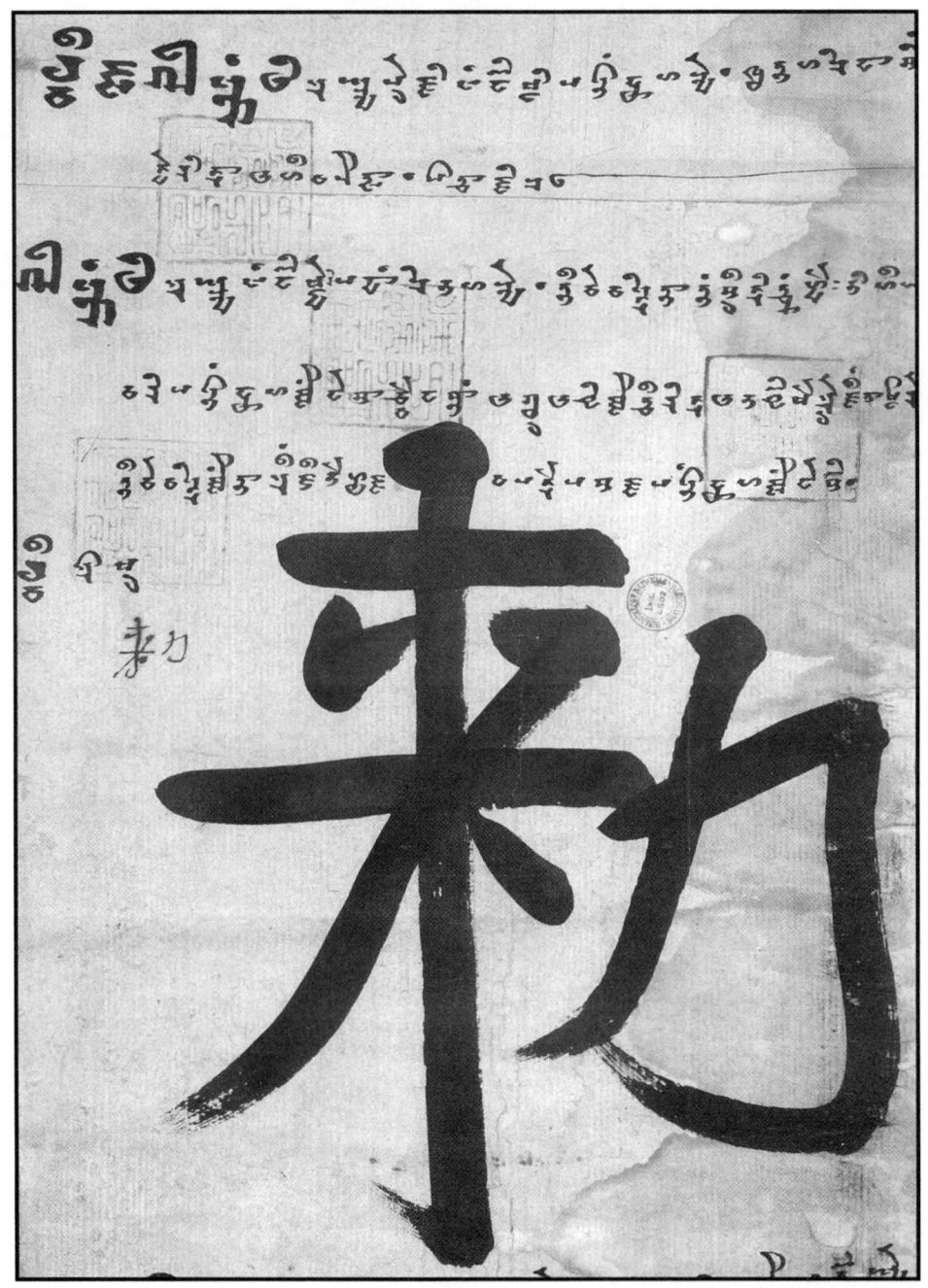

于阗语敕令

图为970年于阗王向敦煌统治者同时也是自己的舅舅下发的敕令。"敕"字显示了中华文化对于阗王室的巨大影响。这件文书出自敦煌藏经洞,是为数不多的写于于阗城内的十世纪于阗语文书之一。(法国国立图书馆供图)

和田（古称于阗）与附近的喀什一样，都以其星期天的巴扎闻名。在那里，游客可以买到本地制作的手工艺品、馕和羊肉串。当老乡们为一头驴的价钱争得面红耳赤的时候，很容易让人觉得和田一直以来就是这样，不过这是一个错觉。当地人口绝大部分不是汉族，这也使人产生类似的推想：他们肯定是最早的丝路开拓者的直系后代。然而事实上，今天的和田与丝路历史上的和田之间有一个巨大的历史断层。1006年，信奉伊斯兰教的喀喇汗王朝征服了信奉佛教的和田王国，这给当地带来了巨大的变化。最终，和田及其周围绿洲城市的居民皈依了伊斯兰教，使伊斯兰教成为了当地的主要宗教。[1]维吾尔语逐渐取代了于阗语，成为了当地的主要语言。

几乎所有关于前伊斯兰时代和田的材料都来自和田城外。因为和田坐落在两条大河的交汇处，水资源比较丰富。广泛的灌溉和不时的洪水造成了一个相对潮湿的环境，使纸质和木质的材料都无法保存。有关和田的文书和文物都被保存在临近且干燥得多的沙漠地区。主要遗址共有九处：山普拉、尼雅、热瓦克、安得悦、梅里卡瓦特（Melikawat）、约特干、丹丹乌里克、达玛沟、敦煌。最早的发现物来自山普拉，年代为公元前三世纪，最晚的来自敦煌藏经洞，年代在伊斯兰征服前不久。这些遗址

---

1 和田历史概况见 Hiroshi Kumamoto, "Khotan ii.History in the Pre-Islamic Period", in *Encyclopædia Iranica*, *Online Edition*, April 20, 2009, 网址 http://www.iranicaonline.org/articles/khotan-i-pre-islamic-history; *Corpus Inscriptionum Iranicarum*, part 2, *Inscriptions of the Seleucid and Parthian Periods and of Eastern Iran and Central Asia*, vol.5, *Saka Texts*, section 6, *Khotanese Manuscripts from Chinese Turkestan in the British Library*, by Prods Oktor Skjærvø(London: British Library, 2002)。下文按照学界习惯称此书为 *Catalogue*。

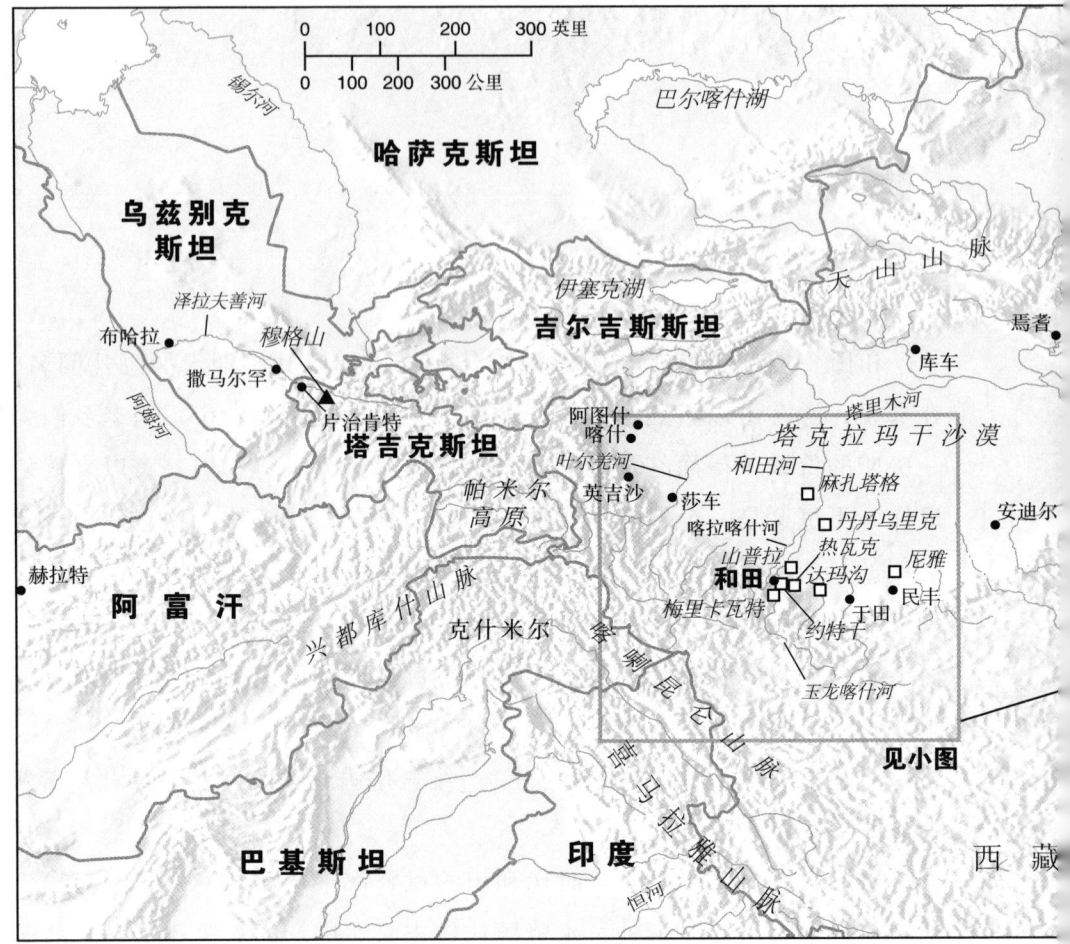

有些在和田城内，距离最远的是敦煌，位于和田以东1325公里。从这些遗址中出土的材料让我们得以重构和田不寻常的历史。

和田是新疆西南最大的居民点，因此也是宗教进入西域传播的理想枢纽。公元200年，佛教徒首次从印度来到这里。之后的八百年中，佛教不断向东传播并成为中原地区最重要的宗教，其间于阗一直是研习、翻译佛教文献的重镇。

公元644年玄奘路过于阗，当地人向他讲述了于阗建国的传说：崇佛的印度孔雀王朝统治者阿育王（公元前273—前232在位）流放了自

第七章　于阗：佛教、伊斯兰教的入疆通道　255

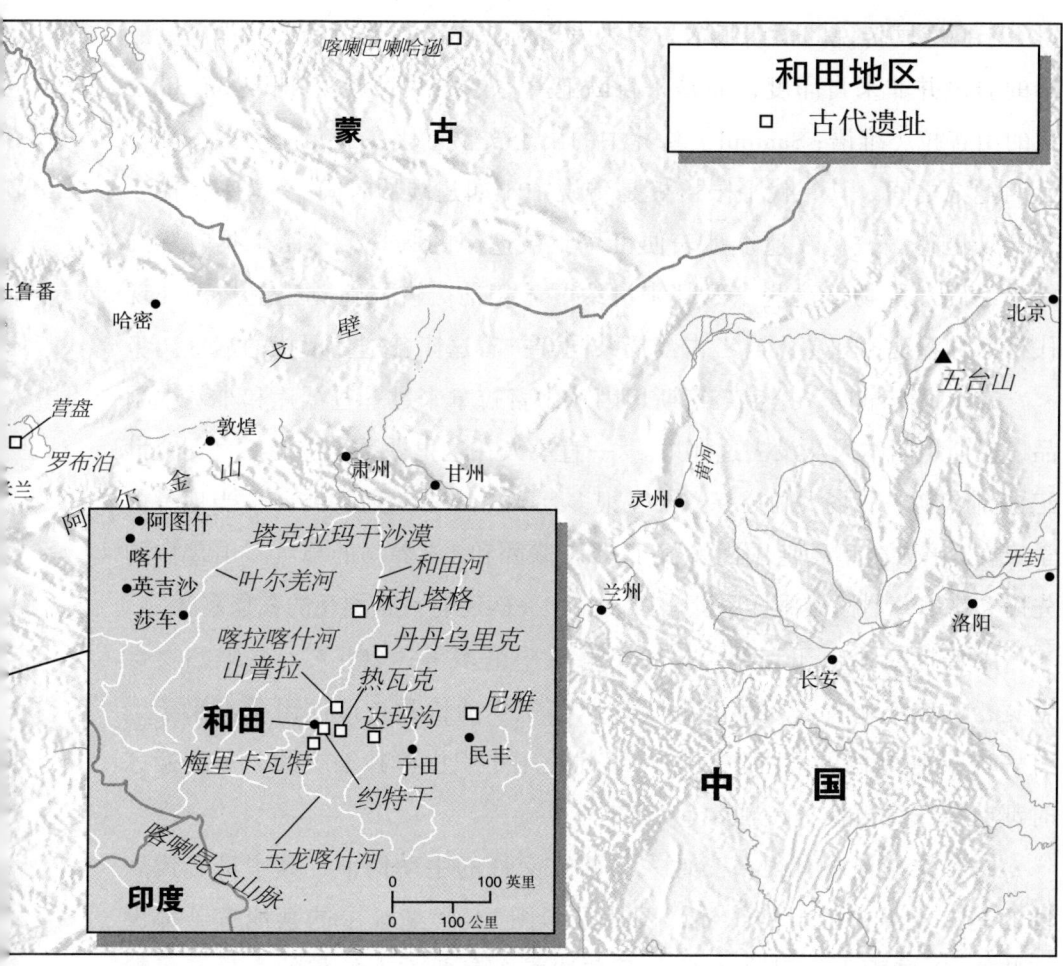

己的儿子。王子翻越帕米尔来到于阗成了一位牧羊人，在荒凉的沙漠中驱赶羊群逐水草而生。因为无子，他在佛教北方天王*的一座庙前祈祷，随后一个男孩自神像的前额降生，庙前"地生奇味，甘香如乳"。¹ 这一传说的晚期版本有些不同，有的版本中来到于阗的是王子的大臣，有的讲从地里冒出乳房。但在这些版本中都是印度移民建立了于阗国。

---

* 毗沙门天王。
1 Huili, *Biography of the Tripiṭaka Master*, 164；《大唐慈恩寺三藏法师传》，《大正新修大藏经》卷50，2053号，251a。

于阗建国传说的早期版本与考古发现无法吻合,因为考古显示这里最早的居民并非来自印度,而是来自欧亚草原的游牧民族。和田以东30公里的山普拉(维语:Sampul)墓葬中的出土文物年代在公元前三世纪到公元四世纪之间,其年代上限恰好是传说中于阗建国的时间。[1]这座古代墓葬遗址值得一去。在遗址地表便可看到被遗弃的头骨、木制工具、鲜红的羊毛碎片等物,这些东西都来自约两千年前。古代墓葬边上是一处现代穆斯林墓地,守墓人与考古当局共同守护着这座曾饱受侵扰的遗址。

二十世纪早期,挖宝人给斯坦因从山普拉拿来过一些纸片和小件木制品,但斯坦因本人从没去过那里。[2]一直没人在这里做系统挖掘,直到上世纪80年代初,一场大雨后暴露出了很多墓葬。1983年到1995年,当地考古学家在6平方公里的范围内发掘了69座墓葬和2座葬马的墓坑。山普拉的先民和许多草原民族一样厚葬马匹,其中一匹还有一张漂亮的鞍毯陪葬。

山普拉墓地中还有群葬,一个墓坑中最多可达200人。墓中妇女穿着宽松的羊毛裙,其污渍和补丁显示墓主生前曾穿过这件裙子。裙子上有一块16厘米高的织锦作装饰。织锦是用小织机单独编织的,每次换色时都剪掉经线再换另一种颜色。[3]

山普拉遗址中有很多当地人与西方交往的生动例证,其中最有代表性的是一条男裤腿上的织锦,图片见彩图13。(遗址中的其他裤子都没有装饰。)画面上方是半人马,下方站着一名西方人长相的士兵。虽然人马的图案常见于罗马,但士兵匕首上的兽头等其他元素显示其出处可能是离于阗更近的伊朗安息王朝。[4]

---

1 笔者关于山普拉遗址的讨论基于 Abegg 基金会于瑞士出版的一本书,其中包含大量中文史料的译文以及中文出版物中的所有早期遗址报告的综述:Dominik Keller and Regula Schorta, eds., *Fabulous Creatures from the Desert Sands: Central Asian Woolen Textiles from the Second Century BC to the Second Century AD*(Riggisberg, Switzerland: Abegg-Stiftung, 2001);鞍毯,见 37 页图 39,下文中提到的刀形坑的示意图,见 50 页图 48。

2 Stein, *Innermost Asia*, 1:127; 3:1022, 1023, 1027。

3 Angela Sheng,私下交流,2010 年 6 月 28 日。

4 Elfriede Regina Knauer, *The Camel's Load in Life and Death: Iconography and Ideology of Chinese Pottery Figurines from Han to Tang and Their Relevance to Trade along the Silk Routes*(Zurich: Akanthus, 1998),110。毯子总长 2.3 米,宽 48 厘米。

第七章　于阗：佛教、伊斯兰教的入疆通道　257

山普拉裙边饰带
　　饰带上一头雄鹿被鹿角压弯了头，夸张的鹿角和整条饰带一样宽。藏青色的背景衬托着粉、红、蓝三色的鹿腿和鹿尾。一只似乎是鸟类的生物面朝上骑在鹿背上。顶着巨大鹿角的鹿常出现于临近的中亚游牧部落的艺术品中。（© Abegg-Stiftung, CH-3132 Riggisberg, 2001.Photo: Christoph von Viràg.）

　　山普拉墓葬中还出土了来自其他地区的物品。四件铜镜产自中原地区，年代为中原王朝第一次在于阗驻军的公元一世纪末。据《汉书》记载，于阗有3300户，19300人。[1] 与尼雅出土的铜镜一样，这些铜镜很可能是汉朝使节带给当地统治者的礼物。

　　到公元300年，群葬逐渐消失，这是文化转变的一个重要标志。晚期的山普拉墓葬都是埋葬单人的方形墓坑，与尼雅和营盘的墓葬非常相似。这表明与上述两地相关的一个族群在三四世纪来到于阗，并取代了之前的居民。

1　余太山：《西域传》，94—95页；《汉书》卷96上，3881页；Hulsewé, *China in Central Asia*, 96—97。

山普拉寿裙

图为山普拉出土的最大寿裙，上缘长 1.88 米，裹在死者腰部。下缘展开长 5.03 米，这么笨重的裙子并非日常所穿，而是专为死者制作的寿裙。（© Abegg-Stiftung, CH-3132 Riggisberg, 2001.Photo: Christoph von Viràg.）

三四世纪也正是尼雅佉卢文献的年代，其中常常提到尼雅以西 250 公里的于阗。尼雅的官员既苦于于阗骑兵的劫掠，也接纳来自于阗的避难者。

独特的汉佉二体钱，即一面有汉字一面有佉卢文的钱币，印证了于阗人与其邻邦有着广泛的接触。于阗王结合了贵霜钱币和汉式钱币的特点，创造出了属于自己的混合式钱币。古钱币学家还不能把这些钱币上的王名与中文史籍中提到的国王对应起来，因此给这些钱币准确定年比较困难，只能说其铸造时间大概在公元三世纪前后。[1]

公元二三世纪，贵霜王朝逐渐衰落，一些印度人翻越帕米尔高原把

---

[1] Helen Wang 遵从 Joe Cribb 的意见，将汉佉二体钱的年代定在公元一、二世纪，见氏著 *Money on the Silk Road*, 37-38。Hiroshi Kumamoto, "Textual Sources for Buddhism in Khotan", in Collection of Essays 1993: *Buddhism across Boundaries*; *Chinese Buddhism and the Western Regions*（Taibei: Foguangshan Foundation for Buddhist and Culture Education, 1999）, 345-360。熊本裕注意到于阗王名与中文史料并不对应，并将前者年代定在公元二世纪及三世纪初，比 Helen Wang 给出的年代略晚。

佛教带到了于阗、尼雅等地。一位杰出的汉人译者*于公元260年从洛阳来到于阗寻找一部重要梵文典籍的原文。此人在于阗待了二十二年，之后把梵文佛经寄回洛阳，自己继续留在于阗，并埋骨于此。[1]这段记载保存在一部六世纪早期的译经目录当中，这是最早提到于阗佛教的材料。

和田最壮观的佛教遗址热瓦克佛寺也来自这个时代。该遗址在和田以北63公里的沙漠中，在玉龙喀什河以东。如今游客可以乘车到距离遗址几公里的地点，然后步行（如果不是太热）或者骑骆驼到达那里**。沙漠极热，沙子极细，但这里却生机勃勃，脚下是灌木、蜥蜴和兔子，头上飞着云雀和苍鹰。路的尽头是遗址看护人的房子，铁索突兀地横在路中，旁边是考古遗址的标志牌。可以看到遗址中央的塔以及周围的残垣断壁。沙子掩盖着大部分遗址，很容易想象几年之内移动的沙丘就会掩埋整个建筑。

1901年4月斯坦因来到这里时被热瓦克佛寺深深震撼。他意识到必须移开大量的沙子才能绘制遗址的平面图，而自己手下的劳工只有十二人，因此他找来了更多劳力加入。春季的沙尘暴把沙子吹进所有人的眼睛和嘴里，这让所有体力劳动变得异常艰苦。劳工们一点一点地推进，最后终于露出了中央佛塔，这是用来存放佛陀遗骨的纪念碑。佛塔高达6.86米，平面呈十字状，四面都有台阶。[2]工人们继续清理沙子，他们发现了一堵巨大的长方形内墙。内墙之外原本还有一周外墙，其西南角也被挖出。

信徒绕行佛塔时行进在一条壮丽的走道上，两边都是塑像。因为这些塑像实在太易碎了，斯坦因认为内墙和外墙之间的走道上肯定有木质屋顶。大塑像描绘的是佛陀，高可达4米，小塑像则是佛弟子。

---

* 朱士行（203—282年），又称朱子行、朱士衡，法号八戒，颍川人，三国时期魏国僧人，汉地最早的西行求法僧，一说是《西游记》猪八戒的原型。
1 《出三藏记集》，97a-b；Kumamoto，"Textual Sources for Buddhism in Khotan"，345–360，esp.347–348.
** 现在路修好了，可以一直开车到遗址跟前。
2 对该遗址的描述基于Stein，*Ancient Khotan*，2:482—506页，以及图版40。

热瓦克佛寺墙壁

图为热瓦克遗址的中心佛塔及其超过一米的内墙,斯坦因手下所摄。环绕佛塔的内墙长50米、宽43米,所围面积足有半个橄榄球场大。该墙还构成了信徒绕行佛塔的走廊。

由于没有木制物品存留,因而无法进行碳-14测定,只能通过与其他佛教塑像进行严格的风格比较才能确定这些塑像的年代。热瓦克的塑像与健陀罗、马土腊最早期的佛教塑像非常相似,因此该遗址建造的第一阶段可能在公元三四世纪,第二阶段在四世纪末五世纪初,与米兰遗址基本同时。[1]

热瓦克佛塔比南道上的其他所有佛塔,包括中日探险队发现的尼雅方形佛塔,都要宏伟壮观。其规模反映出绿洲的财富。公元401年,法显在赴印途中路过于阗,他也看到了绿洲的繁荣以及当地民众对佛教的支持,所谓"家家门前皆起小塔"。

---

[1] Rhie, *Early Buddhist Art*, 276–322. 关于临近的克里雅遗址的讨论见 Debaine-Francfort and Idriss, *Keriya*, *mémoires d'un fleuve*, 82–107。

热瓦克遗址脆弱的泥像

　　斯坦因清出沙子之后检视了遗址中的泥像,发现泥像原有木骨支撑。但原来的木骨已不复存在,因此泥像变得非常易碎,无法转移。斯坦因决定将其拍摄下来,并命令手下用绳子绷着佛头,但这些脆弱的佛头最终还是断掉了。

　　于阗有十四座大寺以及许多小寺,法显及其同伴住在一座大寺中。该寺每年都会使用四轮像车举办大型的佛教行像仪式。车中佛像有三丈多高(7米),用珠宝和彩幡装饰。佛像和两尊菩萨像都是用金银打造的。法显还描述了绿洲以西一座建了八十年刚刚完工的新寺院。寺院有佛堂、僧房,以及一座高达二十五丈(60米)的佛塔。[1]

---

1 法显:《法显传》,857 页 b-c;Legge, *Record of Buddhistic Kingdoms*, 16-20。

虽然法显有时夸大了佛教徒的人数或其虔信的程度，但他并未歪曲基本的事实，于阗的寺院确实富有。尼雅的僧人和家人住在一起，只是偶尔参加佛教仪式，于阗僧人的生活则很不一样。因为有来自于阗王和其他供养人的大量捐赠，于阗僧人可以把全部时间都用来学习和举行仪式。

在之后的几个世纪里，由于国王的热情支持，于阗一直是佛教学问的中心。玄奘列出了当地的主要产品：毯子、细毡子、布匹、玉。于阗以玉闻名，这里的玉学名软玉（nephrite）。当地人在绿洲周围的河床中可以找到大块玉石。和田的两条大河一条叫玉龙喀什（维语"白玉"之意）河，一条叫喀拉喀什（维语"黑玉"之意）河，两条河在城北汇流为和田河。在两条河中找到的玉颜色不一样。安阳的商代王室墓葬中曾出土和田白玉做成的物件，年代为公元前1200年。

1900年，当斯坦因第一次来到和田时，当地人还在河床中找玉，并且把金器和古物也纳入了搜索范围。斯坦因不无讽刺地记载道："'找宝'，也就是在废弃的城址上碰运气找贵重金属的活动，确实是整个和田绿洲历史悠久的一种职业。这和淘金、挖玉一样，对于命不好又不肯苦干的人来说有一种类似买彩票的吸引力。"[1]这些找宝人恰恰是斯坦因在其探险和发掘中所特别倚重的。

在和田城，斯坦因购买了一些散落在古城原址约特干地表上的文物，但此处没有遗迹保留下来，让斯坦因很是失望。不太清楚斯坦因为何没有发掘这里，因为今天依然能在一大片区域中看到一些让人心痒的断壁残垣的痕迹。斯坦因倒是在各处都发现了陶制的小猴子。[2]

今天，约特干遗址向游客开放，不过城南35公里玉龙喀什河上的梅里卡瓦特更有意思。几座沙丘下面是贫瘠却又让人浮想联翩的坑坑洼洼的地面。这处方圆10平方公里的遗址是一座消失在沙丘里的古城。游客

---

1 Aurel Stein, *Sand-buried Ruins of Khotan*: *Personal Narrative of a Journey of Archaeological and Geographical Exploration in Chinese Turkestan*（London：T.F.Unwin，1903；repr., Rye Brook, NY：Elibron Classics，2005），202.
2 Madhuvanti Ghose, "Terracottas of Yotkan", in Whitfield and Ursula Sims-Williams, *Silk Road*, 139–141.

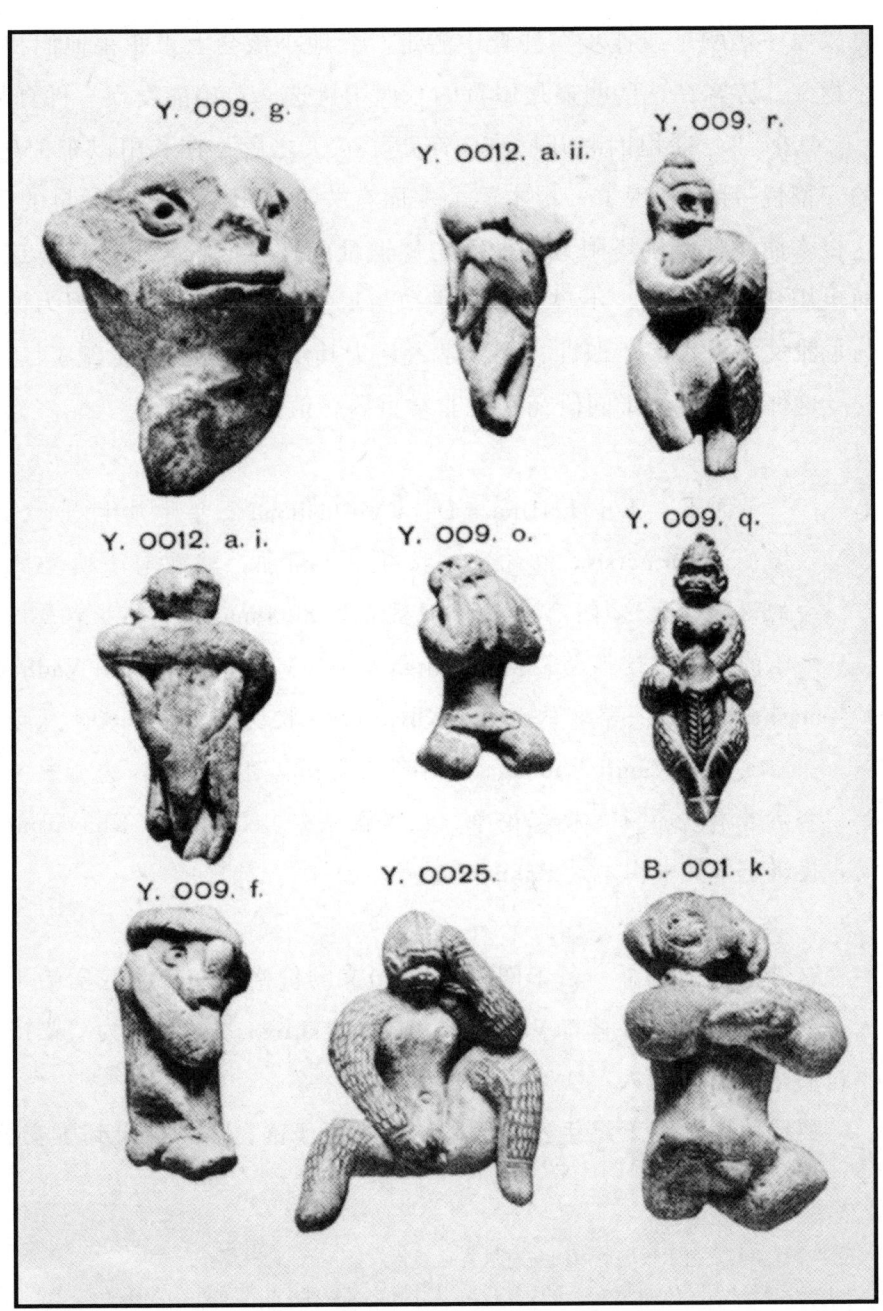

约特干出土陶猴

　　斯坦因按照自己的习惯做法把约特干出土的陶猴仔细编号后排在一起拍照。这些陶猴明显带有性意味的姿势表明它们是旨在提升生育能力的护身符。

可以雇一辆驴车或徒步在沙丘中游走。当地小孩会上来兜售他们找到的小物件，游客在这些明显是假货的东西中挑选，希望能发现一件真品。

1901年，斯坦因离开尼雅向东走了八天之后，在和田以东350公里的安德悦*绿洲发现了一根木简，上面有关于和田当地语言最早的证据。这根木简发现于佛塔附近的一间房屋遗址中。与尼雅文书一样，这根木简也用佉卢文写成，不过笔迹和拼写与尼雅文书不尽相同。因为该木简与尼雅文书有很多相似性，多数学者认为其年代为三、四世纪。[1]

这件文书对于于阗研究来说非常重要，值得全引：

> 于阗王、王中王 Hinaza Deva Vijitasimha 三年十月十八日，有一人名叫 Khvarnarse，他说道：我有一头骆驼，骆驼有个明显的烙上去的记号，像这样：VA SO。我现在以 8000masha［很可能是汉式钱币］的价格把这匹骆驼卖给 suliga Vagiti Vadhaga。Vagiti Vadhaga 以 masha 付清了买骆驼的全款，Khvarnarse 收讫。交易完成。从今起这头骆驼便是 Vagiti Vadhaga 的财产，他可以随意处置。关于这头骆驼今后若有人不满或提起论争，应按国法对其罚款。在 Khavarnarse 的提请下本文书由本人 Bahudhiva 书写。

这件文书记载了一名于阗人以8000文的价格将一头骆驼卖给了粟特人 Vagiti Vadhaga。（修饰 Vagiti Vadhaga 的 suliga 一词本意为"粟特人"，不过后来泛指"商人"。）

契约使用于阗王纪年表明该契约撰写于于阗，后来被带到了安德悦。

---

* 位于今民丰县安迪尔牧场境内的安迪尔老河床上。

1 Burrow, *Kharoṣṭhī Documents*, 661号；斯坦因编号为 E.vi.ii.1。见 Stein, *Serindia*, 1:276。照片及简短讨论见 Ursula Sims-Williams, "Khotan in the Third to Fourth Centuries", in Whitfield and Ursula Sims-Williams, *Silk Road*, 138. 另见 Thomas Burrow, "The Dialectical Position of the Niya Prakrit", *Bulletin of the School of Oriental Studies* 8, no.2-3（1936）：419-435，特别是430—435页。该文书可能是一件更古老文书的抄本，见 Peter S.Noble, "A Kharoṣṭhī Inscription from Endere", *Bulletin of the School of Oriental Studies* 6, no.2（1931）：445-455。

于阗语学者发现契约中的所有人名——于阗王、买主、卖主、书吏——都来自伊朗语。"王中王"是伊朗语中对统治者的标准称呼,"hinaza"是一个伊朗语词,意思是"将军"。因此,这根斯坦因偶然发现的木简记录了三、四世纪时于阗通行伊朗语族某语言,此时毗邻的尼雅人则操着属于印度语族的犍陀罗语。

于阗语文书最早出现在1895年的文物市场上。当地商人声称这些文书发现于库车。英国上尉高德福雷(S.H.Godfrey)将其买下并寄给了孟加拉皇家亚洲协会的霍恩雷(Augustus Frederic Rudolf Hoernlé),此人曾解读过新疆发现的第一个重要写本,即鲍尔写本。在接下来的几年中,英国驻喀什领事马继业(George Macartney)买下了更多的文书让霍恩雷解读。[1] 1899年,霍恩雷退休,离开印度回到了牛津。斯坦因按照前人的做法,把所有婆罗米文的写本都寄给了他。佉卢文在公元400年前后停止使用,取而代之的便是婆罗米文。[2]

早在1901年霍恩雷便意识到有些文书虽然以婆罗米文写成,但语言却迥异于梵语:"目前虽然只能确定几个词几个短语的意思,但这已清楚地说明文书所用语言是一种印度—伊朗语,与波斯语和印度语都有联系。此外,该语言自身的特点可以与中亚西部高地的方言*联系起来。"[3] 一开始霍恩雷并不知道于阗语是有大量梵语借词的伊朗语还是有很多伊朗语词汇的印度语。第一次遇到英语的语言学家也会有类似的疑问:英语虽然可能看上去像有大量日耳曼语词汇的罗曼语,但实际上却是日耳曼

---

1 Skjærvø, *Catalogue*, xxxviii-xl.
2 Ursula Sims-Williams, "Hoernle, Augustus Frederic Rudolf", *Encyclopædia Iranica*, Online Edition, December 15, 2004, 网址:http://www.iranicaonline.org/articles/hoernle-augustus-frederic-rudolf.
* 指帕米尔地区的东伊朗诸语言,比如新疆塔什库尔干地区塔吉克族的色勒库尔语、阿富汗瓦罕走廊一带使用的瓦罕语等等。
3 A.F.Rudolf Hoernle, "A Report on the British Collection of Antiquities from Central Asia, Part 1", *Journal of the Asiatic Society of Bengal* 70, no.1 (1898): 32-33; Ronald E.Emmerick, *A Guide to the Literature of Khotan*, 2d ed. (Tokyo: International Institute for Buddhist Studies, 1992), 6页注19。

语的一种，只是在1066年诺曼征服之后吸收了很多法语词。在1920年以前学界便达成了共识，认定于阗语是一种伊朗语，与中古波斯语和粟特语同时代，其中有大量来自梵语的借词。

根据于阗语文字、拼写、语法的不同，哈佛阿迦汗伊朗学讲席教授施杰我将于阗语划分为三个阶段：古于阗语（五到六世纪）、中古于阗语（七到八世纪）、晚期于阗语（九到十世纪）。每个阶段都与特定的一组文书相联系：古于阗语文书几乎全是佛教文献的译本，来源不明；中古于阗语文书来自丹丹乌里克以及和田地区的其他遗址；晚期于阗语文书来自敦煌藏经洞。[1]

《赞巴斯塔书》是唯一一件非梵文佛教文献译本的古于阗语写本。[2]此书因下令创作该书的官员而得名，书中多次提到"在官员赞巴斯塔及其子扎尔库拉的命令之下写成"。这部于阗语文学最重要的作品是一部佛教文书的合集。文书作者非常谦虚地说道："我所知极微极少，在将此译成于阗语的过程中若歪曲了原意，惟愿诸天诸佛宽恕。但无论在此取得何等功德，我定愿以此功德与众生共悟菩提。"菩提即对佛理知识的理解，得到菩提即是开悟。菩提与空一样，都是本书的关键教理。

《赞巴斯塔书》的内容对于佛教学者来说并不陌生，但有一章有些特别，讲的是女人的伎俩以及如何识破这些伎俩。佛教作品中很少有这样的讨论。[3]其中警告道："女人们对这些伎俩都无师自通。"最后说道："官员赞巴斯塔和他的子女让我写就此书，愿我成佛。"这是唯一一次提到赞巴斯塔的女儿。作者最后加了一条评论："阿阇梨［即"老师"，对僧侣的一种称呼］悉达跋陀罗为了控制自己的心神而读了好多遍关于女人的这部分：'我读了此经，心里像海一样翻腾不已。实际上我每次睡下的

---

1 Skjærvø, *Catalogue*, lxx-lxxi.
2 R.E.Emmerick, ed.and trans., *The Book of Zambasta: A Khotanese Poem on Buddhism*（New York: Oxford University Press, 1968），163页（对Ysarkula的命令）、9页（作者自述）、283页（女人的花招）、285页（关于女人一章的结尾）、19页（众神的宫殿）。
3 道世的《法苑珠林》是一部编纂于668年的佛教百科全书，其中有关于女居士的部分。《大正新修大藏经》卷53，2122号，443页c—447页a。篠原亨一，私下交流，2010年6月25日。

时候都不能平静，像那些睫毛、眉毛之间的毛发以及脸上的绒毛。"在平淡无味的文集中，这一条格外显得有人间烟火的气息。

《赞巴斯塔书》各章讲了一些佛教故事，很多都与大乘教理有关。有一章讲佛陀如何用智慧战胜外道跋陀罗的故事，此人用魔法把墓地变成了"神殿"。有一章讲佛陀的生平和开悟，还有一章讲佛陀涅槃并把现世委托给弥勒佛。关于弥勒佛的那章与从 twghry 语译成回鹘语的文书内容相同，而后者在西格和西格灵为吐火罗语定名时起到了关键作用。《赞巴斯塔之书》中汇集并转述了来自梵语、汉语、藏语、回鹘语以及其他语言的文献，很好地展现出于阗作为周围各国僧侣往来交汇点的地位。[1]

《赞巴斯塔书》并未完整保存下来。原书共298叶，其中207叶分别藏于加尔各答、圣彼得堡、伦敦、纽黑文、慕尼黑和京都的图书馆中。俄国领事彼得罗夫斯基（Nikolai Petrovsky）在喀什从当地人手中买到了192叶，没人知道该书的出土地点。[2] 学者们在这些残页中辨认出了五种抄本，其中最早的年代为公元五世纪后半叶。[3]

《赞巴斯塔书》写成时，于阗还是个独立王国。七世纪初于阗成为了西突厥的附属国。630年玄奘到达那烂陀寺时，于阗依然是西突厥联盟的一部分。在之后的二十年中，唐太宗（626—649年在位）从西突厥手中夺下了中亚。唐朝军队于640年攻下高昌，648年攻下龟兹，同年于阗王改投唐朝。他派儿子带三百头骆驼去援助唐军，自己去长安朝觐并把王子留下作人质。让未来的统治者在盟国的首都长大以习得盟国的风俗，这在当时是通行的做法。于阗成为了唐朝在西域驻军的四镇之一。另外三镇为龟兹、疏勒、焉耆（679年到719年以碎叶代焉耆。）

---

1 H.W.Bailey, "Khotanese Saka Literature", in *The Cambridge History of Iran*, vol.3, *The Seleucid, Parthian and Sasanian Periods*, ed.Ehsan Yarshater, part 2（New York: Cambridge University Press, 1983）, 1234–1235.

2 Skjærvø, *Catalogue*, lxxiii; Emmerick, *Guide*, 4–5; Emmerick, *Book of Zambasta*, xiv-xix.

3 Mauro Maggi, "The Manuscript T III S 16: Its Importance for the History of Khotanese Literature", in *Turfan Revisited: The First Century of Research in the Arts and Cultures of the Silk Road*, ed.Desmond Durkin-Meisterernst et al.（Berlin: Reimer Verlag, 2004）, 184–190, 547; 关于最古手稿的断代见184页。

648年之后于阗与龟兹的历史便交织在了一起。670年吐蕃人攻下这两个绿洲并统治到692年。之后唐朝重新控制了这里，直到755年安史之乱爆发才被迫从中亚撤军。[1]于阗与高昌、龟兹一样，丝路往来的高峰发生在唐朝驻军最多的七、八世纪。

出土于阗语文书最多的遗址是和田东北130公里的丹丹乌里克。赫定曾于1896年1月在他第二次塔克拉玛干之行期间到过这里（在此之前一次灾难性的尝试中，他的两个手下死在了沙漠里）。一份关于沙漠中失落城市的剪报启发了斯坦因，促使他向英属印度政府申请资金去中亚探险。[2] 1900年出发进入沙漠之前，斯坦因让喀什的英国领事马继业和俄国领事彼得罗夫斯基帮忙询问卖给他们小件文物和出土文书的人。其中两人推荐斯坦因跟吐尔迪（Turdi）联系。斯坦因后来解释道，"此人在对于一般人来说毫无标志物可言、死一样单调的沙丘中依然能找到方向"。[3]当斯坦因雇佣的向导无法找到丹丹乌里克时，吐尔迪带着斯坦因一行抵达了遗址所在地。

斯坦因在丹丹乌里克记录了十五座三三两两聚集在一起的建筑结构。最小的建筑结构1.5米见方，最大的7米长、6米宽。有些建筑似乎是房屋，其中发现的文书显示这里曾是官员的居所，留有于阗语和汉语文件。

一处遗址中有许多佛教文献的残叶，表明这里之前是图书室。其他结构则明显是宗教性质的，其中供有泥塑，墙上有壁画，大多是神像。有些建筑中还有埋在地里的彩绘木板。

丹丹乌里克足够偏远，因此斯坦因推断市场上卖的绝大多数文物都是个别几个人单独或结成小队来到这里做短暂停留后得到的。[4]丹丹乌里克并非如斯坦因想的那样难以到达。遗址确实深藏在塔克拉玛干沙

---

1 英语中关于这段混乱历史的最好叙述是 Kumamoto 的 "Khotan"。
2 Hedin, *My Life As an Explorer*, 188. 在他早期的书中，赫定称此遗址为 "塔克拉玛干古城"。之后他采用了丹丹乌里克一名。Stein, *Ancient Khotan*, 1:236.
3 Stein, *Ancient Khotan*, 1:240.
4 Stein, *Ancient Khotan*, 1:241.

制丝的秘密如何走出中国

图中彩绘木板是斯坦因在丹丹乌里克最著名的发现。木板长46厘米、宽12厘米，原本是信徒的供品。画中女性指着公主的头冠，因为传说中公主把蚕种藏在头冠中偷偷带出中国，把制丝的秘密传给了西域人民。事实上，养蚕缫丝技术与造纸术一样，都是通过丝路移民传出中国的。

漠腹地而且不易找到，但是只要有足够的决心还是可以到达的。1905年，美国地理学家亨廷顿（Ellsworth Huntington）来过。二十年代，德国探险家特灵克勒（Emil Trinkler）和他的瑞士同伴伯斯哈德（Walter Bosshard）也来过。1998年，瑞士旅行家鲍莫（Christoph Baumer）乘驼队来到这里，未经批准就开始挖掘，并发现了一些新壁画，这让考古部门又惊又气。[1] 近年来，全球卫星定位系统、越野车等现代科技使盗挖者更容易到达丹丹乌里克。

自1998年起，很多于阗语文书和来源不明的文物——最可能来自丹丹乌里克或其附近——开始在文物市场上出现。如今中国的博物馆和大学面临着跟西方博物馆一样的两难处境：应该把盗掘的文物买下、好好保存并让学者分析研究吗？还是应该拒绝购买以劝阻盗掘者继续劫掠古代遗址？如果不买，这些文书就会流失，但若买下，会使盗挖继续且扩

---

1 Christoph Baumer, *Southern Silk Road: In the Footsteps of Sir Aurel Stein and Sven Hedin*（Bangkok: Orchid Books, 2000）, 76–90.

大规模。

2004年,中国国家图书馆决定买下一部分来自丹丹乌里克的文书。于阗语专家辛勤工作,解读并翻译了这些文书,为其定年、确定出土地点(有时文书中出现的一些人名也出现在其他有确定出土地点的文书中)并阐释其意义。最后一点最为重要。这些新发现改变了我们对丝路历史一些关键发展的理解。

最早的丹丹乌里克文书年代为722年,是一组木简,发现于丹丹乌里克以南、达玛沟的一处小遗址。[1] 这些木简宽不过2.5厘米,长19厘米到46厘米不等。木简一头有圆孔,可以挂在盛粮食的容器上,边上有等距的刻痕,官员收到税谷时便用墨做上记号。以下是个典型的例子:

[汉语]:拔伽勃逻道才送小麦七硕 [约42升] 开元十年八月四日 [722年] 典何仙官张并相惠

[于阗语]:Birgamdara 的 Bradaysaa 于 shau 官 Marsha 之年交了 7 kusa 小麦。[2]

汉语和于阗语都给出了纳税人姓名、粮食缴纳量以及缴税年份。汉语部分信息更多,包括纳税的具体日期、收税官员及其上级的名字。木简中提到了三种税谷:青麦、小麦、粟。[3] 所有木简(国家图书馆买了35枚,其他的在私人手中)都遵循同一格式。

这些木简让我们可以一窥唐朝税收系统是如何在于阗运作的。生活

---

1 Rong Xinjiang and Wen Xin, "Newly Discovered Chinese-Khotanese Bilingual Tallies", *Journal of Inner Asian Art and Archaeology* 3(2008):99–111, 209–215. 中文版见《敦煌吐鲁番研究》第11卷(2008), 45—69页,这期有一个"新获和田文献研究"专栏。

2 Rong and Wen, "Bilingual Tallies," 100, 2号简。

3 吉田丰对于阗作物的汉语和于阗语名字做出了最新翻译,见 Yoshida Yutaka, "On the Taxation System of Pre-Islamic Khotan", *Acta Asiatica* 94(2008):95–126, 特别是118页。这是他重要日语著作的英语缩写本,见氏著《コータン出土8-9世紀のコータン語世俗文書に関する覚え書き》(神戸:神戸市外国語大学外国学研究所, 2006)。

在现代的我们已经习惯了欧盟和其他国际组织的多语种文书，但这些双语的木简并不寻常。它们显示八世纪唐朝政府对社会的管控一直延伸到最基层，即使是缴纳最小额的税谷也要用当地人的语言于阗语和统治者的语言汉语做双语记录。与之类似，所有政府官员都有汉语和于阗语的头衔。于阗官府雇有把于阗文书译成汉语的专门人员。一些汉语文书提到当地人用于阗语写了请愿书，这些请愿书被译成了汉语，这样唐朝官员才能看懂。[1]

另外一组更多展现当地社会的木制文书中只有于阗语，其年代与税谷木简大致相同。这种文书形状像个盒子，盒子有盖，盖上有个把手可以像抽屉一样打开关上。盒子里侧、外侧和边上都写着字，其内容是当地人之间的契约。[2]

这些文书中提到一个可以执行官员决定的"集会"，这是于阗社会的一个显著特点。有一件案子是关于购买灌溉用水的，审理案子的官员规定某人可以暂时使用由一个村子集体所有的水源，但那个村子则保留收回水源的权利。这项决定以"本案在司法集会上呈于某官某官"收尾，文中给出了两位官员的名字。[3]

这件案子说明，在八世纪早期或更早，于阗人已经发展出了一套复杂的法律系统，记录各种交易，比如移交用水权、借贷、收养等等。在一个集会中，见证人为这些交易的具体细节做担保，由官员签署以保证交易双方遵守交易条款。决策一旦达成，每个人都应该遵守。整个村子有缴纳集体税的责任，村子全额付清税款之后，官员会开具收据。

755年安史之乱爆发时这个系统还在运作。翌年，于阗王派五千兵

---

1 Yoshida, "On the Taxation System", 104 页注 19。
2 P.Oktor Skjærvø, "Legal Documents Concerning Ownership and Sale from Eighth Century Khotan", 待发表论文。关于这些文书的断代，见 Prods Oktor Skjærvø, "The End of Eighth-Century Khotan in its Texts", *Journal of Inner Asian Art and Archaeology* 3（2008）：119-138，特别是 129—131 页。一个表格概括了这些文书，非常有用，见表 44，"Contracts"，in Helen Wang, *Money on the Silk Road*, 100。
3 Or.9268A；译文见 Skjærvø, "Legal Documents", 61 页，63 页。

勤王，这些士兵很多都是唐朝从内地派来驻守在于阗的。755年之后，唐朝在于阗只维持很低程度的控制，权力在当地唐朝军官的手中。但由于陆路交通受阻，于阗很难与唐朝中央政府取得联系。

755年之后的几十年中，唐朝不再向驻扎在西北的军队派发军饷，此时的敦煌正经历货币短缺。而于阗在755年以前就有货币短缺的现象发生。比如有一对夫妻要领养孩子，支付五百文领养费之后用素绢代替余下的两百文，可能因为当时货币供给不足已经开始。[1]

有些丹丹乌里克出土的汉语文书年代为780年到790年，其中记录了超过一万文的借贷。[2]到底是真付了这么多钱，还是说这只是价格单位，当地人用布匹或者粮食付账？我们无从判断。在一件双语契约中，汉语部分提到了钱币的金额，而于阗语部分则指明要付多少布匹代替钱币。[3]到八世纪末，以定量的布匹和粮食作为通货的自给自足经济代替了之前的货币经济。

中国军队继续向于阗百姓征税。比如，有一件文书记载军队向百姓征收羊皮以制作冬衣。这件文书和许多丹丹乌里克文书一样都是写给思略（Sidaka）的。此人是当地一名官员，头衔是萨波（spata），掌管村里的非军事事务。发出文书的人也是一名萨波，他说思略的村子有90只羊，应付28张羊皮，税率是6.5只羊征2张羊皮，90只羊应缴27.69张羊皮。思略缴了27张羊皮，但他的同事说不付满额就不能开收条。这件文书表明，于阗有详细的户口登记，不仅登记村中人口，还登记牲畜。没有这种登记唐朝政府就不可能知道该从村子中征多少张羊皮。实际上发现过一些这种登记。

京都大学语言学教授吉田丰根据发现地把于阗语文书分为四组。两

---

1 Or.9268B；译文见 Skjærvø, "Legal Documents", 65—66 页。
2 Helen Wang, *Money on the Silk Road*, 95–106, 特别是表 46, "Payments Made Part in Coin Part in Textiles", 101。吉田丰认为770—790年间流通的钱币很少，这是一号文书群和二号文书群的年代，见氏著 "On the Taxation System", 117 页注 43。
3 Hoernle, "Report on the British Collection", 16; Helen Wang, *Money on the Silk Road*, 103.

组在丹丹乌里克，其中一组提到思略且年代在777到788年之间。¹这组文书以及其他在同样地点发现的文书显示，于阗在777到788年间有一个由唐人掌控的政府。在这些年中，吐蕃人抓住了唐朝朝廷的弱点，逐渐蚕食中亚。786年征服敦煌，789年起在西州与回鹘人交战直至792年取胜，并在796年之前征服了于阗。²吐蕃帝国在九世纪四十年代从内部崩溃了，同时黠戛斯人也攻破了回鹘都城（今蒙古国喀喇巴喇哈逊遗址），很多回鹘人西迁至今天的新疆地区。丹丹乌里克新发现的文书或许可以让我们知道哪个绿洲在具体哪年陷入了吐蕃人还是回鹘人之手。

麻扎塔格是一个军事要塞，位于龟兹、于阗之间的战略要道上，于阗以北150公里处。这里是沙漠无人区，于阗厨子和士兵在此轮流值班。³吐蕃人征服于阗之后也控制了这座堡垒。此处原本驻扎的是唐朝士兵。一件798年的文书要求收到文书的官员把人员牲畜都撤到附近的一个堡垒中去。文书中没有说明敌人是谁，不过很可能是回鹘汗国，因为他们在800年左右占领了龟兹。⁴

吐蕃人基本维持了原来的行政系统。有些官员在吐蕃统治时期依然做着之前的官，并用于阗语和汉语发布命令。从这一点可以看出唐朝官僚系统是多么深刻地影响了于阗人以及之后的吐蕃人。⁵有些官员继续用单个汉字作为签名。起草契约的书吏把汉语条文逐字译成藏语。这些契

---

1 丹丹乌里克的三号文书群年代为798年。其中有些文书由官职为 tsīṣī spāta（比单纯的 spāta 级别高）、名为 Sudārrjāṃ 的官员签署。他用汉字"副"作为签名。见 Yoshida, "On the Taxation System"，97—100页。
2 这一时期的年代还未完全确定。见 Yoshida Yutaka, "The Karabalgasun Inscription and the Khotanese documents", in *Literarische Stoffe und ihre Gestaltung in mitteliranischer Zeit*, ed.Desmond Durkin-Meisterernst, Christiane Reck, and Dieter Weber（Wiesbaden, Germany: Dr.Ludwig Reichert Verlag, 2009），349-362，年表见361页；Skjærvø, "End of Eighth-Century Khotan"，119-144；Guangda Zhang and Xinjiang Rong, "On the Dating of the Khotanese Documents from the Area of Khotan"，*Journal of Inner Asian Art and Archaeology* 3（2008）：149-156；森安孝夫：《吐蕃の中央アジア進出》，《金沢大学文学部論集 史学科篇》4（1984），pp.1-85。
3 Yoshida, "On the Taxation System"，100，117。
4 此处笔者遵从吉田丰的意见。他持这种意见的理由见 "Karabalsagun Inscription"，353—354页。
5 Yoshida, "On the Taxation System"，112—113页注35。

约虽然从未在藏地使用过,却成为了敦煌藏语契约的范本。[1]吐蕃对于阗实行间接统治。当地的吐蕃最高长官会向于阗官员发布命令,再由后者转达给相应的下层官员。[2]

丹丹乌里克的税收文献尽管内容丰富,但并未揭示谁为了什么在丝路上奔波。关于丝路文化交流最有启发性的文书之一是斯坦因结束发掘并停掉雇工工资之后,民工自己继续挖掘发现的。斯坦因在完成了对丹丹乌里克十七天(1900年12月18日至1901年1月4日)的发掘之后遣散了一些雇工,带着剩下的人去了11公里外的另一处遗址。当他傍晚回到营地时惊奇地发现几个之前被遣散的雇工正在等他,等他看到他们带来的东西时则更加吃惊:这些雇工在丹丹乌里克13号房的角落附近发现了一张皱成一团的文书,上面写着希伯来字母。斯坦因如此解释他为什么相信这些雇工的话:纸张确实很古老(八世纪),而且做一张假文书需要很长时间。[3]斯坦因对于赝品非常警觉,因为他刚刚揭穿了伊斯兰·阿浑的骗局。此人伪造技术高超,骗得霍恩雷以为又发现了一种新语言。[4]

斯坦因在丹丹乌里克时清理了13号房的沙子,吐尔迪说他年轻时曾经在这儿找到过好几块银锭,价值200卢比或者13英镑(大概相当于今天的1000英镑)。[5]虽然这间房子很大,边长有18米,其中一间屋子长6.7米、宽5.5米,雇工们在这里只找到了一座壁炉和木质边框,因此斯坦因决定不发掘此处。[6]斯坦因走后,被遣散的雇工在之前盗挖者在遗址旁

---

1 Takeuchi, *Old Tibetan Contracts*, 118–119.
2 Yoshida, "On the Taxation System", 114.
3 Stein, *Ancient Khotan*, 1:282, 307–308.
4 Ursula Sims-Williams, "Hoernle".
5 Economic History Association: "Measuring Worth: Five Ways to Compute the Relative Value of a UK Pound Amount, 1830 to Present",使用零售价格索引计算。网址: http://www.measuringworth.com/ukcompare
6 D.S.Margoliouth, "An Early Judæo-Persian Document from Khotan, in the Stein Collection, with Other Early Persian Documents", *Journal of the Royal Asiatic Society of Great Britain and Ireland*(October 1903):735-760,特别见735—740页。斯坦因在文中说明了发现时的情形。Bo Utas 发表了最精确的译文,见氏著"The Jewish-Persian Fragment from Dandān-Uiliq", *Orientalia Suecana* 17(1968):123-136。

留下的垃圾堆中挖掘，找到了写有希伯来字母的文书。

文书是一封信，语言是新波斯语，即九世纪在伊朗取代中古波斯语的语言。数量不多的犹太波斯语文书曾在阿富汗的赫拉特、南印度的马拉巴尔海岸、巴格达等地被发现。丹丹乌里克的这件犹太波斯语文书虽然不是年代最早的——最早的年代为八世纪五十年代——但确实是最早的之一。[1]

文书只有纸页的中间部分保存了下来，每行的开头和结尾都没有了，因此这件文书非常难以解读。信是写给生意伙伴的。收信人似乎是寄信人的上级，内容有关一系列交易，包括羊、布匹、甘松（一种用来制药制香的植物）、马鞍、马镫、皮带等。寄信人很可能是个商人，他提到想知道自己的"收益和损失"。我们不知道他为什么离开了伊朗，但我们可以推测他（或者他的祖先）为了逃避伊斯兰征服而前往东方，最后在一个格外动荡的时代在于阗地区落脚。

这封信直接证明了在八世纪末的丹丹乌里克，至少存在一名讲波斯语的犹太人。但因为文书过残，很难再得出更多结论。在这封信发现一百多年之后，发生了一件完全意想不到的事情：一封几乎完好无缺的犹太波斯语信札出现了！中国国家图书馆把它买了下来。在北京大学取得硕士学位目前在哈佛大学攻读博士学位的博士生张湛在2008年发表了这封信的全部转写和翻译，他正准备发表英文翻译。[2]

新旧两封信非常相似，这使张湛有信心断言这两封信是在同一时间、同一地点、由同一个人所写，其时间地点即九世纪初的于阗。定年的关键信息来自信中对疏勒情况的描述："他们杀光了吐蕃人。"[3] 张湛通过与发现于丹丹乌里克的几件于阗语文书对比，认为犹太波斯语信札中所指很有可能是回鹘打败吐蕃的事件。如果确实如此，那么这封信的年代就

---

1 W.J.Fischel and G.Lazard, "Judaeo-persian", *Encyclopaedia of Islam Three*, ed.Marc Gaborieu, vol.4（Leiden, The Netherlands: Brill, 2010），308-313. 网址（登录后可见）：http://www.brillonline.nl/subscriber/entry?entry=islam_COM-0400
2 张湛、时光：《一件新发现犹太波斯语信札的断代与释读》，《敦煌吐鲁番研究》第11卷（2008），71—99页。感谢张湛为笔者提供未发表的英语译文。
3 Skjærvø, "End of Eighth-Century Khotan", 119.

新获犹太波斯语信札

　　信札作者很可能是一名讲波斯语的犹太人。此人在九世纪初用希伯来字母书写新波斯语，给另一名丹丹乌里克的犹太人写信，信中写到自己和地主的争执，因为地主没有把欠他的羊付给他。（中国国家图书馆供图）

应该为802年,在这一年回鹘人攻下疏勒赶走了吐蕃人。

新信的开头八行都是"在远方"的寄信人对收信人,即他的"主人Nisi Chilag"一家的问候,后者很有可能是住在丹丹乌里克的犹太人。问候之后信中详细讲述了寄信人和"地主"关于买羊卖羊产生的争执:尽管他送出了包括麝香和糖在内的很多礼物(礼单中的其他物品尚不明确),但应该到手的羊还是没有到手。有趣的是,在他与地主的对话中,寄信人被地主错认成了"粟特人"。考虑到丝路商人中粟特人之多与犹太人之少,这是很容易理解的误会。

犹太商人在丝路上只留下了不多的足迹。喀喇昆仑公路上年代最晚的石刻之一是希伯来语的;一则记载九世纪晚期大屠杀的阿拉伯语史料中提到犹太商人与穆斯林、基督徒和祆教徒都住在广州;藏经洞中还有一张叠好的希伯来语文书(见彩图12),写着一篇十八行的祷文以及《圣经·诗篇》中的选段。

除了唯一一件希伯来语祷文和上万件汉语藏语文书之外,敦煌藏经洞中还有大概两千件于阗语文书,其中大量是残片。[1]与很多强邻环伺的小国国民一样,于阗人非常善于学习语言。有些藏语文书是于阗书吏抄写的,因为于阗文的页码泄露了抄写者的身份。[2]在没有词典的时代,于阗人是如何做到迅速掌握新语言的呢?

敦煌藏经洞中保存有汉语—于阗语常用语手册中的几页。[3]这种辅助学习的书籍不用汉字,而是用婆罗米字母写出汉语句子的读音,然后再给出于阗语的释义。研究这些文书的语文学家造诣很深,他们复原出了这些用于阗字母写的十世纪汉语发音的句子。和所有好的语言教科书一样,这件汉语—于阗语常用语手册不断重复重要的句子结构以便学生练习。这些句子都非常短:

---

[1] P.Oktor Skjærvø 估计藏经洞中有 2000 件以上于阗语文书。2003 年 8 月 29 日电子邮件。
[2] Dalton, Davis, and van Schaik, "Beyond Anonymity".
[3] S2736、S1000、S5212a1、Or.8212.162、P2927;Skjærvø, *Catalogue*, 35–36, 44–45;高田时雄:《敦煌資料による中国語史の研究》(东京:創文社,1988),199—227 页。

菜担来！
瓜担来！
胡瓜担来！

手册中还包括在市场上买卖时会用到的句子。考虑到十世纪敦煌和于阗的诸多交往，形形色色的于阗人——包括使节、僧侣和商人——似乎都能从基本的汉语教学中获益。

与此相对，梵语—于阗语双语手册的受众面要窄得多。[1]对于阗人来说梵语比较简单。因为都是用婆罗米字母书写，语言学习者只要把梵语句子抄下来背住就好了。194行的于阗—梵语常用语手册以如下简单的对话开始：

你好吗？
很好，谢谢！
你好吗？
你从哪儿来？
我从于阗来。

对话中也提到了其他的地方：印度、中国、藏区、甘州（甘州回鹘汗国的首都，今甘肃张掖）。手册教人如何买马买草料，如何要针线，以及如何让人给自己洗衣服。有些对话则表现了冲突：

不要生我的气。
我不会扯你的头发。
你要是说让人不愉快的话

---

1 P5538；H.W.Bailey，"Hvatanica III"，*Bulletin of the School of Oriental Studies* 9，no.3（1938）：521–543；修订过的译文来自 Skjærvø，未刊稿。

我就生气了。

有些甚至提到了性：

他爱许多女人。
他做爱。

有些对话让人可以猜出手册使用者的身份：

你有书吗？
我有。
［什么书？］
经、律、论、密。
你有哪个？
你喜欢哪个？
我喜欢密。

只有僧人或者资深的佛教学习者才会用到这样的句子。"经"泛指佛经，"律"指戒律，"论"指教理文献，"密"指密宗文献。从中国到印度一路上的寺庙中都讲梵语，于阗也是如此。下面的对话更清楚地揭示了手册受众的身份：

我要去中国。
你去中国有什么事？
我要去看文殊菩萨。

手册的假想使用者是朝觐路上的僧侣。这些僧侣从藏地或于阗出发向东，经停敦煌，最终目的地是文殊菩萨的道场：五台山（在今山西省内，在北京西南，约四个小时车程）。这条路从八世纪起变得热闹起来。

我们对802年到901年之间于阗历史几乎一无所知。802年是最晚的丹丹乌里克文书的年代，901年则是敦煌藏经洞中最早提到于阗的文书的年代，其中记载敦煌官员为于阗使臣提供"细纸一束八帖"。[1] 十世纪，于阗王和敦煌的曹氏统治者都处在同一套国际秩序中：他们相互派遣使者，也向甘州回鹘、西州回鹘，以及中原王朝派遣使者。于阗使者要去中原就要先到敦煌，经过甘州，再到灵州（今宁夏灵武县），这里是使团前往首都途中重要的落脚点。前往中原的路上有很多不确定因素，于阗和两个回鹘汗国派出进贡的使节经常最远只能走到敦煌，他们有时也把这里称做"中国"。[2]

敦煌的曹氏家族和于阗王室关系密切。于阗王 Viśa Sambhava 的汉语名字是李圣天，912年到966年在位[3]，并于936年以前娶了曹议金的女儿。于阗王室在敦煌有官邸，李圣天的妻子经常在那里居住，于阗王室的继承人也住过。[4] 于阗王储的官邸相当于于阗国的代表处，而且敦煌藏经洞中的于阗文献很有可能是王储官邸捐给三界寺的。[5]

938年李圣天从于阗向后晋首都开封派遣使者。他在位期间一共五次向中原派遣使者。[6] 汉语史料中对这些进贡的记载都非常简要："［建隆二年（961）］十二月四日于阗王李圣天遣使贡玉圭一盛以玉匣"。[7] 这种史料一般都会记载日期、进贡国、贡品，有时还有领衔使者的名字，但

---

1 P4640；张广达、荣新江：《于阗史丛考》（上海：上海书店出版社，1993），112页。

2 H.W.Bailey, "Altun Khan", *Bulletin of the School of Oriental and African Studies* 30（1967）: 98.

3 Rolf A.Stein, "'Saint et divin,' Un titre tibétain et chinois des rois tibétains", *Journal Asiatique* 209（1981）: 231-275, 特别见240—241页。

4 张广达、荣新江：《于阗史丛考》，110页。

5 Valerie Hansen, "The Tribute Trade with Khotan in Light of Materials Found in the Dunhuang Library Cave", *Bulletin of the Asia Institute* 19（2005）: 37-46.

6 有一个使团表格非常有用，见 Hiroshi Kumamoto, "Khotanese Official Documents in the Tenth Century A.D."（Ph.D.diss., University of Pennsylvania, 1982）, 63-65。

7 《宋会要辑稿·蕃夷七》（北平：国立北平图书馆，1936），1页b。原文为李圣文，可能是李圣天之误。

敦煌石窟中的于阗王供养图

图为敦煌98窟于阗王李圣天(912—966年在位)及夫人像。李圣天夫人是敦煌统治者曹议金的女儿,两家关系密切,于阗王室常常在敦煌出资营建石窟。(萨珍特绘图)

仅此而已。

与此相对,藏经洞中有一组于阗语文书共约15件,其中非常详细地记载了一次进贡之旅。大约在十世纪中叶,即李圣天执政末期,七位王子及其随从离开于阗,上路朝贡。[1] 这组文书揭露了许多十世纪这一艰难时期丝路贸易的特质。

王子及随从出发时带了360公斤玉石。[2] 此外他们还带了一些皮货,可能是鞍子、辔头或者其他马具。马和玉是最常见的于阗贡品,其他还包括骆驼、鹰、牦牛尾、织物、皮毛、药品、矿物、草药、香料、琥珀、珊瑚等。[3] 统治者们也互送奴隶,这与当时的自给自足经济相符。[4]

统治者们明确地说自己喜欢这些礼物。有一次,于阗和甘州回鹘汗国已经有十年没有互赠礼物了,回鹘可汗写信给于阗王。(这封信只有于阗语译文,原件可能是汉语或藏语。这两种语言都是十世纪中国西北的外交语言。)回鹘可汗非常想要于阗使团以前带给他的"好多好多好东西"。[5] 他最想得到的可能是情报,特别是关于敌对势力的军事情报,这种情报只有使者才能提供。[6]

即使对于当时的人,从一国到另一国的旅途也很漫长。有一位随七王子进贡的使节抱怨道:"去敦煌的旅途非常艰苦,要走45天,多么希望我能一天之内就飞到。"[7] 骑马走这1500公里也要花18天。[8] 难怪他们羡慕会飞的鸟儿。

---

1 Hansen 在 "Tribute Trade" 42 页注 5 中给出了七王子文书及其译文的全部参考文献。学者们对于文书年代是 890—900 年还是 966 年有不同意见。
2 他们带了 600 斤,每斤重 600 克。见 "Table of Equivalent Measures", in Hansen, *Negotiating Daily Life*, xiii。
3 Kumamoto, "Khotanese Official Documents", 211–213。
4 P2786;译文见 Kumamoto, "Khotanese Official Documents", 122 页,讨论见 197 页。
5 P2958;译文见 Bailey, "Altun Khan", 96 页。Hamilton 为 993 年那封信提出了一个可能的日期,见氏著 "Le pays des Tchong-yun, Čungul, ou Cumuḍa au Xe siècle", *Journal Asiatique* 265, nos.3–4(1977):351–379,特别是 368 页。
6 张广达、荣新江:《于阗史丛考》,18 页。
7 P2958;译文见 Bailey, "Altun Khan", 97。
8 Prods Oktor Skjærvø, "Perils of Princes and Ambassadors in Tenth-Century Khotan",未发表论文。

七王子到最后也没能到达中国首都。敦煌统治者认为去甘州的路上太危险，因为回鹘可汗去世之后三支军队正为继位问题混战不断。敦煌统治者因此坚持让他们留在敦煌，这次朝贡计划彻底泡汤。七王子在家信中大吐苦水，他们被迫变卖带来的礼物，最后变得穷困不已。他们写道：

> 我们的人把牲口都丢了。衣服也丢了。……没人能跟我们前往甘州。我们怎么能到得了朔方[这是使者进入中原王朝的第一站]呢？我们既没有贡品也没有国书给中国皇帝。……好多人都死了。我们没有吃的。什么时候命令能来？我们怎么能往有去无回的火坑里跳呢？[1]

一封随从的信解释了牲口是怎么丢的。[2]

不让王子们上路的统治者认为王子们与随他们一起赶路的僧人很不一样。赶路的僧人有时是朝觐者有时是官方使团的一员。统治者接待僧人，因为他们相信招待高僧可以立刻给他们带来好处，这种好处可以是神迹，也可以是作为崇佛者得到的威望。当七王子的使团解散时，僧人们也离开了，他们拿了一些给中国皇帝的贡品，娶了老婆在当地住了下来。实在料想不到受过色戒的僧人会这样做，但这却与尼雅文书、敦煌文书中的佛教徒形象完全一致。

由于时局动荡七王子不能前往甘州。敦煌统治者害怕如果于阗的贡品送不到首都，朝廷会拿他问罪。[3]但三名僧人在正式的免责声明上按了手印之后就被放行了，因为不带贡品的僧人在路上没那么危险。

使团的两名成员描述了其他成员在使团分崩离析时的反应。每个人都带着于阗王给中国皇帝的贡品潜逃了。[4]八个人当中只有两个人去了

---

[1] IOL Khot S.13/Ch.00269.109–20；译文见 Skjærvø, *Catalogue*, 514。
[2] Khot.S.13/Ch.00269；译文见 Skjærvø, *Catalogue*, 512。
[3] Kumamoto, "Khotanese Official Documents", 218.
[4] Kumamoto, "Khotanese Official Documents", 225.

中国：一个想重得自由的奴隶和一个计划"给朝廷100张毯子"的商人。¹其他人都带着偷来的东西回于阗了。

使团成员有时会把贡品换成盘缠。两个人在给已经上路的三名僧人发了封信之后便离开甘州去敦煌"做生意"。²他们后来在瓜州被抢劫了。在一次艰难的旅途中，七王子的很多牲口都死了，同行的两人"丢了货物"，一个粟特商人既找不到他的牲口也找不到"他藏在山里的货物"。³显然有些商人跟这些倒霉的使者同行，遇到了同样的困难。

王子们也做生意。有个于阗王子名叫Capastaka，他用18公斤玉跟敦煌官员换了200匹布，其中150匹布名义上是给于阗朝廷的礼物，另外50匹是给他自己的汉族母亲Khi-vyaina夫人的。他的兄弟Wang Pa-kyau给母亲写信抱怨说Capastaka骗了自己，让母亲也给自己送点玉来："使者抵达的时候您能不能也送点玉石来？"⁴听上去他跟他的兄弟一样，准备拿玉石换丝绢，再拿丝绢换盘缠。

根据另外一组在路上的于阗人的开支清单来看，成匹的丝绢是旅人使用的主要通货。他们用绢买大麦、骆驼、马匹，雇佣向导，还给了同样来自于阗的商人们四十匹。丝绢并不总是当钱用。这些人用一匹绢做了一身衣服。除了用绢交易以外，他们还用羊和羚羊皮做交易，也就是说在十世纪的丝路上，人们接受实物付款。⁵

东京大学的熊本裕教授是研究于阗语的杰出学者。他如此解释这件开支清单的特殊之处："这是敦煌为数不多的于阗语商业文书。值得注意的是，在当地九、十世纪的汉语文书中只提到了于阗的使节和僧人，几乎从未提到过于阗商人。"⁶他说的很对，十世纪的史料很少专门提及商人。

---

1 Or.8212.162.125-b5；译文见 Kumamoto, "Khotanese Official Documents"。
2 P2786；译文见 Kumamoto, "Khotanese Official Documents", 120。
3 IOL Khot.S.13/CH.00269；译文见 Skjærvø, *Catalogue*, 511。
4 P2958；译文见 Bailey, "Altun Khan", 98。
5 P2024；译文见 Kumamoto Hiroshi, "Miscellaneous Khotanese Documents from the Pelliot Collection", *Tokyo University Linguistics Papers*（*TULIP*）14（1995）：229-257。P2024译文见 231—235 页，相关讨论见 235—238 页。
6 Kumamoto, "Miscellaneous Khotanese Documents", 230-231。

很长时间以来，丝绸之路一直被看做一条自主做生意的商人领着驼队行进的大路，但文献的记载挑战了这一印象。关于七王子的于阗语文书提到了使团中的不同成员：不同等级的使节、王子、僧人和居士。[1] 这些人之间的分别有时并不明显，在困难的时候更是如此。王子们为了盘缠也要卖玉换绢。这样一来，人人都要做生意，但买卖的物品都是当地的土产。如果有人要一件特别的东西，他就需要花一匹绢或者用一只羊甚至一张羚羊皮来换。在动荡时期，很少有人冒险上路。因为官方使团有权享受特殊待遇，即使有时得不到这种待遇，上路的人也经常和官方使团结伴而行。

敦煌藏经洞的于阗语材料几乎都集中在于阗与其东方邻国的关系上：敦煌、回鹘汗国、唐朝以及后来的中原王朝。但西方发生的变化却彻底改变了于阗。

840年黠戛斯攻破回鹘导致回鹘一部分人口西迁，从蒙古来到西州和甘州，建立了两个小的回鹘汗国。840年之后又形成了一个新的部落联盟，当时的材料称他们为"汗"或者"可汗"，今天学者们称其为喀喇汗，以便与其他突厥民族相区别。其领袖萨图克·布格拉汗在955年之前皈依了伊斯兰教，他的儿子继承了他的遗志继续征战，并不断努力使突厥各民族皈依伊斯兰教。穆斯林史料中记载，960年有"二十万帐突厥人"皈依了伊斯兰教。[2] 史料中并没有明说是哪一支或是哪里的突厥人，但现代学者认为此处指的是以和田以西500公里的喀什噶尔为中心的喀喇汗突厥人。喀喇汗突厥人皈依之后便命令其军队摧毁包括佛教寺庙在内的所有非穆斯林宗教建筑。

喀喇汗国处于伊斯兰世界的东极，远离阿拔斯帝国的首都巴格达，汗国统治者可能是为了倚靠伊斯兰教的强大势力才皈依的。同时代的哈扎尔、基辅罗斯、匈牙利等国都曾在中古世界的主要宗教犹太教、基督

---

1 Kumamoto, "Khotanese Official Documents", 119, 150, 182.
2 Peter B.Golden, "The Karakhanids and Early Islam", in *The Cambridge History of Early Inner Asia*, ed.Denis Sinor（New York: Cambridge University Press, 1990）, 354.

教*、伊斯兰教之中权衡挑选。喀喇汗国皈依伊斯兰的过程与之类似。[1]

于阗一开始在970年打败了喀喇汗国的军队并控制了喀什噶尔。李圣天之子、于阗王尉迟输罗（967—977年在位）给敦煌统治者，也就是他的舅舅发了一封信（见252页）。

信中解释了于阗国给敦煌和中原的进贡为什么迟了。于阗王为他在喀什得到的"各种好东西、妻子和儿子、大象、纯种马及其他"感到欣喜若狂，不过也有一些抱怨："占领外国土地并维持统治非常困难。我们是外来人，没法完全控制。"然后他继续讲自己遇到的困难："钱、粮食、牲口、人口、军队都增加了，不过有好多冲突，还有流血事件。"尽管于阗赢了，但喀喇汗国的军队就在喀什噶尔城外，胜利并不彻底。

信的末尾是于阗王给他舅舅的礼单，都是于阗常送的礼：三团玉（分别给出了重量）、一副皮甲、一些工具和器皿。他从喀喇汗国那里得来的东西中挑了一个带银匣的杯子和一个有盖的钢制工具。[2]拿下喀什噶尔对于于阗来说是一次重大胜利。汉语史料记载于阗王写信申请要进贡一只从喀什噶尔得来的"舞象"，中国政府欣然应允。[3]

970年之后，于阗与喀喇汗国继续对抗，不过史料中没有关于战争进程的详细记载。我们只知道喀喇汗国的领袖优素福·卡迪尔汗在1006年大举西征。因此，学者们认为在1006年之前不久他已成功征服了于阗。[4]麻赫穆德·喀什噶里（1102年卒）为于阗的征服写过一首著名的诗歌：

---

* 基督教有拜占庭东正教和罗马天主教两个选择。
1 Andreas Kaplony, "The Conversion of the Turks of Central Asia to Islam as Seen by Arabic and Persian Geography: A Comparative Perspective", in *Islamisation de l'Asie Centrale: Processus locaux d'acculturation du VIIe au XIe siècle*, ed. Étienne de la Vaisière (Paris: Association pour l'Avancement des Études Iraniennes, 2008), 319–338.
2 H.W.Bailey, "Srī Viśa' Śura and the Ta-uang", *Asia Major*, n.s., 11（1964）: 1–26, P5538的译文见17—20页。
3 《宋会要辑稿·蕃夷七》, 3页b; Kumamoto, "Khotanese Official Documents", 64。
4 William Samolin, *East Turkistan to the Twelfth Century: A Brief Political Survey* (The Hague: Mouton, 1964), 81.

> 我们像洪水一样冲向他们,
> 我们在他们的城市中游走,
> 我们拆毁偶像之庙,
> 我们在佛头上大便![1]

惊恐向东传播。虽然敦煌藏经洞中并没有于阗陷落的记载,但北京大学历史系荣新江教授推测,于阗佛教寺院被毁的消息传到敦煌可能导致了藏经洞的封闭。这也使大量于阗语材料被封存。[2]

一夜之间于阗就不再是佛教国度了,但与之相关的历史记载却少得可怜。我们知道于阗陷落之后不久辽朝皇帝向敦煌统治者赠送了马匹和"美玉",而后者只可能来自被消灭的于阗。[3]再次提到于阗的是汉语史料,其中记载了一个来自喀喇汗国治下于阗的进贡使团,年代为1009年。[4]

史料都在讲帝王将相,对于伊斯兰教对喀喇汗国新臣民的冲击很少涉及。一个例外是"1911年在叶尔羌城外花园的一棵树下发现的"一些阿拉伯语、回鹘语文书。叶尔羌位于于阗以西160公里。这组材料与其他在这一地区发现的文书一样被交给英国领事马继业保管,其中包括三件回鹘语契约,十二件阿拉伯语文书,其中五件以回鹘字母写成,年代为1080年到1135年,大概在喀喇汗国征服之后一百年,正是从回鹘字母到阿拉伯字母的过渡期。

所有的契约都是土地买卖。三件法律判决涉及监护人任命、遗产分割和土地归属。喀喇汗国至少在1100年的叶尔羌已经推行基本的伊斯兰教法。法律官员可以起草简单的阿拉伯语法律文书,再为控辩双方及证

---

1 Maḥmūd al-Kāsgarī, *Compendium of the Turkic Languages*, ed.and trans.Robert Dankoff and James Kelly, vol.1(Duxbury, MA: Tekin, 1982), 270.
2 《辽史》(北京:中华书局,1974)卷14,162页。
3 《辽史》卷14,162页。
4 《宋会要辑稿·蕃夷七》,17b-18a; Kumamoto, "Khotanese Official Documents", 64-65。

人将其译为回鹘语，这些人中有些用阿拉伯文签名，有些用回鹘文签名。[1] 三件阿拉伯语文书中明确说该文书被翻译成涉事人员听得懂的语言念给他们听了。至少可以说，喀喇汗国的法律官员熟悉伊斯兰教法，但国家皈依伊斯兰教对于普通人有什么影响依旧不是很清楚。[2]

喀喇汗国皈依了伊斯兰教，但其他的西域绿洲国家并未皈依。库车和吐鲁番的回鹘统治者在不同时期分别支持过摩尼教和佛教。控制甘州、敦煌的西夏以及和田以东的丝路南道都信奉佛教。[3] 新疆这种三部分的划分一直持续至12世纪，此时新疆名义上属于西辽。这时东方基督教会在全疆影响力上升，特别是在蒙古的克烈部和乃蛮部之中。[4]

1211年，乃蛮部的屈出律夺取西辽。屈出律本来是景教徒，后改宗佛教并大肆迫害穆斯林。他攻打喀什噶尔与和田，并强迫两地居民放弃伊斯兰教改宗基督教或者佛教。但屈出律是这一地区最后一个取缔伊斯兰教的统治者。成吉思汗于1206年统一蒙古各部之后开始了一系列令世人震惊的征服。1218年，成吉思汗击败屈出律并废除了他的宗教政策。[5]

1227年成吉思汗去世，但蒙古征服仍在继续。1241年，蒙古人已经征服了欧亚大陆大部，建立起了世界历史中疆域最大的帝国。蒙古人一直执行宗教宽容政策，支持所有宗教的同时，优待自己的萨满传统。蒙古统一的时期有时被称做蒙古式的和平，在世界历史上第一次可以从欧

---

1 Cl. Huart, "Trois actes notariés arabes de Yarkend", *Journal Asiatique* 4（1914）: 607-627; Marcel Erdal, "The Turkish Yarkand Documents", *Bulletin of the School of Oriental and African Studies* 47（1984）: 261; Monika Gronke, "The Arabic Yārkand Documents", *Bulletin of the School of Oriental and African Studies* 49（1986）: 454-507.

2 Jürgen Paul, "Nouvelles pistes pour la recherché sur l'histoire de l'Asie centrale à l'époque karakhanide（Xe-début XIIIe siècle）", in "Études karakhanides", ed. Vincent Fourniau, special issue, *Cahiers d'Asie Centrale* 9（2001）: 13-34, 特别是33页注64。

3 见 O. Pritsak, "Von den Karluk zu den Karachaniden", *Zeitschrift der Deutschen Morgenländischen Gesellschaft* 101（1951）: 270—300页，地图2。

4 对公元1000年至今的新疆历史最好的介绍是 James A. Millward, *Eurasian Crossroads: A History of Xinjiang*（New York: Columbia University Press, 2007）。

5 W. Barthold, *Turkestan Down to the Mongol Invasion*, 3d ed., trans. T. Minorsky（London: Luzac, 1968）, 401-403; René Grousset, *The Empire of the Steppes: A History of Central Asia*, trans. Naomi Walford（New Brunswick, NJ: Rutgers University Press, 1970）, 233-236.

第七章 于阗：佛教、伊斯兰教的入疆通道　289

洲一直走到蒙古帝国东端的中国。很多人都走过这条路，有些人还留下了记载。大多数人从克里米亚半岛出发，穿越如浩瀚大洋一般绵延不断的欧亚大草原一路到达蒙古，并不走绕行塔克拉玛干的传统丝路。

马可·波罗却是个例外。他说他取道途经和田的丝路南道，但没人知道他为什么没有走草原之路。1271年，十七岁的马可·波罗随两个叔叔离开威尼斯。蒙古帝国刚于十年前分裂为四部。每部都由成吉思汗一个儿子的家族统治。察合台汗国东起吐鲁番西至布哈拉，今天的新疆正处于其疆域之内。马可·波罗随叔叔前往中国的路上经过了察合台汗国治下的叶尔羌与和田：

> 鸭儿看［即叶尔羌］乃是一州，广五日程。军民遵守摩诃末［即穆罕默德］教法，然亦有聂斯脱里派同雅各派之基督教徒。并属大汗之侄，即前此所言之同一君主[*]是已。居民百物丰饶，然无足言者，所以置之，请言别一名忽炭［即和田］之州。
>
> 忽炭一州处东方及东北方之间，广八日程。臣属大汗，居民崇拜摩诃末。境内有环以墙垣之城村不少。然最名贵者是忽炭城，国之都也，姑其国亦名忽炭。百物丰饶，产棉甚富，居民植有葡萄园及林园，而不尚武。[1]

对叶尔羌与和田的描述是典型的马可·波罗风格。千篇一律、缺乏令人信服的细节，读上去很不像是真正到过那里的人写出来的。马可·波罗还提到了一个叫做培姆（Pem[**]）的地方，这个地方的具体所指还有待研究。他对这里的描述基本跟和田一样，只是多了一条关于玉石的重要信息：

---

[*] 指海都（Kaidu，1234—1301年），窝阔台汗之孙，合失之子，窝阔台汗国的实际创立者。
[1] Marco Polo, *The Travels of Marco Polo*, trans. Ronald Latham（New York: Penguin Books, 1958），82-83. 为了前后一致译文略有改动。（译文来自马可·波罗著，冯承钧译：《马可波罗行纪》［上海：上海书店出版社，2006］，82—86页。——译者注）
[**] 此地冯本作Pein，译为培因，误。

> 培姆州，广五日程，处东方及东北方之间。居民崇拜摩诃末，臣属大汗。境内有环以墙垣之城村不少。最名贵者是培姆城，国之都也，有河流经城下。河中产碧玉（jasper）及玉髓（chalcedony）甚丰。*百物不缺，棉甚多。居民行商贸产业。

乍一看肯定觉得马可·波罗讲得不对，因为他对培姆的描述跟和田没什么两样。但这个培姆有可能是媲摩，即和田和尼雅之间的克里亚绿洲。[1] 马可·波罗继续描述培姆：

> 以下习俗于此甚为普遍。若丈夫撇下妻子远行二十天以上，自丈夫离开之日起，该女子便可另觅一夫。**

历史学家对于马可·波罗记载的真实性已经争论了好几个世纪。一般说来，蒙古学家基于马可·波罗了解元朝宫廷政治的内情而一再强调其可靠性。而研究中国史的学者也许因为有很多别的材料，在这个问题上则有更多保留。[2] 大家都同意，中世纪的游记经常有对作者没去过的地方的描述，比如和田和Pem。那时的读者并不期盼马可·波罗去过他提到的所有地方。

像马可·波罗和他叔叔们那样的商人对于蒙古人来说至关重要，因为这些生意人知道如何兑换大量的金银以及战利品，而且能想出办法把这些财物换成纺织品等蒙古人真正需要的东西。蒙古人与商人们合作，借给他们大量银子用于采购。这些商人绝大多数是中亚的穆斯林，也有叙利亚人、亚美尼亚人和犹太人。马可·波罗和他的几个叔叔应该就是在

---

* 冯译底本此处有阙文，其译文到此为止。
1 Ursula Sims-Williams, "Khotan in the Third to Fourth Centuries", 138.
** 这一段亦不见于冯本。
2 Frances Wood, *Did Marco Polo Go to China?* (London: Secker & Warburg, 1995); Igor de Rachewiltz, "Marco Polo Went to China" *Zentralasiatische Studien* 27 (1997): 34–92.

跟蒙古人进行这类合作。¹ 这种合作关系在之前的中国朝代中从未出现过。

进入十四世纪四大汗国逐渐独立，蒙古帝国开始瓦解。中国元朝皇帝没有皈依伊斯兰教，不过包括察合台汗国在内的另外三个汗国的统治者都皈依了。十四世纪三十年代，察合台汗国的第一位穆斯林统治者上台，并鼓励自己的士兵们改宗。其臣民中已经有不少穆斯林，他的政策则进一步增加了穆斯林的人数。² 帖木儿（1370—1405年在位）也是一名穆斯林，伊斯兰在中亚的影响在他执政期间增加了许多。十四世纪末，察合台一系的后人控制着新疆大部。与此同时，汉人建立的明朝把蒙古人从中原赶回了蒙古老家。之后的几个世纪中，新疆各绿洲一直向明朝进贡。根据使节的记录，迟至1400年佛教在吐鲁番依然昌盛。³

鄂本笃（Bento de Goes）是一名耶稣会士，出生于亚速尔群岛。1602年，他蓄须留发化装成波斯商人从印度一路来到中国。⁴ 他的化名是阿卜杜拉·以赛（Abdullah Isai）。阿卜杜拉是阿拉伯语，意思是"神的奴仆"，以赛是阿拉伯语名字尔撒（即耶稣）的西班牙语形式。他在第一站喀布尔就遇到了和田王的母亲（也是叶尔羌王的妹妹），她之前被抢了正需要钱。鄂本笃卖了些货免息借了她六百块金子。她答应用和田玉来偿还。翻越帕米尔去叶尔羌的一路充满危险，鄂本笃五百人的商队雇了四百名保镖同行。

鄂本笃安全到达叶尔羌之后，继续前往和田，并在那儿拿到了欠他的玉。然后他在叶尔羌等去北京的商队等了整整一年。组织商队很难。

---

1 Thomas Allsen, "Mongolian Princes and Their Merchant Partners, 1200-1600", *Asia Major*, 3d ser., 3（1989）: 83-126; Elizabeth Endicott-West, "Merchant Associations in Yüan China: The Ortoγ", *Asia Major*, 3d ser., 3（1989）: 127-154.

2 Michal Biran, "The Chaghadaids and Islam: The Conversion of Tarmashirin Khan（1331-1334）", *Journal of the American Oriental Society* 122（2002）: 742-752.

3 Morris Rossabi, "Ming China and Turfan, 1406-1517", *Central Asiatic Journal* 16（1972）: 206-225.

4 L.Carrington Goodrich, "Goes, Bento de", in *Dictionary of Ming Biography*, 1368-1644, ed.L.Carrington Goodrich（New York: Columbia University Press, 1976）, 472-474.

这一次，中国人要求商队中只能有72名商人。叶尔羌的统治者拍卖商队首领的位子，出价最高者付了两百袋麝香。另外71个席位的价格则要低一些。席位售罄之后，商队终于在1604年秋天沿塔克拉玛干北路出发了。

鄂本笃和两名同伴离开商队去了吐鲁番、哈密和嘉峪关，得到进入中国的许可之后于1605年的圣诞节抵达肃州（今甘肃酒泉）。他在那儿给1601年起就待在北京的利玛窦写了一封信。利玛窦随即派了一名教徒来找他。此人到了之后证实了鄂本笃的猜测：之前旅行家所说的契丹（Cathay）就是中国。两人见面十一天之后，鄂本笃便去世了，时值1607年。

鄂本笃的旅伴瓜分了他的财产并撕毁了他的日记，只有一小部分被其他耶稣会士抢救下来寄给了利玛窦，其内容是保留至今最详细的关于朝贡贸易的记录。很少有商队从中亚走到中国，少数的几支都装出要给明朝皇帝进贡的样子。当时的商队追求人多势众。

十七、八世纪进入新疆的商队很少，也很少有人离开那里。一些新疆、甘肃的穆斯林常常为了向苏非大师学习前往中东，有些人还去麦加完成了朝觐。十七世纪，一位来自帕米尔以西的苏非行者进入南疆和甘肃传教并取得巨大成功。他的生于哈密的儿子阿帕克和卓继续传教并变得极为有名。到了十八世纪，他的后人进入也门的纳克什班迪教团学习，回来之后变得异常有影响。因为很少有穆斯林有机会去新疆之外学习，他们说话很有权威。[1]随着时间的推移，这些苏非行者的后人成为了统治和田和叶尔羌的和卓，并在那里推行伊斯兰教法。他们的臣民在清真寺里礼拜并戒食猪肉。在其影响下，新疆全面伊斯兰化了。

1759年清朝军队打败了他们最后的对手并控制了西域。[2]后来清政府建立新疆省，意为"新的疆域"。满人官员把权力委派给当地头人，并用阿拉伯字母把皇帝敕令翻译成维吾尔语。新疆人与内地人遵从的法律有所不同。满人要求汉人剃发蓄辫，但是新疆的穆斯林则被允许保留

---

[1] Jonathan N.Lipman, *Familiar Strangers: A History of Muslims in Northwest China*（Seattle: University of Washington Press, 1997）, 58–102.

[2] Perdue, *China Marches West*.

自己的发型。只有高等级的穆斯林才能向官府申请蓄辫，并将其看做成功的标志。[1]

　　清朝统治时期经济有所改善。清朝和唐朝一样，向新疆注入大量供给军队的现金和纺织品，商贸往来再次被激活，商人们开始愿意担风险进行更长线的贸易。1864年爆发同治新疆回变，清朝失去了对新疆的控制。1865年，阿古柏控制了这一地区。俄国和英国都感到有机可乘，分别向阿古柏政权派遣了贸易使团，两国使团的报告都非常乐观。英俄两国的官员都认为，尽管市场上出售的绝大部分商品是本地生产的，纺织品和茶叶（已不再从中国进口）等外国商品在这里有巨大的市场潜力。1877年阿古柏死去，清朝重获控制权。[2]

　　二十世纪初，斯坦因和其他外国人带着清朝颁发的护照进入新疆。他们遇到了很多中国官员，其中一些主动为他们的发掘提供便利，并帮忙把文物运出国外。

　　相比今天新疆的其他城市，可以感到和田的汉化程度很低。人口中百分之九十八是维族。和田几乎所有出租司机和导游的母语是维语，这种语言在九、十世纪被引入这一地区，完全代替了于阗语。

　　时至今日，喀喇汗国征服的记忆在新疆依旧鲜活，穆斯林们仍去麻扎朝拜。朝拜者在麻扎朗读《古兰经》、上供并举行仪式。他们为孩子的健康、病人的康复或者家族成员的幸福祈祷。最大的、最多人去的麻扎之一是最先皈依伊斯兰教的喀喇汗国统治者萨图克·布格拉汗的墓。该墓位于距喀什不到一个小时车程的阿图什。[3]（见彩图16A）另一处重要的麻扎是英吉沙的乌尔德麻扎，此处被认为是布格拉汗之孙的墓，[4]

1　James A.Millward, *Beyond the Pass: Economy, Ethnicity, and Empire in Qing Central Asia, 1759-1864*（Stanford, CA: Stanford University Press, 1998）, 204-205.
2　Kim, *Holy War in China*; A.A.Kuropatkin, *Kashgaria: Eastern or Chinese Turkistan*, trans. Walter E.Gowan（Calcutta: Thacker, Spink, 1882）.
3　Hamadi Masami, "Le mausolée de Satuq Bughra Khan à Artush", *Journal of the History of Sufism* 3（2001）: 63-87.
4　Rahilä Dawut, "Shrine Pilgrimage among the Uighurs", *Silk Road* 6, no.2（2009）: 56-67. 网址: http://www.silk-road.com/newsletter/vol6num2/srjournal_v6n2.pdf

但更有可能是一位苏非行者在十六世纪建造的。[1]

　　无法朝觐的人有时耗时大半年按固定顺序拜访当地的麻扎。最有名的两个麻扎群在和田和喀什，这里的麻扎属于词典编纂家麻赫穆德·喀什噶里、新疆和卓家族及其女眷。参加这些活动的人有时把和田称做"圣地"，这倒是个很合适的名字，因为和田很早就接受了伊斯兰教。

　　马修·安德鲁斯、熊本裕、施杰我、尼古拉斯·辛姆斯－威廉姆斯、厄修拉·辛姆斯－威廉姆斯、文欣、吉田丰、张湛都非常耐心地解答了笔者的疑问并提供了未发表的材料。

---

[1] Joseph Fletcher, "Les voies（turuq）soufies en Chine", in *Les Ordres mystiques dans l'Islam*, ed.Alexandre Popović and Gilles Veinstein（Paris：EHESS，1986）13-26，特别是23页。

结 论
中亚陆路的历史

如果通行货物的重量或者往来人数是考察一条道路重要性的唯一标准，丝绸之路曾是人类历史上交通流量较少的道路之一，也许研究的价值不算大。

然而丝路之所以改变了历史，很大程度上是因为在丝路上穿行的人们把他们各自的文化像其带往远方的异国香料种子一样沿路撒播。他们在丝路上落户并蓬勃发展，与当地人融合，也与后来者同化。这些绿洲城市有着持久的经济活动，像灯塔一样吸引着人们翻山越岭穿越沙海而来。丝路在很大程度上并非一条商业道路，却有很重要的历史意义。这条路网是全球最著名的东西方宗教、艺术、语言和新技术交流的大动脉。

严格说来，丝绸之路指全部从中国向西经过中亚到达叙利亚甚至更远地区的陆路道路。这段路从空中看来并没有什么特别的地貌。山口、峡谷、沙漠中的甘泉这些划定路线轨迹的标志物并非出自人工而是完全源于自然。丝绸之路并非人为铺就的道路，人们到了二十世纪才第一次系统勘查了这里。在公元200年到1000年间，即丝路上汉人活动的高峰时期，生活在这里的人从未说过"丝绸之路"这个词。不要忘了"丝绸之路"这一术语要到1877年李希霍芬男爵在地图上使用时才诞生（见彩图2-3）。

这些路线的年代可以追溯至人类起源的时期。人类只要能够行走就可以通过陆路穿行中亚。在遥远的史前时代，人们沿此路迁徙。地区间货物往来最早的证据来自公元前1200年左右，在黄河以北河南安阳的商代墓葬中发现了和田玉。中国、印度、伊朗等中亚周边不同文明之间的

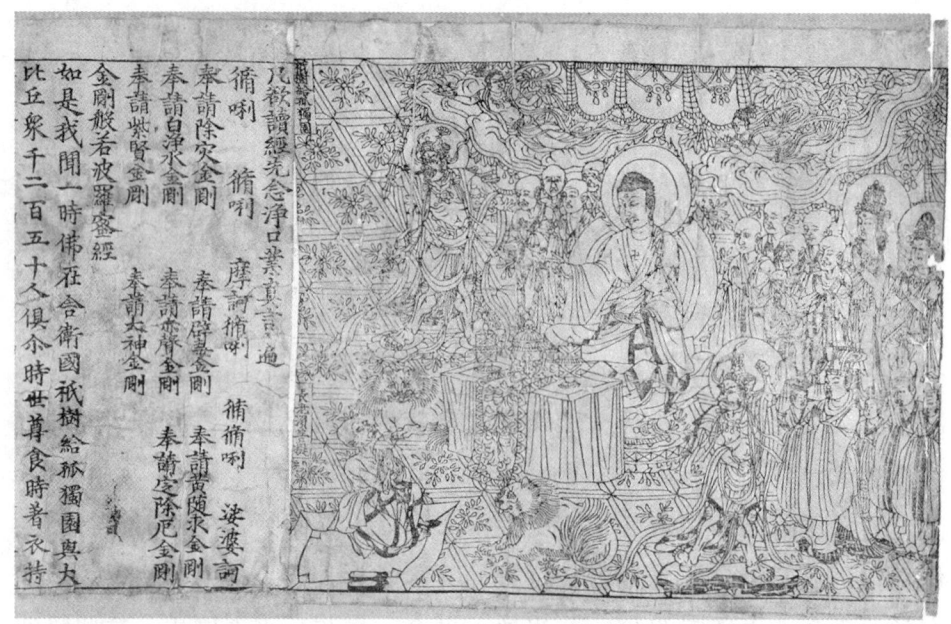

世界上最早的印刷书籍

敦煌藏经洞中的《金刚经》是世界上最早的完整印刷书籍,这也可能是最有名的丝路文书。整件作品由七张纸粘为一卷。开篇的佛陀讲法图与第二张纸的经文之间可以看到一条缝。据卷末题记,该书于868年制版,距离木版印刷在东亚第一次出现约150年。累积功德是印刷术发展的一大动因。(大英图书馆供图)

接触在公元前一千纪一直未曾中断。

公元前二世纪,汉武帝派张骞出使西域。其原意是要结成一个联盟,对抗蒙古高原上的匈奴人。张骞在阿富汗北部注意到那里有中国货物并在归国后把这一发现汇报给了皇帝。很多书都把张骞之行看做丝路开通的标志。但我们要记住,汉武帝派出张骞是出于国家安全的考虑,而不是因为重视贸易。他之前并不知道贸易的存在,而且贸易的规模也很小。汉朝随即派军出征西北并在那里驻扎以防卫北方的敌人。汉朝驻军与当地人的接触有限。中国士兵首次持久地与当地人交往发生在尼雅和楼兰,当地人是来自印度的移民,这是第一章开头部分的内容。

在本书所讨论的每一处丝路遗址中,包括尼雅、楼兰、龟兹、高昌、撒马尔罕、长安、敦煌、于阗,贸易都存在,但规模有限。年代在三四世纪的尼雅佉卢文书有近千件，只有一件提到了"商人"，这些从中国来的商人经过村子时可以给丝绢估价。往来的商人为数不多，且都被严密监视。地方官员给他们颁发过所，其中列出商队中所有人畜，并按顺序规定他们能去的地方。并非只有中国官员监控贸易，龟兹的官员也做类似的事情。官府作为货物和服务的购买者在丝路贸易中扮演了主要的角色。

这些地方都有市场，其中本地货物大大多于外国进口货。在743年西州的一座市场上，当地官员记录了350多种物品的高中低三种价格，其中包括硇砂、香料、糖、鍮石等典型的丝路商品。店主可以买到各种当地生产的蔬菜粮食以及牲畜。有些牲畜是从很远的地方赶过来的。有各种中原生产的纺织品被运到西北在市场上出售，这是因为中央政府把这些纺织品作为军饷发放给士兵，士兵们再用这些纺织品在市场上换其他东西。

海量财富从中原注入到有大量驻军的西北，这是755年之前盛唐时期丝路贸易繁荣的原因。745年有两批丝绢运到敦煌的军营，总量达到15000匹。据《通典》记载，730到750年，唐朝政府每年向西域投入多达90万匹绢帛，这比任何有记载的个人贸易的交易额都要大得多。正是这种持续的投入支撑了地区的繁荣。755年安史之乱一爆发，唐朝就切断了对该地区的供应，丝路经济随之崩溃。

755年之后，这一地区退回到与之前非常相似的物物贸易。有一名商人在敦煌附近方圆约250公里的小范围内游走，只买卖本地生产的货物，其生意大多是用一种货物换另外一种货物。此人的活动证实了公元800年之后西北的货币短缺。这种低端贸易在丝路贸易高峰经过之后持续了很久。二十世纪初，斯坦因和斯文·赫定都遇到过这样的游商。这种交易对于在丝路沿线生活的人们影响很小。种地的人依旧种地，并不购买或生产丝绸之路上闻名遐迩的奢侈品。

本书中的很多材料证明丝路贸易常常限于当地且规模不大。即使是对丝路贸易数量大且频率高这一观点最热心的拥护者也应该承认，丝路贸易常因论据不足而被夸大，对本书所讨论的零星证据或许可以进行不同的解读，但难以否认的是，并没有大量证据支持丝路上曾出现繁荣的大规模贸易。

因为每处遗址都有其各自的特点，且出土文献语言不同，大多数学者主要只研究一处丝路遗址。他们分别发现自己所研究的遗址中保存丝路贸易的直接证据很少，并长篇大论地解释其原因。本书证明，这种对贸易的失语广泛存在于丝路遗址的出土文书中。

对贸易的最坚定支持者也许认为更多的证据还藏于地下尚未被发现。这种观点让人无从反驳。我们谁能知道未来会有什么发现？与此同时，本书对于现有证据进行了深入细致的分析，因为这是推进对于丝路贸易和丝路历史理解的唯一途径。出土证据因其真实性及一手性在本书中占主导地位：对于贸易的泛泛之谈与商人的税单或过所一比就黯然失色了。诚然，证据并不总是充分而且经常缺乏关键的部分，但因为这种证据在许多不同的地点均有发现，因而使得小规模贸易的图景显得更加合理。

虽然贸易有限，但因为各色人等沿着不同的路线穿行于中亚，东西方——中国与南亚，之后是西亚，特别是伊朗——之间的文化交往却非常广泛。难民、画师、工匠、传教士、劫匪和使节都走同一条路。他们有时做做生意，但这并不是他们在路上的主要目的。

往来于丝路上最重要也是最有影响的人群是难民。一波一波的移民把技术从家乡带来，并在他们的新家运用这些技能。经常有人逃离家乡以躲避战争或者政治纷争，这意味着技术的流传有时向东有时向西。造纸和纺丝技术从中国向西传播的同时，制造玻璃的技术刚好进入中国。画师们也在丝路上活动，其家乡的样式和花纹因此随之传播。

第一波进入西域并定居在尼雅的移民来自今阿富汗和巴基斯坦的健陀罗地区。这些来自印度的难民把佉卢文、书写技术以及带沟槽的木板带给了当地人。他们还带来了自己的信仰：佛教。早期佛教戒律要求僧侣独身，但有些尼雅的僧侣结婚生子在家生活，只参加寺院里重要的仪式。

中国西部最重要的移民是粟特人,其家乡在今乌兹别克斯坦的撒马尔罕及其周边。粟特人在几乎每个中国城市里都有聚落。由粟特头人萨宝监管当地事务。粟特移民中有些是商人,他们总出现在虚构文学中,使粟特富商的形象固化为一种典型。

丝路贸易最详细的描述之一来自遗弃于敦煌之外的一个邮包中保存的八封粟特古信札。这些信件年代为313或314年,其中提到了羊毛、亚麻、麝香、铅粉(化妆用)、胡椒、银等具体商品,可能还有丝绸。商品量都不大,从1.5公斤到40公斤不等,是适合商队进行的小额贸易。

商队经常在陆路穿行。在古信札第3号中,一位名叫米娜的粟特女人因为丈夫行为不当而被困在敦煌,她说自己曾有五次机会离开敦煌,为了生计最后不得不带着女儿一起放羊。粟特人定居中国之后的职业选择很灵活,有人种地,有人做手艺人,有人做兽医,也有人当兵。

古都长安也因其丝路艺术而闻名。最集中的发现当数何家村遗宝,其中有结合了中国和西方特点的金银器共一百多件。仔细研究之后发现,这些物品都是本地制造的,要么出自客居中国的粟特人之手,要么出自学会了粟特样式的中国工匠之手。只有珠宝肯定是进口的。这些珠宝很轻便,很容易通过陆路输送进来。

与其他难民一样,粟特人把他们的宗教信仰也带到了中国。他们放弃了曝露死者之后将其遗骨收殓至纳骨器中的习俗,接受了汉式葬俗,把死者埋入带斜坡墓道的地下墓室中。在西安和中国其他一些城市,考古学家们发掘了多座饰有祆教死后场景的墓葬,其中一座还有汉语粟特语双语墓志铭。

西域的每个地方都有多个移民聚落,很多都延续着母国的宗教习俗。与难民出于无奈背井离乡不同,宗教学习者为了学到更多东西而上路,教师们在能够吸引学生的城镇中定居。最详细的旅行记录出自经海路或陆路去印度取经的中国僧人之手。他们生动地描画了路上的危险。公元五世纪初,与法显同船的旅客差点把他扔下船去,只是由于另一名同船旅客说如果把法显扔下去就告发他们才没有这样做。

两个多世纪之后的玄奘在翻越山口时有很多同伴死于寒冷，他自己也被洗劫一空，甚至连衣服都不剩。玄奘还遇到过忙于分赃无暇偷他的匪徒。他很罕见地讲了很多盗贼的事情。尼雅文书中曾记载携带珍珠、镜子、丝绸或羊毛料子以及银饰的难民遇到窃贼，但并未说明罪犯是谁。敦煌的一副壁画栩栩如生地描绘了商人被武装匪徒劫持的场面，后来观音菩萨解救了他们。

玄奘这样的僧人是最重要的翻译家。他们摸索出了一套把梵文术语音译为汉语的方法。汉语吸收了约35000个新词汇，一些是佛教专门术语，一些是日常用词。操不同语言的人常常在丝路上相遇。有些人，比如鸠摩罗什，从小就讲好几种语言。其他人则需要在长大以后学外语。考虑到当时语言学习材料之少，这肯定是个比今天更痛苦的过程。

通过保存下来的常用语手册可以看出外语学习者的身份和目的。梵语因为于公元一千纪在寺院中通行，总能吸引到学生。但是于阗语、汉语和藏语就不是这样了。755年之后，越来越多的佛教徒从于阗和藏地出发经敦煌去山西五台山朝圣。也有人向相反的方向走，前往一直以来的佛教学问中心——印度那烂陀寺。

丝路上除朝圣者外，还有统治者之间互派的使臣。这些使臣在文书中留下了比其他任何人都要清晰的足迹。他们带给其他统治者礼物和信件，并把自己国家的信息告诉对方，返回后再把路上得知的情报汇报给本国君主。其中有些人肯定是间谍。

从敦煌附近出土的悬泉汉简中可以看到，公元前后汉朝与西方统治者定期互派使臣。在之后的几个世纪里，外交人员继续在丝路上穿行。在丝路的高峰时期，所有强国都互派使臣。中国使臣去往撒马尔罕，粟特使臣前往中国。手中满是自己国家特产的使臣在撒马尔罕的阿弗拉西阿卜壁画中占据了重要的位置。

755年之后，丝路经济大幅下滑，但使臣依旧往来如常。于阗的七王子使团无法完成旅程，因为敦煌的统治者怕路上危险不允许他们离开。

使团成员开始随意地把丝绢、羊甚至羚羊皮换成当地产的物品以维持生计，甚至于阗王子们也不得不贩卖玉石换取盘缠。

记录七王子困境的文书只是四万多件敦煌藏经洞文书中的沧海一粟。藏经洞封闭于1002年之后不久，成为了记录丝路多元文化的时间胶囊。收藏这些文书的僧人自然收集了自己宗教的文书，但他们也保存了所有大大小小的纸片以备不时之需，他们所收藏文书的语言包括梵语、于阗语、藏语、回鹘语、粟特语，所涉及的宗教包括摩尼教、祆教、基督教、犹太教、佛教。《金刚经》是藏经洞中最有名的文献，因为这是世界上最早的有纪年的印刷品。但其他文献也许更不寻常，比如那件纸折的护身符，上面写着希伯来语《圣经·诗篇》的选段，还有那件用汉字音拼写的粟特语赞美诗的摩尼教文书。藏经洞代表了对不同宗教的包容，而这正是丝绸之路这段近千年历史的突出特征。

封闭藏经洞的僧人并没有记下这样做的原因，但他们肯定听说了与敦煌同盟、信仰佛教的于阗与信仰伊斯兰教的喀喇汗国之间的战争。即使1006年于阗的陷落没有直接导致藏经洞的关闭，但该事件却将西域地区引入了伊斯兰化的新时代。在之后的几个世纪里，每个绿洲都变成了独立的伊斯兰小国。一小部分人曾去麦加完成了朝觐，他们回来之后产生了巨大的影响。欧洲旅行家还在试图穿越这一地区。在马可·波罗、鄂本笃的描述中，这些地方既单调又闭塞，与早前的国际化氛围大不相同。

1895年，当斯文·赫定第一次探访塔克拉玛干时，就进入了一个欧洲人全然无知的偏远世界。多亏这一地区的干燥气候，赫定、斯坦因等人才能发现伊斯兰教到来之前的各种文书文物。今天，同样的自然条件依旧吸引着游客来这里一睹那个曾经兼容并包的世界的风采。

丝绸之路主要地名中英古今对照表

张 湛

地名	所在地	英语	简要说明
安国	布哈拉	Bukhara	昭武九姓之一,在今乌兹别克斯坦境内。
巴克特里亚	阿富汗北部	Bactria	又名大夏、吐火罗斯坦。
别失八里	新疆吉木萨尔县北庭乡	Beshbaliq	庭州别名,回鹘语,意为"五城"。
葱岭	兴都库什山脉	Hindukush	位于阿富汗和巴基斯坦北部,由中亚进入南亚次大陆的门户。
怛罗斯	哈萨克斯坦塔拉兹,临近吉尔吉斯斯坦	Talas	751年,唐军与阿拉伯军队在此发生遭遇战,唐军战败。
大秦	罗马帝国	Da Qin	有时特指叙利亚地区。
大宛	费尔干纳盆地	Ferghana Valley	在今乌兹别克斯坦东部,汗血宝马产地。
大夏	阿富汗北部	Bactria	见"巴克特里亚"。
甘州	甘肃张掖	Gan Zhou	河西重镇,曾是甘州回鹘政权的中心。
高昌	新疆吐鲁番	Turfan, Turpan	640年被唐朝攻破后改称西州。
弓月城	新疆伊犁州霍城一带	Gongyuecheng	元代称阿力麻里,是察合台汗国的都城。

地名	所在地	英语	简要说明
花剌子模	乌兹别克斯坦西北，阿姆河下游三角洲	Khwarezm, Chorasmia	唐代称火寻。十一世纪伊斯兰大学者比鲁尼即花剌子模人。
健陀罗	阿富汗东部和巴基斯坦西北部	Gandhara	希腊化佛教艺术的发源地，通行于精绝国的健陀罗语亦来自此处。
精绝国	新疆民丰县以北尼雅遗址	Jingjue Kingdom	汉代西域古国之一
康国	乌兹别克斯坦撒马尔罕	Samarkand	昭武九姓之一，粟特地区最重要的城市，粟特古信札的目的地之一。
凉州	甘肃武威	Liang Zhou	河西重镇，粟特移民聚居地之一。
楼兰	新疆若羌县以北	Kroraina	汉代西域古国，公元四世纪之后灭亡。
莫贺延碛	哈顺戈壁	Gashun Gobi Desert	敦煌至哈密一带的戈壁沙漠，玄奘曾徒步穿越。
那烂陀	今印度比哈尔邦巴特那市东南90公里	Nalanda	古代印度佛教的学术中心，玄奘和义净都曾于此处修习佛法。
媲摩	大致在新疆于田县	Phema, Pem, Keriya	于阗以东三百余里，玄奘和马可·波罗都曾经路过。
龟兹	新疆库车	Kucha, Kuchar	安西四镇之一，安西都护府所在地。当地语言为龟兹语，又称吐火罗语B。

地名	所在地	英语	简要说明
热海	伊塞克湖	Lake Issyk-kul	吉尔吉斯斯坦境内，高山湖泊，因终年不冻而得名。
鄯善	新疆若羌县一带	Shanshan	公元前77年，汉朝使者傅介子刺杀楼兰王，之后楼兰国号改为鄯善。勿与今新疆吐鲁番地区鄯善县混淆。
沙州	甘肃敦煌	Dunhuang	莫高窟、藏经洞所在地。
石国	乌兹别克斯坦塔什干	Chach, Tashkent	昭武九姓之一，又称赭时。
史国	乌兹别克斯坦沙赫里萨布兹	Kesh, Shahr-i Sabz	昭武九姓之一。这里也是帖木儿的故乡。
室利佛逝	印度尼西亚苏门答腊岛巨港	Palembang	中印间海路的重要中转站，义净曾在此停留。
寿昌城	甘肃敦煌南湖乡	Shouchang	沙州辖下一县。
疏勒	新疆喀什	Kashgar	安西四镇之一。后来是喀喇汗国的都城之一。
碎叶	吉尔吉斯斯坦托克马克西南阿克·贝希姆遗址	Suyab	679年到719年取代焉耆为安西四镇之一。
粟特地区	乌兹别克斯坦泽拉夫善河流域	Sogdiana	又译索格底安那。

丝绸之路主要地名中英古今对照表

地名	所在地	英语	简要说明
泰西封	伊拉克巴格达东南约35公里，底格里斯河畔	Ctesiphon	伊朗萨珊王朝都城，现有废墟尚存。
庭州	新疆吉木萨尔县北庭乡	Ting Zhou	北庭都护府所在地，统御天山以北地区。又称北庭。
同州	陕西大荔	Tong Zhou	安伽曾任同州萨宝。
吐火罗斯坦	阿富汗北部	Tocharistan	见"巴克特里亚"。
乌浒河	阿姆河	Amu Darya	中亚大河，发源于天山，流入咸海。
西州	吐鲁番	Turfan, Turpan	640年被唐朝攻破前称高昌。
焉耆	新疆焉耆	Agni, Yanqi, Karashahr	安西四镇之一，679年到719年被碎叶取代。当地语言为焉耆语，又称吐火罗语A。
药杀水	锡尔河	Syr Darya	中亚大河，发源于天山，流入咸海。
伊吾	新疆哈密	Hami, Kumul	又称伊州。
于阗	新疆和田	Khotan	安西四镇之一。佛教鼎盛的绿洲，玄奘从印度回国时曾经路过。
支汗那	乌兹别克斯坦迭那乌（Denau）附近，撒马尔罕以南	Chaghanian	唐代中亚小国之一。

译后记

说起来，本书的翻译起源于一封豆邮。原著刚一出版，韩森教授就寄了一本给我。我第一时间读完之后在豆瓣上晒了一下，紧接着就收到编辑张鹏的豆邮邀我翻译此书。我当时没想太多就应了下来，没成想这翻译工作比我想象的要艰难很多。

除了要克服自己的拖延症（这个最难！）以及把中文说顺溜之外，还有两处特别的难点。第一点是将原著中译为英语的汉语文献复原，这是翻译任何涉及中国古代的外文著作都绕不过的。查阅原文复原出来自然不在话下，不过还原之后会失掉原作者翻译时对汉语原文的解读，需要读者自己解读古文。第二个难点是地名的翻译。同一个英文地名常常依时代不同对应好几个不同的中文名字，比如高昌—西州—吐鲁番或者龟兹—库车。在翻译过程中，我尽量依据时代选取译名，但有时并不能完全做到，比如一般不把撒马尔罕称做康国。对我来说，更最重要的是让读者知道文中讨论的地方在哪，而不是向读者炫耀我自己知道一个地方有多少个不同时代的译名。因此，我们还制作了一个简要的丝绸之路主要地名中英古今对照表，供读者参考。

本书的最大特色是涵盖范围广，时间空间跨度都非常大，光是参考文献中就有中英法德日俄六种语言之多，涉及的死语言就更多了。要掌握这么大的跨度难度极大，作者不免有些疏漏。如读者所见，我在力所能及的范围之内对原著做了一些补充说明。由于专业的关系，我对非汉语文书的情况比较熟悉，反而对于中国古代的典章制度所知不多，因此在这方面更可能出错，请读者朋友们批评指数。

本书插图和彩图选择精当，要么是新发现或是稀见的图片，要么是常见但高画质的图片。此外，本书地图制作精良，特别是其中带有地形要素，对于把握整个丝绸之路的地理非常有帮助。以上两点值得读者朋友们关注。

在翻译过程中，陈丽娜、钱艾琳、严子晗三位朋友通读了部分译稿并提出了宝贵的修改意见，在此谨致谢忱。

最后，我要感谢本书编辑张鹏，没有他的眼光、耐心和细心就没有大家面前的这本书。

张湛

2015年2月24日

出版后记

提起丝绸之路，很多人的脑海中都会浮现出一幅差不多的画面：头裹纱巾、牵着几头骆驼的三五行商，在黄沙漫天的荒漠中艰难前行。这幅画面是属于哪个时代的？这些行商是哪国人？他们穿的是什么样的衣服？骆驼驮的是什么货物？行商们是以什么频率在这条"道路"上穿行？

这些问题似乎并不是那么容易回答。这幅看似生动的画面既缺乏历史坐标，也缺乏明确的地标，实际上相当抽象。我们再想一想我们关于丝绸之路的历史印象。书本里基本是在张骞通西域的章节开始提到丝绸之路，但是史书里记载张骞在大夏的市场上看到了邛竹杖和蜀布，这说明在所谓的"丝绸之路"上早就有着商贸往来，从何时开始已茫不可考。接下去魏晋南北朝阶段，丝绸之路上又是什么景象？盛唐两宋呢？元明清呢？

这些问题似乎更难回答。这不禁要让我们对自己发问：我们真的了解"丝绸之路"吗？

读者眼前这本书，就试图为大家呈现真实而生动的丝绸之路。作者利用了近百年，尤其是近半个世纪的新考古资料，为读者重塑了丝路遗址上七个绿洲的风貌，并且廓除了诸多长久以来我们对丝路过于浪漫的遐想，以现实主义的笔触，描绘出了丝路历史本身所蕴含的美。

读者们可能首先会惊讶于，我们所引以为豪的"丝绸之路"一词，迟至1877年才由一名德国人发明出来，生活在商路上的人们却并不使用这个词。其次，丝绸也许并不是商路上的大宗商品。老普林尼痛心疾首地声称败坏了罗马纯朴道德的丝绸很有可能并非产自中国，绝大多数欧洲发现的漂亮丝绸实际上都织造于拜占庭帝国。再读下去，作者通过小心翼翼地解读丝路出土的材料向我们揭示：丝路贸易常常限于当地且规模不大，没有大量证据支持丝路上曾出现繁荣的大规模交易，官府才是丝路贸易中的主要角色！作者甚至断言：若仅以通行货物的重量或者往来人数来考察，丝绸之路是人类历史上交通流量较少的道路之一。然而又是什么赋予了丝绸之路无穷的魅力呢？那是因为这条路网是全球最著名的东西方宗教、艺术、语言和新技术交流的大动脉，具有重要的历史意义。

在丝路研究的学术史上，欧洲和日本的学者大体研究粟特语、吐火罗语、健陀罗语、于阗语等死语言的材料，中国学者则以汉语材料为主，我们感谢作者广泛综合全球丝路研究的成果，为我们呈现丝路真实历史场景所付出的努力。了解这段历史，对于我们今天展开"一带一路"战略构想是十分必要的。如果我们回顾书中给出的欧亚大陆主要交通线，我们会发现作者在书中处理的主要是这些交通线的东段，而在撒马尔罕以西尚有宽广的空间，相信那里一定会有与本书中一样有趣而迷人的故事，有待我们了解。

服务热线：133-6631-2326　188-1142-1266
服务信箱：reader@hinabook.com

后浪出版公司
2015年5月

图书在版编目（CIP）数据

丝绸之路新史 /（美）韩森著；张湛译. ——北京：北京联合出版公司，2015.6
ISBN 978-7-5502-5341-4

Ⅰ.①丝… Ⅱ.①韩… ②张… Ⅲ.①丝绸之路—史料 Ⅳ.①K928.6

中国版本图书馆CIP数据核字（2015）第105245号

THE SILK ROAD: A NEW HISTORY, FIRST EDITION by VALERIE HANSEN
Copyright © 2012 by Oxford University Press
Simplified Chinese edition
Copyright © 2015 POST WAVE PUBLISHING CONSULTING (Beijing) Co., Ltd.
本书中文简体版权归属于后浪出版咨询（北京）有限责任公司。

北京市版权局著作权合同登记号　图字：01-2015-5127

丝绸之路新史

著　　者：（美）芮乐伟·韩森
译　　者：张　湛
选题策划：后浪出版公司
出版统筹：吴兴元
策划编辑：张　鹏
特约编辑：张　鹏
责任编辑：刘　凯
封面设计：周伟伟
版面设计：张宝英
营销推广：ONEBOOK
装帧制造：墨白空间

北京联合出版公司出版
（北京市西城区德外大街83号楼9层　100088）
北京京都六环印刷厂印刷　新华书店经销
字数290千字　720×1030毫米　1/16　20.5印张　插页10
2015年9月第1版　2015年9月第1次印刷
ISBN 978-7-5502-5341-4
定价：49.80元

后浪出版咨询（北京）有限责任公司常年法律顾问：北京大成律师事务所　周天晖 copyright@hinabook.com
未经许可，不得以任何方式复制或抄袭本书部分或全部内容
版权所有，侵权必究
本书若有质量问题，请与本公司图书销售中心联系调换。电话：010-64010019

中国古代文化常识

主编：王力　执笔者：马汉麟 等
审校者：姜亮夫　叶圣陶 等
修订者：刘乐园

四色精装版
书号：978-7-5062-9312-9
出版时间：2014.11　定价：168.00 元

四色平装版
书号：978-7-5502-3282-2
出版时间：2014.11　定价：60.00 元

单色平装版
书号：978-7-5502-2608-1
出版时间：2014.08　定价：35.00 元

天地盖书盒

四色精装版

四色平装版

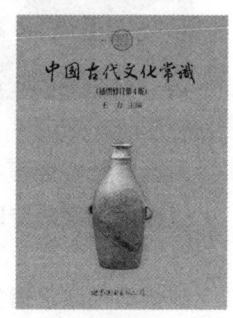
单色平装版

名编名著　经典必读　畅销海内外 50 余年
古史新证　改谬补漏　勾勒趣味古典生活

　　经典必读　本书是王力教授主持并召集众多专家共同编写的关于中国古代文化常识的简明读本，出版 50 多年来前后历经 4 次重要修订，到今天仍然是大众认识中国古代文化面貌最重要、最全面的基础参考书。

　　集体创作　书稿编写修订的时间总跨度有四十多年，倾注了三代编写者大量的心血，历经千锤百炼，是集体创作的成果。

　　古史新证　本次修订突破了以往的模式，特聘请在美国任教的汉学专家，以中国考古学黄金时代的成果为出发点，通过近世考古发现与传统文献相结合的"古史新证"，从考古学和人类学的角度增补最新文化研究成果。

　　改谬补漏　本次修订在增加新知的基础上，针对古代文献未能准确诠释的部分，援引大量考古发现重新做了精确的解释，纠正了大众乃至学界的错误认识，呈现给读者一幅更具趣味性、更准确的中国古代文化生活图景。

　　编排精心　本书论述从创世神话到古代文明社会，内容精深，语言生动简练，精选的图片和鲜为人知的图片说明相结合，使读者更贴近古代文化生活，从而对中国古代文化产生浓厚的兴趣。需要特别指出的是，为方便读者阅读，专门为有兴趣的中学生扫清了字词和基本概念上的障碍。

中国经济史

讲述者：钱穆
记录整理：叶龙
作序者：林毅夫
书号：978-7-5502-1958-8
出版时间：2014.1
定价：39.80 元

入选中纪委推荐书目
钱穆中国经济专题史简体中文版首次出版林毅夫作序推荐

剖析历代政治得失经济根柢 把握五千年来中国经济史脉
高屋建瓴、小中见大、鉴古喻今、充满人文理想
融政治、社会、经济于一体的中国经济专门史

  中国下一步的挑战，或许在于重构与自身传统与世界的联系。在对西方学说理论的引进介绍之外，还需要重新理解自身的历史演进。本书重视政治、社会、文化与思潮之间的相互联系，涵盖了历朝历代的土地制度、基础设施投资（主要是水利及漕运）、货币制度与税收政策、还包括政府还是市场主导的经济思想争论。
  —— 林毅夫 北大中国经济研究中心主任、前世界银行首席经济学家

  1954 至 1955 年期间，钱穆先生曾于香港新亚书院先后讲授"中国经济史"及"中国社会经济史"两门课程，扼要地讲述了由上古春秋战国至明清时代的经济情况及财政政策，并道出经济与政治、文化、社会、军事、法律、宗教之间的相互影响和联系，评价政策和朝代兴亡之关系。
  贯穿全书的主要经济问题包括农业经济及土地分配、基建及水利工程、工商业发展、货币制度改革、社会阶层现象、税制及徭役等。细读两千年的经济史，我们可以发现，今天中国的社会经济面貌深受历史传统的影响。希望此书能够帮助读者解读目前推行政策背后的原因和影响，同时起到镜鉴作用，将有益的经验应用于今日商业社会，避免失败的教训重蹈覆辙。